U0536295

山西大同大学基金资助

山西大同大学博士科研启动基金资助

中国书籍学术之光文库

竹林七贤论稿

刘世明 | 著

中国书籍出版社
China Book Press

图书在版编目（CIP）数据

竹林七贤论稿/刘世明著．—北京：中国书籍出
版社，2019.9
ISBN 978－7－5068－7465－6

Ⅰ．①竹…　Ⅱ．①刘…　Ⅲ．①竹林七贤—人物研究
Ⅳ．①K825.6

中国版本图书馆 CIP 数据核字（2019）第 213292 号

竹林七贤论稿

刘世明　著

责任编辑	杨铠瑞
责任印制	孙马飞　马　芝
封面设计	中联华文
出版发行	中国书籍出版社
地　　址	北京市丰台区三路居路 97 号（邮编：100073）
电　　话	（010）52257143（总编室）　　（010）52257140（发行部）
电子邮箱	eo@ chinabp. com. cn
经　　销	全国新华书店
印　　刷	三河市华东印刷有限公司
开　　本	710 毫米×1000 毫米　1/16
字　　数	260 千字
印　　张	16.5
版　　次	2019 年 9 月第 1 版　2019 年 9 月第 1 次印刷
书　　号	ISBN 978－7－5068－7465－6
定　　价	85.00 元

自　序

　　这是我的第一本书，心中的激动与忐忑，令我不知从何说起。我知道每个人都有一段刻骨铭心的经历，也都拥有属于自己不平凡的人生。对于我，至今，却只有学习与爱情。

　　我是矿山的孩子，出生在山西大同一个名叫忻州窑矿的地方。这个地方的工人们天天在挖煤，但我却不怎么黑。父母都是矿工，没有上过学，却愿意把用命挣来的那一点儿钱供我读书。然而，我却是一个不争气的学生。小学因为转学，多上了一个二年级。初中与高中都复读了一年，结果也只考中一所专科。那个时候是 2005 年，和我一起玩耍的伙伴们大多都去下井挖煤了，而我，却捧着一袋子书走进了学校的图书馆。

　　我的大学，不太知名，那时唤作沧州师范高等专科学校（现更名为沧州师范学院）。宿舍八个人，挤在一个狭小的空间里，除了吃饭，便是等待吃饭。我很幸运，遇到一位名叫孙云英的老师，她教我们先秦两汉魏晋南北朝文学。她在寒风凛冽的冬日里骑着自行车悠然自得；她在雪天讲庾信之赋，一高兴，便带着我们全班同学冲下楼去打雪仗；她曾与我走进彩票店买了一注双色球，然后对我说："若是中奖，全部用来请他们吃饭。"我扭头看了一眼她手指的方向，是一群民工正在光着膀子搬砖盖楼。就在这一瞬间，我领会到了什么是古代文学。沧州师院，庙小，却有真佛。之后，讲《九歌》的刘树胜老师、讲唐诗的商隶君老师都成为我的良师益友，至今我们仍保持着密切的联系。

　　喜欢上了古代文学，就得把这条路走下去。专科，并不意味着无路可走。三年之后（2008 年），我以全校第一的成绩考上了廊坊师范学院。又是一所不太知名的学校，又是一次对古代文学情感上的升华。在这里，我遇上了指导我毕业论文的孙春艳老师以及文学院的院长许振东教授。许老师的课堂，使我领略到了学者的风采；孙老师的言语，却如慈母一般动人心弦。她和我说："对于一个专升本的学生来说，考研绝对可以改变他的命运。"那还犹豫什么呢？五点半起床，十二点睡觉，加上午休的半小时，每天就只有六个小时的睡眠。渐渐地，行动成了习惯，习惯成了自然。八个月之后，我以专业排名第一的成绩考取了河北大学的中国古代文学研究生。

　　万万，没想到。

　　来到了历史名城保定，见到了心仪已久的大师，如刘崇德先生、詹福瑞先生、韩成武先生、姜剑云先生、王素美先生……听着他们讲课的声音，瞬间感觉到我的人生要重新开始了。我选择了姜剑云先生做我的导师，因为当时的我，心中只有魏晋。第一次见面，是在老师家里。现在想想，只有书，全是书。姜老师问我硕士论文准备写什么，我说："阮籍，因为我本科毕业论文就写的阮籍。"老师说："不喜欢嵇康么？"我说："也喜欢。""那么为什么不试试写竹林七贤呢？"我仿佛在迷离的夜色中看到一座灯塔，一闪一闪，正是我前进的方向。于是，姜老师为我列了一份书单：王弼《周易注》、楼宇烈《老子道德经注校释》、王先谦《庄子集解》、范文澜《文心雕龙注》、徐震堮《世说新语校笺》、陈伯君《阮籍集校注》、戴明扬《嵇康集校注》、韩格平《竹林七贤诗文全集译注》、逯钦立《先秦汉魏晋南北朝诗》、严可均《全上古三代秦汉三国六朝文》，等等。两年，整整两年时间，我把它们全部都啃了下来。2013 年，我硕士毕业，论文的题目便是《论竹林七贤》，也是本书的主要部分。

　　研究生三年，是我读书最自由的三年，转瞬即逝。很快，到了毕业的月份，其他同学都忙着应聘就业了。而我，却选择了读博。我的导师姜剑云先生，河北大学元诗研究专家王素美先生以及当时一直保持联系却未曾谋面的高人雄先生，都为我推荐学校与引荐博导。最终，作为一个山西人，我回到了家乡，来到了百年学府山西大学，并且拜入了刘毓庆先生的门下。万分荣幸，刘先生的治学与旁人不同。其并非教我们用新颖的观点来分析作品，而是从文字、音韵、训诂入手让我们破解古籍中的难题，从而发现新的有价值的问题。当然，幸运不止于此。我的师母张三香女士对待我们，就如同对待她的亲生孩子一样亲切。我们几个弟子经常去老师家做客，师母总是热心、匆忙地递水果、端茶倒水、洗菜做饭……

我是个幸运儿，求学十一年（自专科至博士），遇到的都是好老师！没有他们，就没有我的今天。师恩难忘，恩情永存，你们是我一生的贵人！谢谢老师！博士毕业，作为恋家的山西人，最终还是选择了故乡。游荡了十一年，回到了曾经独自一人提着拉箱、扛着行囊、抹着眼泪出发的地方——大同。这，是我学术道路的起点，也是我爱情开始的春天。

我的妻子王晓倩，是一个普通的姑娘。从她的身上你看不出任何艳丽、灵动和才气，只有善良。我们是高中同学，从 2001 年 9 月开始相恋，至今整整十八年了。这十八年来，她对我始终都是支持、鼓励与不离不弃。高考失意时，她是我的避风港；考研困惑时，她为我注入了强力的定心剂；读博艰难时，她成为我唯一的精神依靠。现在还能想起那个寒冷的冬季，她顶着风雪骑着自行车上班的场景。天那么冷，地那么滑，她就硬生生地摔倒在雪里，人和泥卷在了一起。这一切，都是为了我，为了我们能够生活，因为读书的我身无分文。2012 年，我们领了结婚证，那时我还在读硕士，工作尚无着落。亲戚们都说她胆子真大，竟敢嫁给一个穷学生。每每听到这样的议论，我总是既庆幸又羞愧。读博三年，没有向家里要过一分钱，全部都是妻子打工养活我。我习惯于纸笔写作，于是就连我的硕士论文（此书的初稿），都是她一字一字地帮我敲到电脑上的。我知道这是爱，这是情，但我又如何能不感谢她呢。没有她的支持与安慰，我早已轰然倒下。谢谢妻子，感谢她在我创作博士论文时不在我身边；谢谢妻子，感谢她在我母亲去世时一直陪在我身边。我是幸运的，谢谢你，我的爱人！

　　本书是我硕士论文的修改稿，对于竹林七贤的探讨，几乎都是从《庄子》文本铺展开来的。换句话说，我认为是庄子成就了七贤。如果问我在中国学术史上最喜欢哪位人物，我会毫不犹豫地回答：庄子。我书柜里的书并不多，但有一列却是专门为他开设的，诸如《庄子注疏》《庄子集解》《庄子集释》《庄子因》《庄子雪》《庄子独见》《庄子补正》《庄子纂笺》《南华真经副墨》《庄子今注今译》，等等。看着它们，不读，也是一种享受。没有有和无，文木不过散木；超越生与死，庄子却是骷髅；洞悉人间世，至乐原来无乐。人生，何尝不是一场梦。或许在彼岸的世界里，有一个"我"在做着梦，梦中是我此刻的人生。我在夜里也做梦，于是便形成了梦中之梦。勘不透的人们忙忙碌碌、奔波不止，到头来却只有一声空叹息，落了片白茫茫大地真干净。范成大说："纵有千年铁门槛，终须一个土馒头。"此事不可避，也无须避。烦恼无奈之时，我又一次翻开了《庄子》。

　　《庄子》对于我，是一种天趣，因此，我不想将其作为研究对象去体解剖析。于是，我将眼光投射到了魏晋，因为那个时代的人们同样喜爱庄子。

　　魏晋，是一个战乱频仍的时代，当然，也是英雄辈出的时代。曹孟德、刘玄德、孙仲谋、刘越石、谢安石……这些人物，都站得直、叫得响，也都万古流芳。除此，魏晋又是一个名士风流的时代。翻开《世说新语》，全是品藻栖逸、任诞简傲，魅力自然无穷无尽。里面的人物，随意跳出几个来，都是那么机敏、活泼、天真、自然，如何郎傅粉、卫玠珠玉、孔融了了、士载艾艾、子猷乘兴、毕卓听命……然而，我却对竹林七贤情有独钟。小时，便听过广陵散的传奇。长大后，又常常模仿阮籍"穷途之哭"故作失意。上了大学，才将阮籍定为我的研究方向，并写了一篇本科毕业论文，名叫《阮籍畸态人格下的诗文创作》。我记得很清楚，它获得了廊坊师范学院 2010 年的校级优秀论文。由此发端，我的硕士论文便成了竹林七贤这个群体的组合。为此，当年的确看了不少相关的著作，现大多都已忘记。只记得硕士答辩时，答辩主席张瑞君先生对我说："你如果读博士的话，一定继续做竹林七贤，它的研究空间还很大，你可以勾连得更广、挖掘得更深。"后来这本论文，评上了河北省的优秀硕士论文，也算回报了我三年来对它的付出。当然，彼时尚未而立，眼界不宽，读书又少，立论亦不是很牢，更遑论严密的考证了。但它确实是我当年学习过程的一次验收，我不愿意将其抛弃。于是今天，首先想要将它出版出来。因为这是我学术的童年，里面有太多青涩的思想与纯真的情感，令我至今无法忘却。我知道，文中疏漏之处定有许多，还望方家批评指正。

2019 年 3 月 27 日写于山西大同大学图书馆

目　录

引　论

　　竹林七贤，是中国历史上真实存在过的一个奇迹。颜延之怨愤以作《五君咏》，庾开府兴起高吟"何须就竹林"，骆宾王隐逸自称"竹林人"，孟浩然求友抒写"清风在竹林"，李太白赠别高赞阮步兵，白居易述志尽托刘参军。除此之外，黄庭坚之《醉落魄》、苏东坡之《浣溪沙·感旧》、辛弃疾之《水调歌头·席上为叶仲洽赋》等等，都流露出对竹林七贤的赏誉和崇敬之情。就连那个风流倜傥的乾隆皇帝在途经河南修武县时也不禁大发古之幽情，抒写了千古名篇《御制七贤咏》。竹林七贤到底何许人也？他们有何魅力竟让这许多文人墨客为其伤怀、对其钦佩呢？

　　竹林七贤之称谓，始见于东晋时期。孙盛《魏氏春秋》、戴逵《竹林七贤论》、袁宏《竹林名士传》等作品均有提及。南朝宋裴松之为《魏书·王粲传》作注解时，便引用《魏氏春秋》中的文字："康寓居河内之山阳县，与之游者，未尝见其喜愠之色。与陈留阮籍、河内山涛、河南向秀、籍兄子咸、琅邪王戎、沛人刘伶相与友善，游于竹林，号为七贤。"① 而与此同时的临川王刘义庆在《世说新语·任诞》一门中开篇便说："陈留阮籍、谯国嵇康、河内山涛，三人年皆相比，康年少亚之。预此契者，沛国刘伶、陈留阮咸、河内向秀、琅邪王戎。七人常集于竹林之下，肆意酣畅，故世谓竹林七贤。"② 刘孝标引用《晋阳秋》中的文字注解此条目为："于时风誉扇于海内，至于今咏之。"③ 可见，竹

---

① 陈寿：《三国志》第三册，中华书局1971年版，第606页。
② 徐震堮：《世说新语校笺》，中华书局1984年版，第390页。
③ 同上。

林七贤对后人影响之深，非比寻常。

魏晋，是一个乱世，这不足为奇。每一个朝代都会有动乱与太平，夏桀商纣、春秋战国、秦皇暴政、三国争雄，历史一直都不缺少乱世，更不缺少由此带来的礼崩乐坏，然而这未必是坏事。比方说，文学于此兴盛了。孔孟之道、老庄之思、李斯《谏逐客书》、太史公《史记》、陈琳《为袁绍檄豫州文》，等等。乱世，不知道诞生了多少文人，诞生了多少不朽的杰作，真是"国家不幸诗家幸，赋到沧桑句便工"呀！① 竹林七贤生在曹魏与司马氏明争暗斗的政治环境中，是幸，还是不幸呢？此七人被世人号为"竹林七贤"，到底有何共同之处呢？

首先，皆为情种。七贤均是至情之人，或为情而生，或为情而死，或为情而失态，或为情而废礼。阮籍至情至性，"兵家女有才色，未嫁而死。籍不识其父兄，径往哭之，尽哀而还。"② 嵇康对朋友可谓情真意切，吕安遭吕巽诬陷，嵇康挺身而出，不仅愤抒《与吕长悌绝交》一书，而且为吕安作证，结果与吕安一并被杀害。向秀与嵇康、吕安情投意合，"康善锻，秀为之佐，相对欣然，傍若无人，又共吕安灌园于山阳"③，可谓情意浓浓。刘伶本自无为之人，然而"与阮籍、嵇康相遇，欣然神解，携手入林"④。可见，刘伶不是无情，而是未遇见性情之人呀！山涛有意举荐嵇康为吏部郎，康不许，并答书拒绝。然而山涛对嵇康用情至深，嵇康死后，山涛一直抚养嵇绍，并多次举荐嵇绍为官，原因当然在于其与嵇康超越生死的友情了。阮咸之至情可谓背礼反教，借一头驴去追婢女，并与其累骑而还。若有论者，乃曰："人种不可失。"在阮咸这里，爱情是没有等级的。王戎之子万儿去世，王戎悲不自胜。山简嘲之，戎必曰："圣人忘情，最下不及情。情之所钟，正在我辈。"⑤ 至情至性，用最真诚的心去生活，做天下最最纯粹的情种，是竹林七贤的共性之一。

---

① 可参照本人《日本江户时代的〈尚书〉学研究》一文，见《社会科学家》2016 年第 4 期，第 148 页。

② 房玄龄：《晋书》第五册，中华书局 1974 年版，第 1361 页。

③ 同上，第 1374 页。

④ 同上，第 1376 页。

⑤ 徐震堮：《世说新语校笺》，中华书局 1984 年版，第 349 页。

其次，各适其性。魏晋，是玄学盛行的年代。七贤个个都是杰出的玄学人物，他们对玄学做出的最好诠释便是各适其性。阮籍通达，知时不我与，为了养性葆光，于是游于官与隐之间。明代靳於中称阮籍"灵均愤世之皆醉已独醒，先生愤世之不醒已独醉"①。阮籍愤世不愤世自是难说，但却是醉了。步兵选择庄周"材与不材"的方式来生存，真是了得。嵇康虽然一生追求上药养生，但也改变不了其性烈识寡的天然本性。所以，他最终选择以卧龙之姿慢待钟会，以讽刺之辞拒绝山涛，以冲动之气参与二吕家事。秉性如此，又岂是老聃、庄周所能改动？向秀自是"适性论"的创造者，《庄子注》在向秀笔下完全成了"适性"的造境。燕雀与大鹏何异？殇子与彭祖何异？牛毛与泰山何异？天下万物，适性皆为自然。向秀聪明得很，看着嵇、阮相继离开，于是选择了容迹于官途。刘伶是酒仙，是醉客，也是最清醒之人。他整日痛饮，身边总离不开酒壶，然而酒中乾坤大，刘伶醉眼已识得人间百态了。金圣叹云："从来只说伯伦沉醉，又岂知其得意乃在醒时耶？"② 可见以清醒的醉态来生活，才是刘伶的本色。山涛本有三公之志，于是，他选择了政途。但是山涛即使做到了吏部尚书的位置，但他还是山涛，为官不贪、鄙视奸佞、贞慎俭约。阮咸虽贫不困，见识非凡。其可以与猪共饮，可以晒布犊鼻裈，可以服丧追婢女，却绝不愿意在官场与人心斗。他有他自己心中的"道"，于是选择了一种幽默浑沌的人生。王戎是最精明的贤士，他明道若昧、晦行一世。他的性格是"两得"，即物质和精神的双重富足。因此，韬晦于官场、畅游于郊外便成了王戎的生活。他们都有自己的玄味人生，也都能做到各适其性、各遂其志。

最后，"痴"的享受。"痴"有多种含义，或为迟钝，或为呆傻，或为疯癫，或为无知，而七贤则赋予了"痴"新的内涵。阮籍能啸，其与隐士孙登在苏门山以啸交流，后来便经常"箕踞啸歌"，以啸释怀、以啸宣情。痴于啸，于是成为名士风流的一种印象。例如《世说新语·雅量》篇所载："谢太傅盘桓东山时，与孙兴公诸人泛海戏。风起浪涌，孙、王诸人色并遽，便唱使还。太傅

---

① 陈伯君：《阮籍集校注》，中华书局1987年版，第409页。
② 韩格平：《竹林七贤诗文全集译注》，吉林文史出版社1997年版，第578页。

神情方王，吟啸不言。"① 谢安也由于吟啸，镇安朝野。阮籍之痴于啸当然不是为了镇安什么人，而是为了遂性。嵇康则是痴于药。他与王烈上山采药，服食石髓，他认为五谷不足以养身，服上药、饮醴泉才可长寿，是言"上药养命，中药养性者"也。向秀痴于注《庄》，"为之隐解，发明奇趣，振起玄风，读之者超然心悟，莫不自足一时也"②。吕安称其"庄周不死也"，正是这位注庄痴客的得意之处。刘伶痴于酒、迷于酒，竟然为酒立德，高赋《酒德颂》，真是古今解酒第一人也。山涛痴于官，却也做得干净大方、光明磊落。虽为官痴，却是"旧第屋十间，子孙不相容"③。如此清正廉洁的官痴，实为罕见。阮咸痴于乐，这一点从其妙解音律、善弹琵琶，以及批评荀勖等事迹中便可略知一二。《晋书》曾言："虽处世不交人事，惟共亲知弦歌酣宴而已。"④ 可见，阮咸对音乐的痴迷程度非同一般。王戎痴于钱，却赋予钱痴新的内涵。《晋书》记载其"积实聚钱，不知纪极，每自执牙筹，昼夜算计"⑤。由此可见，王戎也称得上钱痴了。但是，钱痴并没有错，这也是一种风流。试看《世说新语·雅量》篇中的一则故事，便可识得此种风流：

> 祖士少好财，阮遥集好屐，并恒自经营。同是一累，而未判其得失。人有诣祖，见料视财物。客至，屏当未尽，余两小簏，着背后，倾身障之，意未能平。或有诣阮，见自吹火蜡屐，因叹曰："未知一生当着几量屐！"神色闲畅。于是胜负始分。⑥

王戎痴于钱与阮孚痴于屐又有何异？七贤对"痴"的享受，真是风韵疏诞，别有一番情致啊！以上所述，是竹林七贤共有的几个特点，从这些共性中我们可以约略看到他们的确是名副其实的真名士。

竹林七贤之地位不仅仅反映在文学史上，其在历史、哲学、音乐、书法等方面都有着深远的影响。也正是由于他们的出色、他们的优秀，许多学者竟然

---

① 徐震堮：《世说新语校笺》，中华书局 1984 年版，第 206 页。
② 房玄龄《晋书》第五册，中华书局 1974 年版，第 1373 页。
③ 同上，第四册，第 1228 页。
④ 同上，第五册，第 1363 页。
⑤ 同上，第四册，第 1234 页。
⑥ 徐震堮：《世说新语校笺》，中华书局 1984 年版，第 199 页。

开始怀疑他们是否真的存在过？于是，关于竹林七贤的名目，便成了一个相当重要的问题了。

最早对竹林七贤名目产生怀疑的是著名学者陈寅恪先生。陈先生在《金明馆丛稿初编》之《陶渊明之思想与清谈之关系》一文中说道：

> 大概言之，所谓"竹林七贤"者，先有"七贤"，即取《论语》"作者七人"之事数，实与东汉末"三君""八厨""八及"等名同为标榜之义。迨西晋之末僧徒比附内典外书之"格义"风气盛行，东晋乃取天竺"竹林"之名，加于"七贤"之上。至东晋中叶以后，江左名士孙盛、袁宏、戴逵辈遂著之于书（《魏氏春秋》《竹林名士传》《竹林七贤论》）。七贤诸人虽为同时辈流，然其中略有区别。①

而万绳楠在对陈寅恪笔记整理所编成的《魏晋南北朝史讲演录》一书中则是这样记载的：

> "竹林七贤"是先有"七贤"，而后有"竹林"。七贤所取《论语》"作者七人"的事数，意义与东汉末年"三君""八俊"等名称相同，即为标榜之义。西晋末年，僧徒比附内典、外书的"格义"风气盛行，东晋之初，乃取天竺"竹林"之名，加于"七贤"之上，成为竹林七贤。东晋中叶以后，江左名士孙盛、袁宏、戴逵等遂著之于书（《魏氏春秋》《竹林名士传》《竹林七贤论》）。东晋有"兖州八伯、概拟古之八俊"（《晋书》四九《杨曼传》）。兖州为地名，"竹林"则非地名，亦非真有什么"竹林"。②

归纳陈寅恪的观点则先有的是七贤，西晋末年出现"格义"之风，东晋初年将天竺"竹林"之名冠以"七贤"之上，东晋中叶孙盛、袁宏、戴逵等人才著书《魏氏春秋》《竹林名士传》《竹林七贤论》的。其论据有两条，一为刘孝标对《世说新语·伤逝》篇"王濬冲为尚书令，着公服，乘轺车，经黄公酒垆下过。顾谓后车客：'吾昔与嵇叔夜、阮嗣宗共酣饮于此垆。竹林之游，亦预其

---

① 陈寅恪：《金明馆丛稿初编》，三联书店 2001 年版，第 202 页。
② 万绳楠：《魏晋南北朝史讲演录》，贵州人民出版社 2008 年版，第 43 页。

末。自嵇生夭、阮公亡以来，便为时所羁绁。今日视此虽近，邈若山河'"① 此条的注解，具体内容如下：

俗传若此，颍川庾爰之尝以问其伯文康，文康云："中朝所不闻，江左忽有此论，皆好事者为之也。"②

二为《世说新语·文学》一门中的这段记载：

袁彦伯作名士传成，见谢公，公笑曰："我尝与诸人道江北事，特作狡狯耳，彦伯遂以著书。"③

之后，怀疑者渐渐增加。罗宗强先生在《玄学与魏晋士人心态》一书中继承陈寅恪的观点并提出两条论据：一、遍查七贤诗文无一言涉及"竹林"④；二、七贤非居于一地。⑤ 刘康德先生在《竹林七贤之有无与中古文化精神》一文中说"当时党锢阴影重重，文人不敢结社"⑥。而周凤章先生在《竹林七贤称名始于东晋谢安说》一文中则直接说"竹林七贤"这一名称始于谢安。⑦

当然，继承历史，反对陈寅恪先生观点的学者也大有人在。例如庄万寿先生在《嵇康年谱》一书中便说："东汉名士集团如三君、八俊、八顾、八及、八厨与魏时名士四聪、八达，都是当这些人活着时的称号。竹林七贤恐怕在正始前后已有此名。"⑧ 而沈玉成先生在《竹林七贤与二十四友》一文中则说："在没有更充分的证据情况下，推翻传统的'竹林七贤'说似还不够有力。"⑨ 王晓毅先生亦在《竹林七贤考》一文中指出"东汉至西晋时间汉译佛经释迦摩尼说法处大多译为'竹园'而非'竹林'"⑩，并且其考证得出河北山阳自古便有竹，

---

① 徐震堮：《世说新语校笺》，中华书局 1984 年版，第 348 页。
② 同上。
③ 同上，第 146 页。
④ 罗宗强：《玄学与魏晋士人心态》，南开大学出版社 2003 年版，第 49 页。
⑤ 同上。
⑥ 刘康德：《竹林七贤之有无与中古文化精神》，载《复旦学报》，1991 年第 5 期。
⑦ 周凤章：《竹林七贤称名始于东晋谢安说》，载《学术研究》，1991 年第 6 期。
⑧ 庄万寿：《嵇康年谱》，三民书局 1981 年版。
⑨ 沈玉成：《竹林七贤与二十四友》，载《辽宁大学学报》，1990 年第 6 期。
⑩ 王晓毅：《竹林七贤考》，载《历史研究》，2001 年第 5 期。

竹林也并非虚构。

两方观点各是所是、各非所非，论争不休。而我十分同意沈玉成先生的观点，在没有足够充分的论据和材料下，还是应该维持原有的"竹林七贤"之说。

首先，陈寅恪先生所依靠的论据是可以再推敲的。陈先生第一条论据为刘孝标对《世说新语·伤逝》篇"王濬冲为尚书令，着公服，乘轺车，经黄公酒垆下过。顾谓后车客：'吾昔与嵇叔夜、阮嗣宗共酣饮于此垆。竹林之游，亦预其末。自嵇生夭、阮公亡以来，便为时所羁绁。今日视此虽近，邈若山河'"①此条之注——"俗传若此，颍川庾爰之尝以问其伯文康，文康云：'中朝所不闻，江左忽有此论，皆好事者为之也。'"②

陈先生意在强调庾亮（文康）所说的"俗传"与"此论"，而这"俗传"与"此论"可能单单针对王戎"为时所羁"的言语，只是在对王戎的人格提出质疑，文中指向不明确，其中并没有说"俗传"便是竹林七贤之名目，此条目也没有否认竹林七贤的存在。因为王、庾是魏晋时期的两大家族，双方可能存在一定的矛盾。据王晓毅先生考证"庾亮极力否认王戎重游竹林之事，意在抵制其政敌琅琊王氏家族的政治影响，是颍川庾氏与琅琊王氏的江州之争所致"③。所以，庾亮此言很有可能只是在攻击王戎，而并非否认竹林七贤的存在。

当然，刘孝标此注来自东晋戴逵的《竹林七贤论》，而《竹林七贤论》却有以下两条记载：一、"是时竹林诸贤之风虽高，而礼教尚峻"④。二、"然竹林之为放，有疾而为颦者也"⑤。很明显，戴逵《竹林七贤论》已经认为竹林七贤之称谓本身便是存在的了。

而陈寅恪先生第二条论据"袁彦伯（袁宏）作《名士传》成，（刘注：宏以夏侯太初、何平叔、王辅嗣为正始名士，阮嗣宗、嵇叔夜、山巨源、向子期、刘伯伦、阮仲容、王濬冲为竹林名士，裴叔则、乐彦辅、王夷甫、庾子嵩、王安期、阮千里、卫叔宝、谢幼舆为中朝名士。）见谢公，公笑曰：'我尝与诸人

---

① 万绳楠：《魏晋南北朝史讲演录》，贵州人民出版社2008年版，第44页。
② 同上。
③ 王晓毅：《竹林七贤考》，载《历史研究》，2001年第5期。
④ 韩格平：《竹林七贤诗文全集译注》，吉林文史出版社1997年版，第629页。
⑤ 同上，第634页。

道江北事，特作狡狯耳，彦伯遂以著书。'"① 这个论据也是有一些问题的，突破口当然是谢安。陈先生认为谢安只是在讲笑话，但是这个笑话到底在讲什么呢？徐震堮《世说新语校笺》说"江北"谓"南渡以前"。而"江北事"具体指正始名士或是竹林名士还是中朝名士，并未言明。陈寅恪先生单说此为竹林七贤之事稍有武断，况且东晋南迁之后，对应的正是西晋，而非魏末，所以，江左对应江北应该更加恰当一些。而对于谢安本人来说，他却是认为竹林七贤本就存在的。以下两条《世说新语》中的文字便是明证：

> 谢遏诸人共道"竹林"优劣，谢公云："先辈初不臧贬七贤。"②

—— 《世说新语·品藻》

> 谢公道豫章："若遇七贤，必自把臂入林。"③

—— 《世说新语·赏誉》

由此可知，谢安从未否认过竹林七贤的存在，陈寅恪先生的第二条论据可能真的得重新思考一下了。

对于罗宗强先生说："七贤诗文无一言涉及'竹林'"，其实，这个问题也是可以商榷的。因为古代诗文由文言书写，并非只有"竹林"二字可以表示竹林的概念。用一"竹"字，或一"林"字，即可表明"竹林"的意象。例如《世说新语》便直接以"竹"来表明士人的心迹：

> 王子猷尝暂寄人空宅住，便令种竹。或问："暂住何烦尔？"王啸咏良久，直指竹曰："何可一日无此君？"④

> 王子猷尝行过吴中，见一士大夫家极有好竹，主已知子猷当往，乃洒扫施设，在听事坐相待。王肩舆径造竹下，讽咏良久，主已失望，犹冀还当通。遂直欲出门。主人大不堪，便令左右闭门，不听出。王更以此赏主人，乃留坐，尽欢而去。⑤

---

① 万绳楠：《魏晋南北朝史讲演录》，贵州人民出版社2008年版，第44页。
② 徐震堮：《世说新语校笺》，中华书局1984年版，第295页。
③ 同上，第259页。
④ 同上，第408页。
⑤ 同上，第416页。

以上两段均言王子猷与竹的事迹，但无论是“便令种竹”还是“径造竹下”，都不是只有一支竹，而是以一“竹”字代表许多竹，甚至是竹林。或许，七贤也是以一“竹”字或一“林”字来暗指竹林的，例如：

轻车迅迈，息彼长林。——嵇康《兄秀才公穆入军赠诗十九首·其十三》

萋萋绿林，奋荣扬晖。——嵇康《兄秀才公穆入军赠诗十九首·其十四》

涉兰圃，登重基；背长林，翳华芝；临清流，赋新诗。——嵇康《琴赋》

逾思长林，而志在丰草也。——嵇康《与山巨源绝交书》

思友长林，抱朴山嵋。——嵇康《四言诗十一首·其九》

修竹隐山阴，射干临增城。——阮籍《咏怀诗·其四十五》

高鸟翔山冈，燕雀栖下林。——阮籍《咏怀诗·其四十七》

竹林之游，亦预其末。——王戎《经黄公酒垆有感》

以上诗文的“林”字和“竹”字完全有可能就是“竹林”的象征。由此观之，竹林七贤诗文并非“无一言涉及竹林”。而罗宗强先生认为“七贤非居于一地”也是竹林七贤之名称不存在的一个前提，话虽如此，但只要是真心向往、意气相投，距离，绝对不是友谊的障碍。例如：

王子猷居山阴，夜大雪，眠觉，开室命酌酒，四望皎然。因起彷徨，咏左思招隐诗，忽忆戴安道。时戴在剡，即便夜乘小舟就之。经宿方至，造门不前而返。人问其故，王曰：“吾本乘兴而行，兴尽而返，何必见戴?”①

——《世说新语·任诞》

嵇康与吕安善，每一相思千里命驾。安后来，值康不在，喜出户延之，不入，题门上作“凤”字而去。喜不觉，犹以为欣，故作。凤字，凡鸟也。②

——《世说新语·简傲》

况且，七贤重视的是神交。在竹林，七人同时相会与否并不能有损七人的友情，也对“竹林七贤”称谓的存在没有太大的影响。至于刘康德先生说：“当

① 徐震堮：《世说新语校笺》，中华书局1984年版，第408页。

② 同上，第412页。

时党锢阴影重重，文人不敢结社"的意见，是个值得探讨的话题。明清时期的文字狱是多么盛行，所谓一句"清风不识字，何故乱翻书"便可要人脑袋。然而"前七子""后七子""扬州八怪""江南四大才子""戊戌六君子"等，不都是产生于那个年代吗？正是由于政治上的阴影重重，更会使得文人们团结一致，相互抒发自己胸中的愤慨之情。何况竹林七贤是一心向道的，在老庄眼中政治是身外之物，心中的那份快意逍遥才是他们所追求的。这正如庄周书中的一则故事：

　　申徒嘉，兀者也，而与郑子产同师于伯昏无人。子产谓申徒嘉曰："我先出，则子止；子先出，则我止。"其明日，又与合堂同席而坐。子产谓申徒嘉曰："我先出，则子止；子先出，则我止。今我将出，子可以止乎，其未邪？且子见执政而不违，子齐执政乎？"申徒嘉曰："先生之门，固有执政焉如此哉？子而说子之执政而后人者也？闻之曰：'鉴明则尘垢不止，止则不明也。久与贤人处则无过。'今子之所取大者，先生也，而犹出言若是，不亦过乎！"子产曰："子既若是矣，犹与尧争善。计子之德，不足以自反邪？"申徒嘉曰："自状其过以不当亡者众，不状其过以不当存者寡。知不可奈何而安之若命，唯有德者能之。游于羿之彀中，中央者，中地也；然而不中者，命也。人以其全足笑吾不全足者众矣，我怫然而怒；而适先生之所，则废然而反。不知先生之洗我以善邪？吾之自寐邪？吾与夫子游十九年矣，而未尝知吾兀者也。今子与我游于形骸之内，而子索我于形骸之外，不亦过乎！"子产蹴然改容更貌曰："子无乃称！"①

——《庄子·德充符》

　　在申徒嘉这样有德之人的眼里，权势与地位就如粪土一般。当然，竹林七贤的眼中有的也只有自由，而非政治。于是，他们七人能走在一起，是那么地自然而然。而对于周凤章先生所言"竹林七贤始于东晋谢安说"的观点，我更愿意去相信比谢安年龄更长的孙盛（谢安生于公元320年，孙盛生于公元302年）。因为谢安谈及竹林七贤的言语大多记载在《世说新语》中，《世说新语》

---

　　① 王先谦：《庄子集解》，中华书局1987年版，第49页。

作者刘义庆生于公元 403 年，并且刘义庆也并没有说竹林七贤的称谓在当时是不存在的。而孙盛的《魏氏春秋》则是实实在在有文献记载的，虽然全书已亡佚，但关于竹林七贤之称谓的材料却被裴松之（公元 372 年）、刘义庆（公元403 年）相继引用。也就是说，无论从年龄上看，还是从文献记载上看，孙盛的《魏氏春秋》才是记载竹林七贤称谓最早的材料，而材料中已然说明"竹林七贤"是当时的称谓了。

"竹林七贤"的称谓之所以被认为是当时存在的，一个重要的条件便是他们当时是否有交流、有交游。试举史书的一些记载如下：

后闻步兵厨中有酒三百石，忻然求为校尉，于是文府舍与刘伶酣饮。①

——《文士传》

王戎弱冠诣阮籍，时刘公荣在坐，阮谓王曰："偶有二斗美酒，当与君共饮，彼公荣者无预焉。"二人交觞酬酢，公荣遂不得一杯，而言语谈戏三人无异。或有问之者，阮答曰："胜公荣者，不可不与饮酒；不如公荣者，不可不与饮酒；唯公荣，可不与饮酒。"②

——《世说新语·简傲》

戎年十五，随父浑在郎舍，阮籍见而说焉。每适浑俄顷，辄在戎室久之。乃谓浑："濬冲清尚，非卿伦也。"③

——《晋阳秋》

籍能为青白眼，见凡俗之士，以白眼对之。及喜往，籍不哭，见其白眼，喜不怿而退。康闻之，乃赍酒挟琴而造之，遂相与善。④

——《晋百官名》

涛素雅恢达，度量弘远，心存事外，而与时俯仰。尝与阮籍、嵇康诸人著忘言之契。⑤

——《晋阳秋》

---

① 徐震堮：《世说新语校笺》，中华书局 1984 年版，第 392 页。
② 同上，第 411 页。
③ 同上。
④ 同上，第 412 页。
⑤ 同上，第 369 页。

父熙，武都太守。咸任达不拘，与叔父籍为竹林之游，当世礼法者讥其所为。①

——《晋书·阮咸传》

澹默少言，不妄交游，与阮籍、嵇康相遇，欣然神解，携手入林。②

——《晋书·刘伶传》

与嵇康居二十年，未尝见其喜愠之色。③

——《世说新语·德行》

阮嗣宗口不论人过，吾每师之，而未能及。④

——《与山巨源绝交书》

山公与嵇、阮一面，契若金兰。山妻韩氏，觉公与二人异于常交，问公，公曰："我当年可以为友者，唯此二生耳。"⑤

——《世说新语·贤媛》

康居贫，尝与向秀共锻于大树之下，以自赡给。⑥

——《晋书·嵇康传》

始，秀欲注，嵇康曰："此书讵复须注，正是妨人作乐耳。"及成，示康曰："殊复胜不？"又与康论养生，辞难往复，盖欲发康高致也。⑦

——《晋书·向秀传》

余与嵇康、吕安居止接近，其人并有不羁之才。⑧

——《思旧赋并序》

清悟有远识，少为山涛所知。⑨

——《晋书·向秀传》

---

① 房玄龄：《晋书》第五册，中华书局1974年版，第1362页。
② 同上，第1376页。
③ 徐震堮：《世说新语校笺》，中华书局1984年版，第10页。
④ 戴明扬：《嵇康集校注》，人民文学出版社1962年版，第118页。
⑤ 徐震堮：《世说新语校笺》，中华书局1984年版，第369页。
⑥ 房玄龄：《晋书》第五册，中华书局1974年版，第1373页。
⑦ 同上，第1374页。
⑧ 韩格平：《竹林七贤诗文全集译注》，吉林文史出版社1997年版，第563页。
⑨ 房玄龄：《晋书》第五册，中华书局1974年版，第1374页。

山涛举咸选典，曰："阮咸贞素寡欲，深识清浊，万物不能移也。"①

——《晋书·阮咸传》

　　当然，竹林之游的记载在陈寅恪先生发出惊天异说之前早已存在了一千多年了，例如：

王濬冲为尚书令，着公服，乘轺车，经黄公酒垆下过。顾谓后车客："吾昔与嵇叔夜、阮嗣宗共酣饮于此垆。竹林之游，亦预其末。自嵇生夭、阮公亡以来，便为时所羁绁。今日视此虽近，邈若山河。"②

——《世说新语·伤逝》

与嵇康、吕安善，后遇阮籍，便为竹林之交，著忘言之契。③

——《晋书·山涛传》

林下诸贤，各有俊才子：藉子浑，器量弘旷；康子绍，清远雅正；涛子简，疏通高素；咸子瞻，虚夷有远志，瞻弟孚，爽朗多所遗；秀子纯、悌，并令淑有清流；戎子万子，有大成之风，苗而不秀；唯伶子无闻。凡此诸子，唯瞻为冠，绍、简亦见重当世。④

——《世说新语·赏誉》

道贤论以七沙门比竹林七贤。⑤

——《支法师传》

山王二公，悦风而至，相与莫逆，把臂高林，徒得其游。⑥

——沈约《七贤论》

竹林乐志，蓬池养神，振百代之风骚，作七贤之领袖。⑦

——唐李京《重建阮嗣宗庙碑》

---

① 房玄龄：《晋书》第五册，中华书局 1974 年版，第 1362 页。
② 徐震堮：《世说新语校笺》，中华书局 1984 年版，第 348 页。
③ 房玄龄：《晋书》第四册，中华书局 1974 年版，第 1223 页。
④ 徐震堮：《世说新语校笺》，中华书局 1984 年版，第 240 页。
⑤ 同上，第 121 页。
⑥ 穆克宏：《魏晋南北朝文论全编》，江苏教育出版社 2004 年版，第 222 页。
⑦ 陈伯君：《阮籍集校注》，中华书局 1987 年版，第 427 页。

13

　　关于"竹林七贤"的名号，历代都有提及，此处不再一一列举。那么，"七贤"这一称谓在历史中被多次提及，难道全都是偶然吗？陈寅恪先生说竹林不存在，是虚构的，但是历史已经告诉我们河南竹林的真实存在了。综上所述，"竹林七贤"这一名目在当时便已存在，应该是历史的事实。

　　竹林七贤虽是一个群体，却又是具有独立个性的七个人，他们的人格精神和人生道路都不尽相同，七人都拥有着一种属于自己的生活方式。例如阮籍能进能退、任性不羁，嵇康秉性刚烈、天质自然，向秀博学多识、容迹于世，刘伶幕天席地、长醉不醒，阮咸行为怪诞、妙解音律，山涛安时处顺、待时而飞，王戎韬精养晦、官隐一生。七贤的生活经历虽然不同，但都是品性高洁、正气凛然之人，他们无愧于"贤"的称谓，是中国历史上不同流俗、超然独达的真正名士。因此，本书采取先分后总的方式对七贤进行分析，以求对七贤个性、共性、差异性等多方面进行详细论述。

　　对竹林七贤研究的目的具体可分为以下三点：首先，重新审视七贤的人格精神。历代学者谈及竹林七贤的人格精神似乎存在一个固有的模型，即阮籍懦弱佯狂，嵇康刚烈不屈，向秀书生意气，刘伶一介酒徒，阮咸怪诞荒唐，山涛贪慕权贵，王戎吝啬粗鄙。即使用词不同，大体意思相近。然而，七贤人格精神并非那么简单，深沉的人格内涵有待于后人的挖掘。重新对竹林七贤人格精神作出审视，为世间留下一个新的七贤印象，意义深远。其次，表明文学的独立性和自足性。现在研究者论及竹林七贤的作品，总是将其与政治联系在一起，甚至有些人竟将阮籍八十二首《咏怀诗》全部附会于政治之上，七贤的文章便成了政治的附属品了。但事实并非如此，"诗言志，歌永言"，人们心中绝不仅仅只有政治。哪怕那是乱世，文学也自有其独立与自足的一面。最后，阐明老庄哲学对七贤人生与作品的直接影响。魏晋是玄学兴起并盛行的年代，士人以不谈玄学为耻辱，而竹林七贤却是真正实践玄学的人。他们从《老子》《庄子》《周易》中找到属于自己的生命寄托，走出七条不同的玄学人生路。老庄哲学对七贤人格与作品都有着深刻的影响，这一点绝对不能够忽视。

　　而研究竹林七贤的意义也可以从以下三方面简要说明：其一，有利于个性精神的觉醒。竹林七贤是由一群特立独行的士人组成的群体，他们每一个人的身上无不闪烁着个性的光芒。魏晋时代，一切都变得自觉起来。经学式微，玄学兴起，皇权力量薄弱，士族势力强盛，人的各种思想都摆脱了时俗的束缚，充分释放了出来。竹林七贤正是这种个性精神觉醒的代表，自然应当受到世人的关注。其二，有利于了解竹林七贤作品的深刻内涵及其在文学史上的地位。对于竹林七贤的文学贡献，学术界似乎过多地关注于阮籍的《咏怀诗》与嵇康的论辩文。其实，阮籍之文一样流畅自然，嵇康之诗同样真挚感人。此外，向秀之论可称精密，刘伶之颂可谓神笔，山涛《启事》也是恳切质朴的。他们的文章内涵深刻，的确是中国文学史上不可或缺的奇珍异宝。其三，有利于明确竹林七贤与外物的关系。七贤对药、酒、玄学、养生、音乐等问题的态度是不一致的，而这些外物对其性格与行为都起着一定的作用。明确竹林七贤与这些外物的关系，意义十分重大。

　　当然，本书自有一种属于竹林七贤才拥有的研究方法。例如以鸟养鸟法。此法取自《庄子·至乐》篇"昔者海鸟止于鲁郊，鲁侯御而觞之于庙，奏九韶以为乐，具太牢以为膳。鸟乃眩视忧悲，不敢食一脔，不敢饮一杯，三日而死。此以己养养鸟也，非以鸟养养鸟也。夫以鸟养养鸟者，宜栖之深林，游之坛陆，浮之江湖，食之鳅鲦，随行列而止，委蛇而处"。即只有以鸟之天性来养鸟，才能将鸟养好。而要想研究竹林七贤，必须得从道家思想出发，因为老庄哲学是贯穿七人生活与作品的一条主线。《晋书》记载阮籍"博览群籍，尤好《庄》《老》"，嵇康"学不师受，博览无不该通，长好《老》《庄》"，向秀"雅好老庄之学"，山涛"性好《庄》《老》"，王戎"超然玄著"，刘伶"盛言无为之化"，东晋戴逵《竹林七贤论》对阮咸的记载也是"尚道弃事"。可见，竹林七贤之"鸟"正是老庄思想。本书将通过老庄哲思来研究七贤的人生道路、人格精神与文学作品，使得文章更符合七贤的本意。又如，穿针引线法。此法是指在对七贤个人的分论中贯穿渗透政治局势、七贤玄学与其他人物。就是将七人比作七根针，引出魏晋政治、魏晋士人、魏晋玄学这三条线索。本书中不会单独论述曹、马之争，也不会单独谈及吕安、孙登、王烈、山简等人，更不会将竹林玄学拿出来单独研究，而是将这三条线索穿插在七人的人格精神与诗文创作中，将这些信息从侧面反映出来。再如，因地制宜法。竹林七贤是七个极富个性精神的独立之人，他们的性格与创作情况也是不同的。因此，绝对不能一概而论，必须因人而异、因地制宜，从其自身角度出发，方可研究得真实确切。

本书将七贤人格和创作做了分论，正是基于这个原因。

当然，本书也有一些创新之处。首先，提出了一些新的观点。文章结合有关七贤的原始典籍，对七贤的人格与作品进行归纳总结。例如阮籍《猕猴赋》的主旨并非讽刺礼法君子，而是从猕猴好技而亡、多才受垢的角度出发，指出此赋表达的正是阮籍藏器抱一、守拙乃安的道家哲思。其次，转换了新的视角。文章研究竹林七贤不从乱世政治出发，而是从玄学中提炼精髓，来证明七贤的玄学人生路及其创作。例如阮籍"处于材与不材之间"，向秀"频复无咎"，王戎"明道若昧"，这些语句分别来自《庄子》《周易》《老子》。这个玄学视角，是属于竹林七贤所特有的视角。最后，对未引起世人注意的意象进行解读。历来论及嵇阮诗文都离不开"飞鸟"意象、"首阳"意象、"琴"意象，而本书则从"素""繁华子"以及对立辩证语词出发，来研究嵇阮诗文的深刻内涵与艺术风格。

第一章

阮籍的畸态人格与诗文创作

一、阮籍的畸态人格

中国历史从不缺少乱世，例如春秋战国、魏晋南北朝、五代十国，等等。因此，乱世也变得平常了起来。生活在乱世中的人们早已习惯了礼崩乐坏，因为他们可以寻找出一条属于自己的生活道路。魏晋，乱得一塌糊涂的一段历史，竟然滋养着阮籍这样的命世大贤，实在是那个时代的幸运。

魏晋，又是玄学盛行的年代。王弼、何晏、夏侯玄、裴楷、谢安等，都是玄谈的高手。王弼注《老子》《周易》、何晏作《道德论》、钟会著《四本论》、向秀注《庄子》，一时玄风猛起，清淡盛行。如此动荡的年代，如此玄学的风气，对阮籍的人格精神有着怎样的影响呢？试看阮籍的畸态人格，便可窥得一斑。

何谓畸态人格？《庄子·大宗师》有这样的记载："子贡曰：'敢问畸人'，曰：'畸人者，畸于人而侔于天。'"成玄英疏为："畸者，不耦之名也。修行无有，而疏外形体，乖异人伦，不耦于俗。"① 可见，这种与常人不同，与自然相合的特立独行、率真绝俗的品质，便是一种畸态人格。这种高蹈超迈的人格精神属于天地，属于庄周，也属于阮籍。司空图在《二十四诗品·高古》篇中说："畸人乘真，手把芙蓉，泛彼浩劫，窅然空踪"；陆游在《幽事》诗中说："野

---

① 郭庆藩：《庄子集释》，中华书局 1961 年版，第 273 页。

馆多幽事，畸人无俗情"；曹雪芹则借妙玉之口道出"文是庄子的好，故又或称为畸人"这样的心思。而阮籍，品性高洁、行为怪异、任诞不羁，却又与天道相谐，所以是无愧于"畸人"这一称号的。

阮籍生于汉献帝建安十五年，卒于魏景元四年，他未尝一日仕晋，这是事实。但是对于曹魏政权，阮籍其实也是不在意的。陈伯君先生认为："阮籍的心中是把晋之代魏和魏之代汉看作是历史故事的重演"，所以，他"绝不是站在忠于曹家的立场而痛心于司马氏的篡逆。"① "贵贱在天命，穷达自有时。婉娈佞邪子，随利来相欺。孤思损惠施，但为谗夫蚩。鹍鸹鸣云中，载飞靡所期。焉知倾侧士，一旦不可持。"（《咏怀诗·其五十六》）② 名利、贵贱、穷达都是身外之物，而对于曹氏和司马氏"与其誉尧而非桀，不如两忘而化其道"③。阮籍无心朝廷，更无心观看曹马之间的明争暗斗。他不誉魏，也不非晋，在浊世之中选择的是一条属于自己的畸态人生路。其畸态人格表现在他一生的行为之中，表现在他"反复零乱"的诗文之中，也表现在后世文人对他的处处模仿之中。

1. 不可为而为

阮籍《东平赋》曰："乘松舟以载险兮，虽无维而自縶，骋骅骝于狭路兮，顾蹇驴而弗及。资章甫以游越兮，见犀光而先入；被文绣而贾戎兮，识旆裳之必袭。"④ 他用松舟来载险，驱骅骝登狭路，货章甫于诸越，纯正的痴情与执拗的胆识令人佩服。接下来，我们就探讨一下阮籍这种知其不可为而为之的多情与魄力。

毁行废礼

《晋书》记载："兵家女有才色，未嫁而死，籍不识其父兄，径往哭之，尽哀而还。其外坦荡而内淳至，皆此类也。"⑤ 当时的统治者，对社会、对人民的要求是懂法度、守礼节。若是自己的父母去世，必须守丧哭孝。而别人家的女

---

① 陈伯君：《阮籍集校注》，中华书局1987年版，第9页。
② 黄节：《阮步兵咏怀诗注》，人民文学出版社1984年版，第68页。
③ 王先谦：《庄子集解》，中华书局1987年版，第58页。
④ 陈伯君：《阮籍集校注》，中华书局1987年版，第11页。
⑤ 房玄龄：《晋书》第五册，中华书局1974年版，第1361页。

子去世，和你阮籍有甚相干，你去吊丧，岂不令世人嘲笑？阮籍当然知道这是不合礼法的，但他却偏偏要去，因为与他的心志相合，这就够了。阮籍是至情至性之人，他哭的是美丽与才华的凋落，哭的是青春无故夭折，哭的是生命如此之脆弱。阮籍觉得本不该如此，或是觉得如此太不合天道。他哭了，干干脆脆、痛痛快快。哭完，哀尽而还。这是至性之人的废礼表现，明知不可为，阮籍偏偏要为之的。除此之外，《晋书》还有这么一段文字：

> 邻家少妇有美色，当垆沽酒。籍尝诣饮，醉，便卧其侧。籍既不自嫌，其夫察之，亦不疑也。①

中国古代礼法对于男女交往约束甚严，被唤作"男女授受不亲"。阮籍可不管这一套，他自有他自己的痴情。既能欣赏美妇，又有美酒相伴，那不是天下最畅快的事情吗？阮籍醉卧其侧，睡时与美女同在，起时有美酒相伴；醉时天下只有两人，醒时已度过一段完美人生。他没有任何恶意，纯是一片痴情。因此，"夫始殊疑之，伺察，终无他意"。天下人不可为、不敢为之事，阮籍却用欣赏的眼光来享受生活。他活得潇潇洒洒，也活得合情合性。

礼法，这是个什么东西？看看阮籍《大人先生传》的这段描述：

> 或遗大人先生书曰："天下之贵，莫贵于君子。服有常色，貌有常则，言有常度，行有常式。立则磬折，拱若抱鼓，动静有节，趋步商羽，进退周旋，咸有规矩。心若怀冰，战战栗栗，束身修行，日慎一日，择地而行，唯恐遗失，诵周孔之遗训，叹唐虞之道德，唯法是修，唯礼是克，手执圭璧，足履绳墨，行欲为目前检，言欲为无穷则。少称乡闾，长闻邦国，上欲图三公，下不失九州牧，故挟金玉，垂文组，享尊位，取茅土，扬声名于后世，齐功德于往古。奉事君王，牧养百姓，退营私家，育长妻子，卜吉而宅，虑乃亿祉，远祸近福，永坚固己。"②

如此礼法君子、如此愚昧行径，阮籍可不要做。他追求的是"通老""达

---

① 房玄龄：《晋书》第五册，中华书局 1974 年版，第 1361 页。
② 陈伯君：《阮籍集校注》，中华书局 1987 年版，第 163 页。

庄"，是与天地同寿、与万物同移的一种真人境界。如此畸人，被俗人看作是毁行废礼、有伤风化倒是可以被理解的。

至情至性

至情至性，是阮籍痴情的本质表现。当然，最真挚的痴情莫过于亲情了。这一次，是阮籍的母亲去世了。史书上有这么几段文字：

> 母终，正与人围棋，对者求止，籍留与决赌。既而饮酒二斗，举声一号，吐血数升。及将葬，食一蒸肫，饮二斗酒，然后临诀，直言穷矣，举声一号，因又吐血数升，毁瘠骨立，殆致灭性。①
>
> ——《晋书·阮籍传》

> 阮籍当葬母，蒸一肥豚，饮酒二斗，然后临诀，直言："穷矣!"都得一号，因吐血，废顿良久。②
>
> ——《世说新语·任诞》

> 阮步兵丧母，裴令公往吊之。阮方醉，散发坐床，箕踞不哭。裴至，下席于地，哭，吊唁毕便去。或问裴："凡吊，主人哭，客乃为礼。阮既不哭，君何为哭?"裴曰："阮方外之人，故不崇礼制。我辈俗中人，故以仪轨自居。"时人叹为两得其中。③
>
> ——《世说新语·任诞》

人们重视孝道，是对父母给予自己生命的一种感激。人之生命，所以能够存在并延续，皆源自父母无私的奉献。④ 因此，母亲去世，阮籍肯定是最沉痛的。可他不哭、不慌，继续围棋、继续吃肉、继续喝酒。他不像礼法君子那样嚎上几天就草草了事，他的痛，是痛在心底最深处的。母丧期间吃肉喝酒是不合礼法、是绝对不可为的呀! 阮籍并没有想那么多，母亲已经走了，吃肉喝酒与吃糟糠饮白水又有什么区别? 都是无味的，都是无法使母亲复活的，他不在

---

① 房玄龄：《晋书》第五册，中华书局 1974 年版，第 1361 页。
② 徐震堮：《世说新语校笺》，中华书局 1984 年版，第 393 页。
③ 同上，第 394 页。
④ 可参照本人《〈尚书〉生命意识阐微》一文，见《河北大学学报》2015 年第 6 期，第 71 页。

乎。正如罗宗强先生在《玄学与魏晋士人心态》一书中所说："阮籍至丧，盖真情祖露而哀乐至到，无须乎礼之缘饰。"① 所以，他醉而直视；所以，他呆若木鸡，但当世人见到他吐血数升、毁瘠骨立、殆致灭性的时候，一切就都明白了。阮籍毁行废礼的背后，是一颗多么孝顺、多么赤诚的心呀！这期间"嵇喜来吊，籍作白眼，喜不怿而退。喜弟康闻之，乃赍酒挟琴造焉，籍大悦，乃见青眼"②。有客来吊，自当迎之，这是礼节。不，阮籍可不会这么做。嵇喜，我阮籍看不上你，翻白眼那是客气的。而嵇康赍酒挟琴来到丧礼之上，阮籍却笑了。因为只有美酒、琴声，才能为母亲送行，而不是哭声。阮籍不顾礼法、漠视教化，明知不可为而偏要为之的性子，是一种自然。后人对他只有崇敬和钦佩，而无一句埋怨之辞。礼法，本来就不是为阮籍这样的人设置的。《世说新语·任诞》篇中曾言："阮籍嫂尝还家，籍见与别。或讥之，籍曰：'礼岂为我辈设也。'"③ 礼教不允许叔嫂相处，这是什么规矩？本是一家人，难道这个世间连亲情都不允许了吗？在阮籍看来，这奇怪得很，于是，他就开始无视那些庸人的目光了。这是一种合于自然的美丽，也是一种不合时宜的精彩。

偏向虎山行

"明知山有虎，偏向虎山行"，这就是阮籍的魄力了。不过，说到魄力，阮籍最值得后人欣赏的是鄙视权贵、大发奇论、傲然独得的胆识和勇气。历史上有这样的记载：

> 有司言有子杀母者，籍曰："嘻！杀父乃可，至杀母乎！"坐者怪其失言。帝曰："杀父，天下之极恶，而以为可乎？"籍曰："禽兽知母而不知父，杀父，禽兽之类也。杀母，禽兽之不若。"④
>
> ——《晋书·阮籍传》
>
> 晋文王功德盛大，坐席严敬，拟于王者，唯阮籍在坐，箕踞啸歌，酣放自若。⑤
>
> ——《世说新语·简傲》

① 罗宗强：《玄学与魏晋士人心态》，南开大学出版社2003年版，第69页。
② 房玄龄：《晋书》第五册，中华书局1974年版，第1361页。
③ 徐震堮：《世说新语校笺》，中华书局1984年版，第393页。
④ 房玄龄：《晋书》第五册，中华书局1974年版，第1360页。
⑤ 徐震堮：《世说新语校笺》，中华书局1984年版，第410页。

《庄子·盗跖》篇有言:"民知其母,不知其父,与麋鹿共处,耕而食,织而衣,无有相害之心,此至德之隆也。"① 阮籍大发奇论,亦是本心所出。人杀父同于禽兽,此人杀母连禽兽也不如。乍听不合法礼,细思却是人之常情。

而对于阮籍在司马昭座下箕踞啸歌,这种行为,他也知道世人是不可为之的,能做到"酣放自若",真是一种胆识和境界呀!阮籍懂得"密云不雨"的道理,因此,自有"礼法之士疾之若仇,而帝每保护之"的好处。庄周有二言,赠予阮籍恰恰合适,一为"浮游不知所求,猖狂不知所往";一为"独往独来,是谓独有。独有之人,是谓至贵"。阮籍虽知其不可为而为之,但却可以存身、可以保生。由此可见,阮籍所拥有的知其不可为而为之的痴情与胆识是一种养生哲学,但却是发自内心、出自天然。只是这样的畸态人格还有些不成熟,所以,阮籍慢慢地有了改变。

2. 材与不材之间

材与不材,这是阮籍畸态人格的第二个表现,同时也见证了阮籍行道与存生的双重收获。"材与不材之间"依旧来自《庄子》,书中记载如下:

此果不材之木也,以至于此其大也。嗟乎神人,以此不材!②

——《人间世》

庄子行于山中,见大木,枝叶盛茂。伐木者止其旁而不取也。问其故,曰:"无所可用。"庄子曰:"此木以不材得终其天年。"夫子出于山,舍于故人之家。故人喜,命竖子杀雁而烹之。竖子请曰:"其一能鸣,其一不能鸣,请奚杀?"主人曰:"杀不能鸣者。"明日,弟子问于庄子曰:"昨日山中之木,以不材得终其天年;今主人之雁,以不材死。先生将何处?"庄子笑曰:"周将处夫材与不材之间。"③

——《山木》

---

① 王先谦:《庄子集解》,中华书局1987年版,第262页。
② 同上,第43页。
③ 同上,第167页。

很明显，这是有用与无用之间的智慧。不材，树木可存生；材，未成即遭砍伐。阮籍知道曹氏与司马氏之间的风雨，他不想卷入，又不能彻底离开。若即若离，时而显志，时而韬晦，于是便形成了阮籍材与不材之间的人格精神。

人之所畏，不可不畏

"人之所畏，不可不畏"，语出《老子·二十章》。王弼注曰："故人之所畏，吾亦畏焉，未敢恃之以为用也。"① 这是不材的智慧，是无用的哲学。《周易》有言"潜龙勿用，阳气潜藏"，阮籍明白藏器守拙与尚口乃穷的益处。所以，他从小就学会了慎言。《晋书》记载："籍尝随叔父至东郡，兖州刺史王昶请与相见，终日不开一言，自以不能测。"②《世说新语·德行》篇记载："晋文王称阮嗣宗至慎，每与之言，言皆玄远，未尝臧否人物。"③ 正如《庄子·山木》篇中的那只意怠之鸟一样，"翂翂翐翐，而似无能；引援而飞，迫胁而栖，进不敢为前，退不敢为后；食不敢为后，食不敢先尝，必取其绪，是故其行列不斥，而外人卒不得害，是以免于患。"④ 这是曲则全的理论，这是"希言自然"的哲学，这是"无责于人，人亦无责焉"的智慧。阮籍数次辞官，慎言慎行，"喜怒不形于色"。所以，司马昭称其"天下至慎者，其唯阮嗣宗乎?"阮籍聪明得很，不材可以长久，无用才是大用。所以，他在《咏怀诗·七十》中才说："始得忘我难，焉知嘿自遗。"这一切都是"人之所畏，不可不畏"所产生的效应。其在《咏怀诗·二十五》中也说道："但畏工言子，称我三江旁。"也正是因为有了应该具有的畏惧之心，阮籍才没有像嵇康一样得罪那么多人。"直木先伐，甘井先竭"，阮籍明白得很。所以，他选择成为"意怠"。

形莫若就，心莫若和

只是单单明白畏惧似乎不足以保身，所以，阮籍便开始了一番"形莫若就，心莫若和"的游世之举。庄子在《人间世》借蘧伯玉之口告诉世人"形莫若就，心莫若和。虽然，之二者有患。就不欲入，和不欲出。形就而入，且为颠为灭，为崩为蹶。心和而出，且为声为名，为妖为孽。彼且为婴儿，亦与之为

---

① 楼宇烈：《老子道德经注校释》，中华书局 2008 年版，第 46 页。
② 房玄龄：《晋书》第五册，中华书局 1974 年版，第 1360 页。
③ 徐震堮：《世说新语校笺》，中华书局 1984 年版，第 10 页。
④ 王先谦：《庄子集解》，中华书局 1987 年版，第 170 页。

婴儿；彼且为无町畦，亦与之为无町畦；彼且为无崖，亦与之为无崖"①。之后又在《山木》篇中借禹之口说出"形莫若缘，心莫若率，缘则不离，率则不劳"②的处世哲学。是呀，螳臂何能挡车辙？阮籍开始变得"材"了起来。《晋书》记载："及文帝辅政，籍尝从容言于帝曰：'籍平生曾游东平，乐其风土。'帝大悦，即拜东平相。籍乘驴到郡，坏府舍屏部，使内外相望，法令清简，旬日而还。"③难道阮籍对于东平真的是"乐其风土"吗？试看其《东平赋》中的一段描写便可略知一二：

> 由而绍俗，靡则靡观，非夷罔式，导斯作残。是以其唱和矜势，背理向奸，向气逐利，因畏惟怨。其居处壅翳蔽塞，窕遼弗章，倚以陵墓，带以曲房；是故居之则心昏，言之则志哀，悸罔徙易，靡所窬怀。④

这样一个"居之则心昏，言之则志哀"的东平，阮籍会乐其风土吗？很明显，此乃"形莫若就"之举，所以，其旬日而还。而最能够体现其"形莫若就，心莫若和"的事例当然是《劝进文》的撰写："会帝让九锡，公卿将劝进，使籍为其辞。籍沉醉忘作，临诣府，使取之，见籍方据案醉眠。使者以告，籍便书案，使写之，无所改窜。辞甚清壮，为时所重。"⑤无奈之下，先"形莫若就"一番，但观其文"临沧州而谢支伯，登箕山以揖许由，岂不盛乎！至公至平，谁与为邻！何必勤勤小让也哉"⑥，不也是心莫若和吗？对于支伯、许由来讲，此等小让也如此累心，真是可笑之极呀！这是阮籍有"材"的"功勋"，因此，嵇康在《与山巨源绝交书》中才会说："幸赖大将军保持之耳。"然而，"阮籍所为不过禄仕而已，其只是虚与司马氏委蛇而全身保命。"⑦生命才是最宝贵的，"与物委蛇，而同其波，是卫生之经也。"⑧

---

① 王先谦：《庄子集解》，中华书局1987年版，第40页。
② 同上，第172页。
③ 房玄龄：《晋书》第五册，中华书局1974年版，第1360页。
④ 陈伯君：《阮籍集校注》，中华书局1987年版，第9页。
⑤ 房玄龄：《晋书》第五册，中华书局1974年版，第1361页。
⑥ 陈伯君：《阮籍集校注》，中华书局1987年版，第56页。
⑦ 万绳楠：《陈寅恪〈魏晋南北朝史讲演录〉》，贵州人民出版社2008年版，第48页。
⑧ 王先谦：《庄子集解》，中华书局1987年版，第200页。

损盈益虚，与时偕行

阮籍在材与不材之间游世，却也能做到"损盈益虚，与时偕行"。例如他可以在广武山发出"时无英雄，使竖子成名"的慨叹，也可以在苏门山吟出响彻岩谷的长啸；他可以甩袖拒绝蒋济的征召，也可以在"乡亲共喻"下就吏；他可以被曹爽召为参军，也可以因疾屏于田里。这就是阮籍，时而"材"，时而"不材"，在材与不材之间，阮籍可以颐养天年。《庄子·知北游》所言："圣人处物不伤物，不伤物者，物亦不能伤也"，这说的难道不是阮籍吗？阮籍的高明之处不仅在于"材与不材"的智慧，更在于其能够在材与不材之间游刃有余地生活。"为善无近名，为恶无近刑。缘督以为经，可以保身，可以全身，可以养亲，可以尽年。"① 虽说如此，但材与不材之间毕竟"似之而非也，故未免乎累"。阮籍的人生逐渐走向了宁静，于是开始了其"乘道德而浮游"的旅程。

3. 撄宁之境

撄宁，这是阮籍畸态人格的第三层境界。撄宁一词，出自《庄子·大宗师》。原文为："其为物，无不将也，无不迎也，无不毁也，无不成也。其名为撄宁。撄宁也者，撄而后成者也。"② 郭嵩焘云："物我生死之见迫于中，而一无所动其心，乃谓之撄宁。置身纷纭蕃变，交争互触之地，而心固宁焉，则几于成矣，故曰'撄而后成。'"③ 由此可见，撄宁之境，是需要一番磨炼之后才能实现的一种合乎天道、清静自然的状态。先有"撄"，才有"宁"，撄而后宁是阮籍畸态人格的一大展现。试看其《咏怀诗·二十一》："于心怀寸阴，羲阳将欲冥。挥袂抚长剑，仰观浮云征。云间有玄鹤，抗志扬声哀。一飞冲青天，旷世不再鸣。岂与鹑鷃游，连翩戏中庭。"④ 在经过了"怀寸阴""羲阳冥""抚长剑"这样的躁动之后，阮籍终于伴哀声而成道，一飞冲上了青天。

素质游商声

所谓素质游商声，是一种伴哀声而成道的状态。阮籍想要"逍遥浮世，与

---

① 王先谦：《庄子集解》，中华书局 1987 年版，第 28 页。

② 同上，第 62 页。

③ 同上，第 62 页。

④ 黄节：《阮步兵咏怀诗注》，人民文学出版社 1984 年版，第 28 页。

道俱成"，必须在经历一番磨难，走过一场风雨之后，才能真正与那个浊世决裂。正如其《咏怀诗·其九》所言："步出上东门，北望首阳岑。下有采薇士，上有嘉树林。良辰在何许？凝霜沾衣衿。寒风振山岗，玄云起重阴。鸣雁飞南征。鹍鸠发哀音。素质游商声。凄怆伤我心。"① 素质，是一种自然的品性，纯洁、高尚、没有一丁点儿瑕疵。庄子曾言："纯素之道，惟神是守，守而勿失，与神为一，一之精通，合于天伦。故素也者，谓其无所与杂也；纯也者，谓其不亏其神也。能体纯素，谓之真人。"② 阮籍这种没有一丝杂念的品质，必须经历萧瑟秋声的洗礼，才能通明。虽然暂时"凄怆伤我心"，但终会伴哀声而成道的。就如《晋书》中记载他去苏门山访隐士孙登一样："籍尝于苏门山遇孙登，与商略终古及栖神导气之术，登皆不应，籍因长啸而退。至半岭，闻有声若鸾凤之音，响乎岩谷，乃登之啸也。遂归著《大人先生传》……此亦籍之胸怀本趣也。"③ 由此可知，只有经历过"皆不应"的无奈之后，阮籍才能在啸声中大彻大悟。撄宁之境，不悲不喜，无成无毁。

相忘于江湖

"相呴以湿，相濡以沫，不若相忘于江湖"。阮籍在《咏怀诗·其七十六》说得很明白：

秋驾安可学，东野穷路旁。纶深鱼渊潜，矰设鸟高翔。泛泛乘轻舟，演漾靡所望。吹嘘谁以益？江湖相捐忘。都冶难为颜，修容是我常。兹年在松乔，恍惚诚未央。④

没有成败，没有毁誉，心已经宁静了，还有什么琐事可以困扰我们这位乱世畸人呢？于是，阮籍选择了倒地痛饮，再叫上刘伶，那便真是醉生梦死了。"籍与伶共饮步兵府中，并醉而死"，这是戴逵《竹林七贤论》中的文字。阮籍忘了一切，自然也忘了自己，他在《咏怀诗·其五十七》之中便说："惊风振四野，回云荫堂隅。床帷为谁设？几杖为谁扶？虽非明君子，岂闇桑与榆？世有

① 黄节：《阮步兵咏怀诗注》，人民文学出版社1984年版，第13页。
② 王先谦：《庄子集解》，中华书局1987年版，第134页。
③ 房玄龄：《晋书》第五册，中华书局1974年版，第1362页。
④ 黄节：《阮步兵咏怀诗注》，人民文学出版社1984年版，第91页。

此声瞍，芒芒将焉如？翩翩从风飞，悠悠去故居。离麾玉山下，遗弃毁与誉。"① "鱼相忘于江湖，人相忘于道术"，等到可以遗世的时候，阮籍便走进了撄宁之境的最后一个阶段——采真之游。

采真之游

何谓采真之游？庄子在《天运》篇说："逍遥，无为也；苟简，易养也；不贷，无出也。古之谓是采真之游。"② 采真之游，不为形迹所役，让心灵任意奔驰。《晋书》已经告诉世人，阮籍"登临山水，经日忘归""率意独驾，不由径路"。畅游，不单单是身体在寻找自由，心灵也会归于宁静。阮籍《咏怀诗·三十二》如是说："朝阳不再盛，白日忽西幽。去此若俯仰，如何似九秋，人生若尘露，天道邈悠悠。齐景升丘山，涕泗纷交流。孔圣临长川，惜逝忽若浮。去者余不及，来者吾不留。愿登太华山，上与松子游。渔父知世患，乘流泛轻舟。"③ 这是精神快意的遨游，正如庄子所言"逍遥于天地之间而心意自得""凡物无成无毁，复通为一"。所以，罗宗强先生才会说："阮籍理想人格，理想人生境界，来自庄子。"④ 阮籍心中已经没有什么眷恋，他要采天地之真气，遨游于青山秀水之间，于是辞曹爽，屏于田里。可当一年后曹爽被诛杀之时，时人却服其远识。阮籍是真的有远识吗？看看《世说新语·识鉴》篇中关于张季鹰的一段记载：

张季鹰辟齐王东曹掾，在洛，见秋风起，因思吴中菰菜羹、鲈鱼脍，曰："人生贵得适意尔，何能羁宦数千里以要名爵？"遂命驾便归。俄而齐王败，时人皆谓见机。⑤

难道张翰真的是见机吗？不是！"人生贵得适意耳，何能羁宦数千里以要名爵"，阮籍亦如是。其申请辞官，"非虚辞让也，不以事害己也"。这是他们胸怀间的本趣，并非什么远识与见机。采真之游，心已然超脱，不为外物所累。阮

---

① 黄节：《阮步兵咏怀诗注》，人民文学出版社 1984 年版，第 69 页。
② 王先谦：《庄子集解》，中华书局 1987 年版，第 127 页。
③ 黄节：《阮步兵咏怀诗注》，人民文学出版社 1984 年版，第 42 页。
④ 罗宗强：《玄学与魏晋士人心态》，南开大学出版社 2003 年版，第 120 页。
⑤ 徐震堮：《世说新语校笺》，中华书局 1984 年版，第 217 页。

诗云："适彼沅湘，托分渔父。优哉游哉，爱居爱处"，这是多么安乐逍遥呀！然而却是攖而后宁的一种自在，是阮籍畸态人格的最终归属。蒲松龄在《聊斋志异》中曾描述过这样一位美丽的女性形象："一日西人子见之，凝注倾倒，女不避而笑""户外嗤笑不已，婢推之以，犹掩其口，笑不可遏""始极力忍笑，又面壁移时方出。才一展拜，翻然遽入，放声大笑"①。这位女子天真烂漫，惹人喜爱，其名便为"婴宁"。婴宁总是在笑，因为在蒲松龄的眼中，笑，已然成为生命的最终符号。能通达人情、能洞彻天理、能看透生死，哭着来到世间，何不笑着走进天堂呢？

从知其不可为而为之的痴情与胆识到材与不材之间的智慧，再到最终的攖宁之境，阮籍走完了他的畸态人生路。"畸于人而侔于天""天之君子，人之小人"，我们绝不能以俗人眼光来审度君子的气量，因为"方外之士，不崇礼典"，俗世之人，又岂能知晓？《世说新语·德行》一门中记载：

王平子、胡毋彦国诸人，皆以任放为达，或有裸体者。乐广笑曰："名教中自有乐地，何为乃尔也？"②

刘孝标引王隐《晋书》注曰："魏末，阮籍嗜酒荒放，露头散发，裸袒箕踞。其后贵游子弟阮瞻、王澄、谢鲲、胡毋辅之之徒，皆祖述于籍，谓得大道之本。故去巾帻，脱衣服，露丑恶，同禽兽。"③真是可笑之极。王澄等人效阮籍是知其达而不知其所以达也，不经过攖而后宁的过程，却脱衣散发、裸袒箕踞，又与禽兽有什么区别呢？比起胡毋辅之等人的野性，企慕阮籍的张季鹰似乎更通明一些：

张季鹰纵任不拘，时人号为"江东步兵"。或谓之曰："卿乃可纵适一时，独不为身后名邪？"答曰："使我有身后名，不如即时一杯酒！"④

——《世说新语·任诞》

---

① 蒲松龄：《聊斋志异》，中华书局 1962 年版，第 155 页。
② 徐震堮：《世说新语校笺》，中华书局 1984 年版，第 14 页。
③ 同上。
④ 同上，第 397 页。

其效法步兵任性自适，无求于当世，也可算是一位畸态之人了。只是经典不可能重复，阮籍的畸态人格一直被后人模仿，却从未被超越过。

颜延之称阮籍："阮公虽论迹，识密鉴亦洞。沉醉似埋照，遇词类托讽。长啸若怀人，越礼自惊众。物故不可论，穷途能无恸"①；江文通称阮籍："青鸟海上游，莺斯蒿下飞，沉浮不相宜，羽翼各有归。飘飘可终年，沆瀣安是非。朝云乘变化，光耀世所希。津卫衔木石，谁能测幽微"②；沈约称阮籍："阮公才器宏广，以秽其德，崎岖人世，仅然后世。"③ 阮籍、嵇康谁更胜一筹，不可随意评点，但对于阮籍的畸态人格，世人却都是钦佩赞叹的。李白说："阮籍为太守，乘驴上东平。判竹十余日，一朝化风清"④；苏轼说："阮生古狂达，遁世默无言。犹余胸中气，长啸独轩轩"⑤；元好问说："纵横诗笔见高情，何物能浇块垒平。老阮不狂谁会得，出门一笑大江横"⑥；明代许可徵在《阮嗣宗集叙》中所言更是直接"处亢而潜，知白而黑，非嗣宗吾谁与归？"⑦ 而曹雪芹所以字梦阮，据周汝昌先生所说："梦阮之一别号的背后可能暗示着曹雪芹对阮籍的梦想是并非泛泛的。"⑧ 其实，我们也可以从曹雪芹好友敦诚之诗"步兵白眼向人斜"（《赠曹雪芹》）中略知一二。当然要想更细致地挖掘曹、阮之间的关系，必须从贾宝玉越礼惊俗、钟情少女、痴傻癫狂以及其最终随那一僧一道而去等多角度来思考了。

阮籍的畸态人格，使他从知其不可为而为之，到材与不材之间游世，再到撄宁的至境，既养其身，又保其真，真不愧为学庄用庄之人啊！阮籍走了，可其畸态人格却在一千多年来影响着一代代人，流在岁月的长河中，刻在世人的心灵上，忘不了、也抹不去。他的畸态人格让后人去痴狂、去钦佩、去模仿，他却在另一个世界看着我们，不嗔，不笑，也不言语。

---

① 穆克宏：《魏晋南北朝文论全编》，江苏教育出版社 2004 年版，第 183 页。
② 逯钦立：《先秦汉魏晋南北朝诗》，中华书局 1988 年版，第 1573 页。
③ 穆克宏：《魏晋南北朝文论全编》，江苏教育出版社 2004 年版，第 222 页。
④ 彭定求：《全唐诗》卷一百七十，中华书局 1960 年版，第 1750 页。
⑤ 王文诰：《苏轼诗集》卷二，中华书局 1982 年版，第 84 页。
⑥ 郭绍虞：《中国历代文论选》（一卷本），上海古籍出版社 2001 年版，第 215 页。
⑦ 陈伯君：《阮籍集校注》，中华书局 1987 年版，第 413 页。
⑧ 周汝昌：《曹雪芹别传》，百花文艺出版社 1980 年版，第 11 页。

二、阮籍《咏怀诗》探究

"嗣宗俶傥，故响逸而调远"①，这是刘勰对阮籍《咏怀诗》的评价；"咏怀之作，可以陶性灵，发幽思。言在耳目之内，情寄八荒之表。洋洋乎会于风雅，使人忘其鄙近，自致远大。颇多感慨之词。厥旨渊放，归趣难求"②，这是钟嵘对阮籍《咏怀诗》的评语；"虽志在刺讥，而文多隐避，百代之下，难以情测"③，这是李善对阮籍《咏怀诗》的感叹。此后，王世贞、陆时雍、王夫之、陈祚明、沈德潜等人都对阮籍《咏怀诗》做出过评点，可见其诗影响深远。

到了近代，首先对《咏怀诗》发出赞叹之声的是刘师培，刘氏认为"阮诗高浑""多为晋人所取法"④。之后便是胡适的经典评论："五言诗体，起于汉代的无名诗人，经过建安时代许多诗人的提倡，到了阮籍方才正式成立。阮籍是第一个用全力作五言诗的人，诗的体裁到他方才正式成立，诗的范围到他方才扩充到无所不包的地位。"⑤ 刘大杰亦指出阮籍是"东汉建汉以来第一个用全力作五言的大诗人，五言诗到了他，地位更是稳固，艺术更是成熟了。"⑥ 朱偰则认为："阮籍《咏怀诗》八十二首，于古诗中独创一格，盖上承建安七子，下启伯玉曲江，至李太白而集其大成。然籍天分高超，才调卓越，故有魏晋人之清逸，而无唐人之滞重，所谓飘然而来，忽然而去，其古诗中之龙乎?"⑦ 的确，阮诗正为古诗之龙也。又如钱志熙在《魏晋诗歌艺术原论》中所载："阮籍创作《咏怀诗》八十二首，不仅要抒发内心的苦闷之情，而且要发表独立的思想见解。它的创作宗旨，显然受到子书体例和著述原则的影响，也具有'究

---

① 范文澜：《文心雕龙注》，人民文学出版社 1958 年版，第 506 页。
② 周振甫：《诗品译注》，中华书局 1998 年版，第 41 页。
③ 萧统：《文选》，中华书局 1977 年版，第 322 页。
④ 刘师培：《中国中古文学史》，人民文学出版社 1959 年版，第 44 页。
⑤ 胡适：《白话文学史》，新月书店 1928 年版，第 72 页。
⑥ 刘大杰：《中国文学发展史》，中华书局 1941 年版，第 193 页。
⑦ 朱偰：《阮籍〈咏怀诗〉之研究》，《东方杂志》，1945 年版，第 41 卷，第 11 号。

天人之际，通古今之变，成一家之言'的特点。"① 阮籍是五言诗的高手，是从曹植五言到陶潜五言过渡的一座桥梁，更是一位在中国诗歌史上作出突出贡献的诗人。

许多文学史把阮籍称作第一个写组诗的高手，称《咏怀诗》八十二首是中国组诗的代表，这里似乎存在一些问题。首先，组诗是指表现同一主题的若干首诗所组成的一组诗。每首诗相对完整和独立，但是每首诗与其他诗之间又有内在的感情联系，每首诗和组诗内的其他诗都成排比列式，格式相同或相近，可以以左思的《咏史八首》、李白的《游泰山六首》、杜甫的《秋兴八首》为例。而阮籍的《咏怀诗》则不然，这些诗绝非一时一地所作，例如《咏怀诗·其三十八》"岂若雄杰士，功名从此大"与《咏怀诗·其五十七》"离娄玉山下，遗弃毁与誉"，一是想着雄伟功名，一为遗弃诋毁与赞誉。再如《咏怀诗·其十》"独有延年术，可以慰吾心"与《咏怀诗·其五十五》"人言愿延年，延年欲焉之"，一是延年可以抚慰其心，一是延年又有何用。这些相互矛盾的心理怎会出现在同时同地呢？《咏怀诗》八十二首，每首诗也没有必然的内在联系，有的写亲友之间，例如《咏怀诗·其十七》《咏怀诗·其三十》；有的写心中悔恨，例如《咏怀诗·其五》《咏怀诗·其六十一》；有的写遗世求道，例如《咏怀诗·其三十五》《咏怀诗·其七十四》，表达的内容与思想截然不同，何谈内在联系？再看格式，依然不同，试举五首为例：

夜中不能寐，起坐弹鸣琴。薄帷鉴明月，清风吹我襟。孤鸿号外野，翔鸟鸣北林。徘徊将何见，忧思独伤心。②

——《其一》

二妃游江滨，逍遥从风翔。交甫解佩环，婉娈有芬芳。猗靡情欢爱，千载不相忘。倾城迷下蔡，容好结中肠。感激生忧思，萱草树兰房。膏沐为谁施，其雨怨朝阳。如何金石交，一旦更离伤。③

——《其二》

---

① 钱志熙：《魏晋诗歌艺术原论》，北京大学出版社 1993 年版，第 198 页。
② 黄节：《阮步兵咏怀诗注》，人民文学出版社 1984 年版，第 1 页。
③ 同上，第 3 页。

嘉树下成蹊，东园桃与李。秋风吹飞藿，零落从此始。繁华有憔悴，堂上生荆杞。驱马舍之去，去上西山趾；一身不自保，何况恋妻子！凝霜被野草，岁暮亦云已。①

——《其三》

天马出西北，由来从东道。春秋非有托，富贵焉常保。清露被皋兰，凝霜沾野草。朝为媚少年，夕暮成丑老。自非王子晋，谁能常美好。②

——《其四》

清露为凝霜，华草成蒿莱。谁云君子贤，明达安可能。乘云招松乔，呼嗡永矣哉！③

——《其五十》

由此可见，《咏怀诗》中完整的一首诗有三韵、四韵、五韵、六韵和七韵等，它们的格式不相同，因此并不符合组诗成立的条件。而它的主题有亲情，有求道，有抒愤，有悔恨……每首诗反映的内容不同，主题也不尽一致。对于"咏怀"之题名，据臧荣绪《晋书》记载："阮籍所为八十余篇名'陈留'，'咏怀'之名疑为梁昭明太子萧统选录十七首时所加。"④ 而清代吴汝纶亦言："八十一章绝非一时之作，吾疑其总集生平所为诗，题之为咏怀耳。"⑤ 成倬云则说："正于不伦不类中见其块垒发泄处，一首只作一首读，不必于其中求章法贯穿也。"⑥ 综上所述，主题不同，格式不同，诗歌之间毫无联系，可以得出组诗之说其实很难成立。而"咏怀"之名是阮籍所为，还是萧统所加，仍是个疑问。在没有大量新的材料出现之前，我们仍将其视为阮籍所作，只是并非组诗而已。吴汝纶所说应该没有大错，"总集生平所为诗，题之为咏怀耳。"

---

① 黄节：《阮步兵咏怀诗注》，人民文学出版社1984年版，第4页。
② 同上，第6页。
③ 同上，第60页。
④ 陈伯君：《阮籍集校注》，中华书局1987年版，第209页。
⑤ 同上。
⑥ 同上。

1. 归趣难求

钟嵘言阮籍《咏怀诗》"厥旨渊放，归趣难求"，就是在讲阮诗意旨深远，令人捉摸不透。《咏怀诗》讲的究竟是什么呢？众说纷纭。颜延年曰："阮籍在晋文代长虑祸患，故发此咏耳"①；陆时雍言："八十二首俱忧时悯乱，无一怨世嫉俗语"；陈沆云："阮公凭临广武，啸傲苏门，远迹曹爽洁身懿、师，其诗愤怀禅代，凭吊古今，盖仁人志士之发奋焉；岂直忧生之嗟而已哉？"② 有些人将阮籍八十二首诗篇都看作是忧生之嗟，看作是避祸之痛，这是不科学的。"壮士何慷慨，志欲威八荒"（《咏怀诗·其三十九》）写的是为国捐躯、战死沙场的钢铁烈士；"岂若雄杰士，功名从此大"（《咏怀诗·其三十六》）写的是顶天立地、建功立业的雄伟壮士；"休哉上世士，万载垂清风"（《咏怀诗·其四十二》）写的是辅嗣王业、念道保真的圣贤高士。我们不可以尽用朝政昏乱、曹马夺权来附会阮诗，否则我们真的就小看了《咏怀诗》，更小看了诗人阮籍。冯惟讷已经说过："籍咏怀诗八十余首，非必一时之作，盖平生感时触事，悲喜怫郁之情感寄焉……后之解者，必欲引喻于'昏乱'，附会于篡夺，穿凿拘挛，泥文已甚。"③ 何焯亦言："咏怀之作，其归在于魏晋易代之事，而其词旨亦复难以直寻，若篇篇附会，又失之矣"④；而黄侃所说最切："阮公深通玄理，妙达物情，咏怀之作，固将包罗万态，岂仅措心曹、马兴衰之际乎!"⑤ 的确，咏怀之作，包罗万态，精彩纷呈，其心正，其义多，其文伟，其风亮，非一"忧生之嗟"所能概括也。因为《咏怀诗》内容丰富，实难只言片语道破。本文仅就其虚幻的意淫、真挚的感情、体道的历程这三方面展开论述，只求从一个小小侧面来剖析阮籍《咏怀诗》中所孕育的内涵与精神。

虚幻的意淫

何谓虚幻的意淫？"意淫"一词本指文学作品中的"情"和戏剧舞台上的

① 萧统：《文选》，北京，中华书局，1977年版，第322页。
② 黄节：《阮步兵咏怀诗注》，人民文学出版社1984年版，第313页。
③ 陈伯君：《阮籍集校注》，中华书局1987年版，第208页。
④ 同上。
⑤ 同上，第209页。

"淫"。后来一些人将"意淫"一词与性关联，是有失偏颇的。而本文"意淫"之意则来源于《红楼梦》第五回《贾宝玉神游太虚境，警幻仙曲演红楼梦》中警幻仙姑之语："淫虽一理，意则有别。如世之好淫者，不过悦容貌，喜歌舞，调笑无厌，云雨无时，恨不能天下之美女供我片时之趣兴，此皆皮肤滥淫之蠢物耳。如尔则天分中生成一段痴情，吾辈推之为'意淫'。惟'意淫'二字，可心会而不可口传，可神通而不能语达。"① 此种天分中的痴情，仿佛早已成为阮籍的特征。《世说新语·任诞》一门中有这样的记载：

> 阮籍嫂尝还家，籍见与别。或讥之，籍曰："礼岂为我辈设也？"②
> 阮公邻家妇，有美色，当垆酤酒。阮与王安丰常从妇饮酒。阮醉，便眠其妇侧。夫始殊疑之，伺察，终无他意。③

阮籍不仅有"意淫"之事，更有"意淫"之诗。其《四言咏怀》第二首是这样写的：

> 月明星稀，天高气寒。桂旗翠旌，佩玉鸣鸾。濯缨醴泉，被服蕙兰。思从二女，适彼湘沅。灵幽听微，谁睹玉颜？灼灼春华，绿叶含丹。日月逝矣，惜尔华繁！④

娥皇、女英二位美人本不识阮籍，阮籍却思念追随到湘沅水边。而五言咏怀第二首就更直接了：

> 二妃游江滨，逍遥从风翔。交甫解佩环，婉娈有芬芳。猗靡情欢爱，千载不相忘。倾城迷下蔡，容好结中肠。感激生忧思，萱草树兰房。膏沐为谁施，其雨怨朝阳。如何金石交，一旦更离伤。⑤

诗人顷刻间化作郑交甫，回忆着失去的玉佩，体味着手中的余香，想念着女子倾城的容貌，逐渐陷入离伤的惆怅之中。然而，这是阮籍天分中生出的痴

---

① 曹雪芹：《红楼梦》（三家评本），上海古籍出版社1968年版，第85页。
② 徐震堮：《世说新语校笺》，中华书局1984年版，第393页。
③ 同上。
④ 陈伯君：《阮籍集校注》，中华书局1987年版，第202页。
⑤ 黄节：《阮步兵咏怀诗注》，人民文学出版社1984年版，第3页。

情，纯是自己在那里虚幻的想象，并非实写，只在意淫。阮籍可以称作古今第一淫人也，有《咏怀诗·其十九》为证：

西方有佳人，皎若白日光。被服纤罗衣，左右佩双璜。修容耀姿美，顺风振微芳。登高眺所思，举袂当朝阳。寄颜云霄间，挥袖凌虚翔。飘飘恍惚中，流眄顾我傍。悦怿未交接，晤言用感伤。①

这位"皎若白日光"的佳人，散着微香，系着双璜，飘落到诗人的身旁。这是真的吗？诗人笑了，但却"未交接""用感伤"。原来作者又在幻境之中，这一切依旧是一种虚幻的意淫。这是一种痴情，从天分中来，从绝望中去。本来带着希望开始，却总留下幻灭的味道。这种痴情，只能心会，只能神通，不可言传。这种意淫之诗，在阮籍《咏怀诗》中俯首皆是。例如《咏怀诗·其四十九》"步游三衢旁，惆怅念所思，岂为今朝见，恍惚诚有之"②。再如四言《咏怀诗·其十三》"念彼恭人，眷眷怀顾。日月运往，岁聿云暮"③。这种意淫之情，是作者全心慕之而不得的伤痛，也是作者独自陶醉的乐趣。正如《红楼梦》中宝玉对可卿的遗梦，可望、可思、可念，绝不可得。曹雪芹将宝玉称作古今第一淫人，不是对宝玉的诋毁，而是对这种痴情的赞颂。因为此种意淫没有一丝邪气，纯是作为一个人率真性情的流露，阮籍亦然。阮籍的意淫之诗传给了后人，让后世读者来感受人类最真实的内心世界。江淹在《休上人怨别》一诗中说道："西北秋风至，楚客心忧哉。日暮碧云合，佳人殊未来。露彩方泛艳，月华始徘徊。宝书为君掩，瑶琴讵能开？相思巫山渚，怅望阳云台。膏炉绝沉燎，绮席生浮埃。桂水日千里，因之平生怀。"④佳人根本就没有来，作者却沉醉于香炉沉燎之中，让桂水将自己的爱意送到佳人心中。纯是想象，却也是美丽的意淫。又如柳永《八声甘州》"想佳人妆楼颙望、误几回天际识归舟。争知我，倚阑干处，正恁凝愁。"⑤ 明明是自己在想佳人，却偏偏写佳人在思念

---

① 黄节：《阮步兵咏怀诗注》，人民文学出版社 1984 年版，第 25 页。
② 同上，第 60 页。
③ 同上，第 19 页。
④ 胡之骥：《江文通集汇注》，中华书局 1984 年版，第 165 页。
⑤ 薛瑞生：《乐章集校注》，中华书局 1994 年版，第 194 页。

自己，还妆楼颙望，误识归舟。虽然是悬想，是意淫，但却达到了"心已神驰到彼，诗从对面飞来"的效果。当然，贺铸的《青玉案》可称得上将阮籍意淫之思发展到极致了：

凌波不过横塘路，但目送，芳尘去。锦瑟华年谁与度？月桥花院，琐窗朱户，只有春知处。

碧云冉冉蘅皋暮，彩笔新题断肠句。试问闲愁都几许？一川烟草，满城风絮，梅子黄时雨。①

贺鬼头不仅要目送芳尘，而且想要与其共度年华，真是有心，什么都可以想象了。阮籍的心是纯净的，《晋书》说他"外坦荡而内淳至"便是最好的诠释了。每一个人都有自己的想象空间，阮籍却将它写入诗中，因为只有痴情之人才能写出痴情之诗。这是他天分中生成的一段痴情，虽然是虚幻的意淫，但却是其诗中最诚挚动人的真情。

真挚的感情

说到真挚的感情，《咏怀诗》展现给我们的是最自私的、最天然的、最纯粹的亲情、友情和爱情。"独坐空堂上，谁可与欢者。出门临永路，不见行车马。登高望九州，悠悠分旷野，孤鸟西北飞，离兽东南下。日暮思亲友，晤言用自写。"（《咏怀诗·其十七》）② 没有欢乐，没有亲友，只有"独坐"，长路漫漫，寂寞漫漫，孤单的心中流露出对亲友的思念。亲情是最难令人忘怀的，因为这里有家庭或者血缘的牵连。阮籍也是凡人，他也有自己最挂念的亲人。"谁言万事艰，逍遥可终生。临堂翳华树，悠悠念无形。傍徨思亲友，倏忽复至冥。寄言东飞鸟，可用慰我情。"（《咏怀诗·其三十六》）③ 诗人时刻都在惦念着亲人，但终究难以见上一面，于是只好将他的思念寄托给远去的飞鸟，让飞鸟来传情，多么令人伤感。只是，有时迫于时事，不得不含恨说出不顾亲人的话语，例如《咏怀诗·其三》：

---

① 龙榆生：《唐宋名家词选》，上海古籍出版社1980年版，第148页。
② 黄节：《阮步兵咏怀诗注》，人民文学出版社1984年版，第23页。
③ 同上，第45页。

嘉树下成蹊，东园桃与李。秋风吹飞藿，零落从此始。繁华有憔悴，堂上生荆杞。驱马舍之去，去上西山趾。一身不自保，何况恋妻子！凝霜被野草，岁暮亦云已。①

是真的不思念妻子和子女吗？不是！作者这么说恰恰证明他在乎自己的妻子和子女，否则是不会顾及他们的。亲人若逢难见或难舍时分，大概都会悄悄落下泪水，我们看不到阮籍的泪痕，只能从他的诗中来细细体会。而对于友情，作者在诗中则有两种类型的抒写：一为思念，二为知音难觅之无奈。"平昼整衣冠，思见客与宾，宾客者谁子？倏忽若飞尘，裳衣佩云气，言语究灵神。须臾相背弃，何时见斯人。"（《咏怀诗·其六十》）② 这位宾客是谁呢？令猖狂的阮籍都会"整衣冠"，可见非同一般。然而宾客终于还是如飞尘一样消逝，徒留下诗人的眷恋而已。思念之情不觉涌出，何时见斯人啊！是嵇康？是孙登？尚不可知，但一定是位圣贤之士，故而阮籍才会如此思念。只有挚友，才能与阮籍莫逆于心。然而繁华易逝，何日才能与知己同游于青山绿水之间呢？"驱车出门去，意欲远征行。征行安所如？背弃夸与名。夸名不在己，但愿适中情。单帷蔽皎日，高树隔微声。谗邪使交疏，浮云令昼冥。嬿婉同衣裳，一顾倾人城。从容在一时，繁华不再荣。晨朝奄复暮，不见所欢形。黄鸟东南飞，寄言谢友生。"（《咏怀诗·其三十》）③ 从早晨等到夜晚，也不见朋友的来到，只有依托黄鸟将心中的话语传递给我亲爱的朋友。其实，不是朋友不来，仅仅是作者独思而已。没有约定，没有通信，独自等待，默默相思。诗人情感世界极其丰富，你来，或不来，相思是诗人自己的。然而，知音毕竟难觅，故有"人生得一知己足矣"之叹。作者在四言《咏怀·其三》中已经讲道："世无萱草，令我哀叹。鸣鸟求友，《谷风》刺愆。重华登庸，帝命凯元。鲍子倾盖，仲父佐桓。"④ 当今之世，能否再出现管鲍之交呢？作者长叹道："人知结交易，交友诚独难。险路多疑惑，明珠未可干。彼求飨太牢，我欲并一餐。损益生怨毒，咄咄复何

---

① 黄节：《阮步兵咏怀诗注》，人民文学出版社1984年版，第4页。
② 同上，第72页。
③ 同上，第39页。
④ 陈伯君：《阮籍集校注》，中华书局1987年版，第203页。

言。"(《咏怀·其六十九》)① "交友诚独难",是挚友难以遇见的无奈,是希图得到知己的企盼。不要酒肉朋友,不要虚情假意,作者追求的永远都是知心朋友,是相互理解、相互扶持的真感情,事与愿违之后,"咄咄复何言"哉!而对于爱情,诗人的情感更是炽烈。试看《咏怀诗·其十二》一首:

昔日繁华子,安陵与龙阳。夭夭桃李花,灼灼有辉光。悦怿若九春,磬折似秋霜。流盼发姿媚,言笑吐芬芳。携手等欢爱,宴昔同衾裳。愿为双飞鸟,比翼共翱翔。丹青著明誓,永世不相忘。②

"等欢爱""同衾裳""双飞鸟""共翱翔",真是"在天愿作比翼鸟,在地愿为连理枝"。此等恋语,非《上邪》《有所思》不可比拟。作者是专一忠诚之人,故有"丹青著明誓,永世不相忘"之语。除此之外,阮籍还回忆了与爱人的快乐生活:"朝出上东门,遥望首阳基。松柏郁森沉,鹂黄相与嬉。逍遥九曲间,徘徊欲何之。念我平居时,郁然思妖姬。"(《咏怀诗·其六十四》)③ 在松柏旁逗留,有黄鹂鸟相陪,与爱人逍遥徘徊在洛阳九曲长岸边,真是令人羡慕,使人遐想。阮籍这个时刻一定是最快乐的,因为他心中处处都是爱人的身影。阮籍之诗被李善称作"百代之下,难以情测"是有原因的。有些诗我们真的无法理解是在思念亲人、友人还是爱人,试举三首为例:

一日复一朝,一昏复一晨。容色改平常,精神自飘沦。临觞多哀楚,思我故时人。对酒不能言,凄怆怀酸辛。愿耕东皋阳,谁与守其真?愁苦在一时,高行伤微身。曲直何所为?龙蛇为我邻。④

——《咏怀诗·其三十四》

人言愿延年,延年欲焉之?黄鹄呼子安,千秋未可期。独坐山岩中,恻怆怀所思。王子一何好,猗靡相携持。悦怿犹今辰,计校在一时。置此明朝事,日夕将见欺。⑤

——《咏怀诗·其五十五》

① 黄节:《阮步兵咏怀诗注》,人民文学出版社1984年版,第83页。
② 同上,第17页。
③ 同上,第77页。
④ 同上,第43页。
⑤ 同上,第67页。

嘉时在今辰，零雨洒尘埃。临路望所思，日夕复不来。人情有感慨，荡漾焉能排。挥涕怀哀伤，辛酸谁语哉！①

——《咏怀诗·其三十七》

"思我故时人""恻怆怀所思""临路望所思"，我们难以读出思念的对象，这是阮诗"反复零乱，兴寄无端"的特点，不必将其一一对应。总之，作者心中有着真挚的感情，有着对亲人、友人、爱人彻骨的思念，这才是最动人的地方。

体道的历程

《咏怀诗》其实暗含着阮籍思想成熟的一条脉络，那便是他体道的漫长历程。对于阮籍体道的历程可以分作三个阶段来思考：初期是壮志必酬的抱负，中期是对仕人的劝诫与自我的悔恨，后期则宁心遁世、悟道成真。这是一个撄宁的过程，也是个自我不断超越的过程。初期，阮籍也是个风流少年、浮华公子，他在诗中自言："平生少年时，轻薄好弦歌""昔年十四五，志尚好《书》《诗》""少年学击剑，妙伎过曲城"。他有着远大的抱负："徘徊蓬池上，还顾望大梁""一飞冲青天，旷世不再鸣""壮士何慷慨，志欲威八荒"。他关心政治，想要建功立业，成就一番自己的丰功伟绩。他不愿意终生碌碌，一事无成，所以便在《咏怀诗·其三十八》中这样写道：

炎光延万里，洪川荡湍濑。弯弓挂扶桑，长剑倚天外。泰山成砥砺，黄河为裳带。视彼庄周子，荣枯何足赖。捐身弃中野，乌鸢作患害。岂若雄杰士，功名从此大。②

作者希望如这位雄杰之士一样，建立赫世殊勋、顶天立地。然而事情似乎进展得不是那么顺利，《咏怀诗·其三十一》叙述着一段令人心伤的往事：

驾言发魏都，南向望吹台。箫管有遗音，梁王安在哉！战士食糟糠，贤者处蒿莱。歌舞曲未终，秦兵已复来。夹林非吾有，朱宫生尘埃。军败华阳下，

---

① 黄节：《阮步兵咏怀诗注》，人民文学出版社1984年版，第46页。
② 同上，第47页。

身竟为土灰！①

战国时期的魏王因奢靡误国，军败华阳、身为土灰，而如今的大魏朝廷又是怎样呢？"徘徊蓬池上，还顾望大梁。绿水扬洪波，旷野莽茫茫。走兽交横驰，飞鸟相随翔。是时鹑火中，日月正相望。朔风厉严寒，阴气下微霜。羁旅无俦匹，俯仰怀哀伤。小人计其功，君子道其常。岂惜终憔悴，咏言着斯章。"（《咏怀诗·其十六》）朔风吹来严寒，阴气降下薄霜，小人思谋功名，那么阮籍呢？阮籍有些觉悟了，这个世界不属于他，他的心早已碎了："愿为云间鸟，千里一哀鸣""幽荒邈悠悠，凄怆怀所怜"。这样，阮籍的思想逐渐向第二个时期滑落。他为自己曾经的行为悔恨，甚至感到可笑。他在《咏怀诗·其六十一》中这样写道：

少年学击刺，妙伎过曲城。英风截云霓，超世发奇声。挥剑临沙漠，饮马九野坰。旗帜何翩翩，但闻金鼓鸣。军旅令人悲，烈烈有哀情。念我平常时，悔恨从此生。②

刀剑雄风不属于自己，战旗金鼓不属于自己，建功立业的思想徒令作者悔痛。作者少年时选择的道路其实已经走错，《咏怀诗·其五》便是明证：

平生少年时，轻薄好弦歌。西游咸阳中，赵李相经过。娱乐未终极，白日忽蹉跎。驱马复来归，反顾望三河。黄金百镒尽，资用常苦多。北临太行道，失路将如何！③

失路，失路，已经南辕北辙，何不快快回头呢？"黄鹄游四海，中路将安归""崇山有鸣鹤，岂可相追寻""不见日夕华，翩翩飞路旁"，作者看得很明白，人生不过如此，何必为"名利"二字苦苦累心。他认识到自己的错误，也开始对官场仕人进行一番劝诫了：

杨朱泣歧路，墨子悲染丝。揖让长离别，飘摇难与期。岂徒燕婉情，存亡

---

① 黄节：《阮步兵咏怀诗注》，人民文学出版社 1984 年版，第 40 页。
② 同上，第 74 页。
③ 同上，第 7 页。

诚有之。萧索人所悲，祸衅不可辞。赵女媚中山，谦柔愈见欺。嗟嗟涂上士，何用自保持？①

——《咏怀诗·其二十》

仕途上的臣子们，你们用何种方式来保护自己呢？算了，不必替他人担忧了，"竟知忧无益，岂若归大情"。经过了雄心壮志，经过了抱负难酬，经过了长久悔恨，阮籍彻底放下了。那条仕途之路不属于他，不属于那个一脸道气、一身道骨的阮籍。他来了，《咏怀诗》开始谱写阮籍悟道求真、藏器守拙的思想了。脱离俗世第一步，自然是不慕荣华、不慕富贵、忘得失、遗穷达、无毁誉了。"视彼桃李花，谁能久荧荧""愿为三春游，朝阳忽蹉跎"。真是好花不常开、好景不常在，人生不过百年，何必要为虚名而折磨自己呢？阮籍《咏怀诗·其二十八》说得好：

若花耀四海，扶桑翳瀛洲。日月经天涂，明暗不相雠。严达自有常，得失又何求。岂效路上童，携手共遨游。阴阳有变化，谁云沉不浮，朱鳖跃飞泉，夜飞过吴洲。俯仰运天地，再抚四海流。系累名利场，驽骏同一辀。岂若遗耳目，升遐去殷忧。②

名利场太累人，驽马和骏马不都是在奔命吗？不如甩掉忧愁、忘记得失而与四海同流。先要忘世、遗世，才能修道。阮籍不再迷智、不再踟蹰，果断"离麾玉山下，遗弃毁与誉"。然而他能在乱世中存生、保真，却是得之于其"独有延年术，可以慰我心"。他一直都潜修道家养身之法，将延年长寿作为他的心愿。《咏怀诗·其四十》说：

混元生两仪，四象运衡玑。皦日布炎精，素月垂景辉。晷度有昭回，哀哉人命微！飘若风尘逝，忽若庆云晞。修龄适余愿，光宠非己威。安期步天路，松子与世违。焉得凌霄翼，飘摇登云湄。嗟哉尼父志！何为居九夷！③

---

① 黄节：《阮步兵咏怀诗注》，人民文学出版社1984年版，第27页。
② 同上，第36页。
③ 同上，第47页。

　　人生若风尘逝去，如彩云消碎，何必去追逐荣名，不如静心修龄为妙。诗人认为孔丘不足多慕，游心于两仪四象之间，与道同体，生命才能永存。这样遗穷达、和是非之后，诗人的心中便无是无非、无对无错，看不到有用之用，满眼都是"无用"的存在了。"朝为媚少年，夕暮成丑老""春秋非有讬，富贵焉常保"。无春无秋，无少无老，无是无非，只有超出世界的眼光，才能俯瞰万物的茫茫。作者在《咏怀诗·其六》中写道：

　　昔闻东陵瓜，近在青门外。连畛距阡陌，子母相钩带。五色曜朝日，嘉宾四面会。膏火自煎熬，多财为患害。布衣可终身，宠禄岂足赖。①

　　膏火有用，却自煎熬；多财欣喜，却为祸害。人尽知有用之用，却忽视无用之用。作者在《咏怀诗》中多次申明养真葆光的志向："保真念道真，宠耀焉足崇""咄嗟荣辱事，去来味道真"。只有无用才能有大用，只有布衣才可终身。阮籍最终选择了一条逍遥出世、与道同游的道路，这一思想在《咏怀诗》中可谓俯拾即得。"三芝延瀛洲，远游可长生""乘云御飞龙，嘘噏叽琼华""巢由抗高节，从此适河滨"，或名山、或秀水，借此寄托，实为宁心。作者此时已遗落世事、心迹寥然，能做到安贫乐道、能实现虚己远游，此等境界已是"独与天地精神往来"了。试看《咏怀诗·其三十二》一首：

　　朝阳不再盛，白日忽西幽。去此若俯仰，如何似九秋。人生若尘露，天道邈悠悠。齐景升丘山，涕泗纷交流。孔圣临长川，惜逝忽若浮。去者余不及，来者吾不留。愿登太华山，上与松子游。渔父知世患，乘流泛轻舟。②

　　太华山上与松子同游，江湖河畔与渔夫同舟，对于世事，阮籍醉了，也忘了。能无累，能逍遥，能与道同游，还有什么可以牵挂的呢？这样一个从壮志必酬到自我悔恨再到悟道成真的体道历程充分在《咏怀诗》的诗句中反映出来，阮籍真可称得上是五言神笔了。

　　以上所论及虚幻的意淫、真挚的感情、体道的历程仅仅是《咏怀诗》内容

---

① 黄节：《阮步兵咏怀诗注》，人民文学出版社1984年版，第8页。
② 同上，第42页。

的冰山一角，王夫之称"步兵咏怀，自是旷代绝作，远绍国风"①，便可见一斑。《咏怀诗》思想内容论其三处，实属举隅，下面再让我们来探讨一下《咏怀诗》的表现手法和艺术风格吧！

2. 无雕虫之功

钟嵘在《晋步兵阮籍》一文中评论阮诗"其源出于《小雅》，无雕虫之功"。周振甫释此句为"他的诗渊源从《小雅》来，没有雕章琢句的功夫"。无雕章琢句的功夫，就是对阮诗表现方法的一个总结。当然，我们可以对《咏怀诗》的表现方法更进一步地展开论述。

主观渗入

唐李白说："我本楚狂人，凤歌笑孔丘"；宋苏轼说："我欲乘风归去，又恐琼楼玉宇"；元高明说："我本将心托明月，谁知明月满沟渠"。这些诗词中有一个共性，即均含有一个"我"字。"我"字的出现不可小视，这是作者胸中感情强烈的喷发，是作者主体精神积极的凸显。主观渗入的手法，其实在阮籍《咏怀诗》中早已被用得烂熟不堪了。下列试举出一些含有"我"字的诗句来对阮籍诗中主观渗入的手法做出例证：

世无萱草，令我哀叹。——《四言咏怀·其三》

薄帷鉴明月，清风吹我襟。——《咏怀诗·其一》

徘徊空堂上，忉怛莫我知。——《咏怀诗·其七》

灼灼西隤日，余光照我衣。——《咏怀诗·其八》

素质游商声，凄怆伤我心。——《咏怀诗·其九》

独有延年术，可以慰我心。——《咏怀诗·其十》

远望令人悲，春气感我心。——《咏怀诗·其十一》

飘飘恍惚中，流眄顾我傍。——《咏怀诗·其十九》

谁言不可见，青鸟明我心。——《咏怀诗·其二十二》

心肠未相好，谁云亮我情。——《咏怀诗·其二十四》

---

① 王夫之：《古诗评选》，文化艺术出版社 1997 年版，第 167 页。

但畏工言子，称我三江旁。——《咏怀诗·其二十五》

终身履薄冰，谁知我心焦！——《咏怀诗·其三十三》

临觞多哀楚，思我故时人。——《咏怀诗·其三十四》

寄言东飞鸟，可用慰我情。——《咏怀诗·其三十六》

逼此良可惑，令我久踌躇。——《咏怀诗·其四十一》

青云蔽前庭，素琴凄我心。——《咏怀诗·其四十七》

非子为我御，逍遥游荒裔。——《咏怀诗·其五十八》

念我平常时，悔恨从此生。——《咏怀诗·其六十一》

念我平居时，郁然思妖姬。——《咏怀诗·其六十四》

委曲周旋仪，姿态愁我肠。——《咏怀诗·其六十七》

遥顾望天津，骀荡乐我心。——《咏怀诗·其六十八》

彼求飨太牢，我欲并一餐。——《咏怀诗·其六十九》

始得忘我难，焉知嘿自遗。——《咏怀诗·其七十》

去置世上事，岂足愁我肠。——《咏怀诗·其七十三》

栖栖非我偶，徨徨非己伦。——《咏怀诗·其七十四》

都冶难为颜，修容是我常。——《咏怀诗·其七十六》

由此可见，在阮籍《咏怀诗》中处处有"我"的存在。无论是惆怅时的"徘徊空堂上，忉怛莫我知"，还是快乐时的"遥顾望天津，骀荡乐我心"；无论是游仙时的"非子为我御，逍遥游荒裔"，还是欣慰时的"独有延年术，可以慰我心"。"我"，成了诗中唯一的主角。"我"在诗中直接言语、直接行动，表达出作者强烈的主观色彩与主体精神。主体渗入的表现手法，使诗篇更有人情味，也更能反映出诗人的率真心性和情感基调。

衔华佩实

何谓衔华佩实？刘勰《文心雕龙·征圣》篇有言："然则圣文之雅丽，固衔华而佩实者也。"要想成为圣文，要想成为雅丽的圣文，非衔华佩实不可。因此，能将美丽的辞藻、灵动的意象、比兴的艺术附着在真挚的情感之上，就算是衔华佩实了。钟嵘言之阮籍："其源出于小雅，无雕虫之功"①；王夫之亦云："盖诗之为教，相求于性情"②；陈祚明则说："阮公咏怀，神至之笔，观其抒写，直取自然"③。他们只看到了阮公的真性情，却忽视了其亦有衔华佩实的手段。先看阮籍香草、美人意象的运用：

　　濯缨醴泉，被服蕙兰。——《四言咏怀·其二》

　　世无萱草，令我哀叹。——《四言咏怀·其三》

　　感激生忧思，萱草树兰房。——《咏怀诗·其二》

　　皋兰被径路，青骊逝骎骎。——《咏怀诗·其十一》

　　西方有佳人，皎若白日光。——《咏怀诗·其十九》

　　琅玕生高山，芝英耀朱堂。——《咏怀诗·其四十四》

　　幽兰不可佩，朱草为谁荣？——《咏怀诗·其四十五》

　　念我平居时，郁然思妖姬。——《咏怀诗·其六十四》

　　出门望佳人，佳人岂在兹？——《咏怀诗·其八十》

　　香草、美人是一种寄托，就如"墓前荥荥者，木槿耀朱华"一样，即使是再美好的木槿红华也只不过生长在坟前而已。作者借用"坟前木槿"这一意象来寄寓自己生不逢时的苦痛与不合时宜的品性。我们可以称此"衔华"手法为象征，抑或可称其为比兴。总之，是附着在阮籍最真切的感情之上的。所以，当"衔华"加上"佩实"的时候，诗歌就算达到雅丽之效果了。

直用庄典

　　崔颢在《黄鹤楼》中说："晴川历历汉阳树，芳草萋萋鹦鹉洲"；刘禹锡在《乌衣巷》中言："旧时王谢堂前燕，飞入寻常百姓家"；杜牧在《赤壁》中云："东风不与周郎便，铜雀春深锁二乔"。诗中用典，仿佛早已成了历代诗人作诗的基本表现手法。但是在诗中只用庄典，将庄子之文拿来便入诗的诗人却是少数。阮籍是"俶傥"之人，自不可以常人视之。其不仅有长篇之文《达庄论》传世，而且在诗中一再流露"适性""葆光""藏器"等思想（见其《咏怀诗·

---

① 周振甫：《诗品译注》，中华书局1998年版，第41页。

② 王夫之：《古诗评选》，文化艺术出版社1997年版，第167页。

③ 顾廷龙、傅璇琮：《续修四库全书》一五九一卷，上海古籍出版社2002年版，第9页。

其十三》《咏怀诗·其四十二》《咏怀诗·其四十六》等），那么对于庄周典故的运用就更不在话下了。这一手法在《四言咏怀》中就已经表现了出来，例如《四言咏怀·其九》"何用养志，守以冲虚"便取自《庄子·让王》篇中"养志者忘形"之句，而《四言咏怀·其十》"盛年豪迈，忽焉若浮"则又取自《庄子·刻意》篇"其生若浮，其死若休"之句。若是《四言咏怀》之句看起来不甚明显，那么，我们可以欣赏一下阮籍的《咏怀诗·其三十八》：

炎光延万里，洪川荡湍濑。弯弓挂扶桑，长剑倚天外。泰山成砥砺，黄河为裳带。视彼庄周子，荣枯何足赖。捐身弃中野，乌鸢作患害。岂若雄杰士，功名从此大。①

此段文字，无须赘言，全篇尽为庄语，诗文分别来自庄子《说剑》篇和《列御寇》篇：

王曰："天子之剑何如？"曰："天子之剑，以燕溪石城为锋，齐岱为锷，晋卫为脊，周宋为镡，韩魏为夹；包以四夷，裹以四时；绕以渤海，带以常山；制以五行，论以刑德；开以阴阳，持以春夏，行以秋冬。"②

——《庄子·说剑》

庄子将死，弟子欲厚葬之。庄子曰："吾以天地为棺椁，以日月为连璧，星辰为珠玑，万物为赍送，吾葬具岂不备邪？"③

——《庄子·列御寇》

而且此诗中竟然明确提出"视彼庄周子，荣枯何足赖"这样的话语，可见庄周之文对其影响之深。庄周为至人，阮籍追慕庄周自然能写出至文，恰如明代靳於中称赞阮籍："邑有至人至文在迩，奚必别求圣哲乎？至人者，不侔于人而师友造化；至文者，无心于文而抒写胸怀，乃足述也。"④阮籍《咏怀诗》直取庄典的诗句，真可说是俯拾皆是。"膏火自煎熬，多财为患害"来自《庄子·

---

① 黄节：《阮步兵咏怀诗注》，人民文学出版社 1984 年版，第 47 页。
② 王先谦：《庄子集解》，中华书局 1987 年版，第 271 页。
③ 同上，第 285 页。
④ 陈伯君：《阮籍集校注》，中华书局 1987 年版，第 410 页。

人间世》篇"山木自寇也,膏火自煎也";"俯仰运天地,再抚四海流"来自《庄子·在宥》篇"其疾俯仰之间,而再抚四海之外";"保身念道真,宠耀焉足崇"来自《庄子·让王》篇"道之真以治身";"鹨鸠飞桑榆,海鸟运天地"来自《庄子·逍遥游》篇"我决起而飞,抢榆枋而止,时则不至而控于地而已矣,奚以之九万里而南为?";"何为混沌氏,倏忽体貌隳"来自《庄子·应帝王》篇"南海之帝为倏,北海之帝为忽,中央之帝为浑沌。倏与忽时相遇于浑沌之地,浑沌待之甚善。倏与忽谋报浑沌之德,曰:'人皆有七窍以视听食息,此独无有,尝试凿之。'日凿一窍,七日而浑沌死";"河上有丈人,纬萧弃明珠"来自《庄子·列御寇》篇"河上有家贫恃纬萧而食者,其子没于渊,得千金之珠。其父谓其子曰:'取石来锻之!夫千金之珠,必在九重之渊而骊龙颔下,子能得珠者,必遭其睡也。使骊龙而寤,子尚奚微之有哉'";"灰心寄枯宅,曷顾人间姿"来自《庄子·齐物论》篇"形固可使如槁木,而心固可使如死灰乎";"焉见冥灵木,忽忽意无形"来自《庄子·逍遥游》篇"楚之南有冥灵者,以五百岁为春,五百岁为秋";"吹嘘谁以益,江湖相捐忘"来自《庄子·大宗师》篇"泉涸,鱼相与处于陆,相呴以湿,相濡以沫,不如相忘于江湖"……诗中直用庄典例子实在太多,此处不再一一列举。阮籍一生企慕庄周,"博览群籍,尤好《庄》《老》"。《三国志·王粲传》曾言:"璃子籍,才藻艳逸而倜傥放荡,行己寡欲,以庄周为模则。"[①] 可见《庄子》一书对阮籍影响非同一般。《咏怀诗》中的表现手法除了主观渗入、衔华佩实、直用庄典之外,应该还有很多,有待后人挖掘。而除表现手法之外,诗中所蕴含的风格特色也是不容我们忽视的。

3. 响逸而调远

刘勰在《文心雕龙·体性》篇中评价阮籍时说:"嗣宗俶傥,故响逸而调远",这是对阮籍诗风的一个概括。要具体谈论《咏怀诗》的风格,我们还须从以下几方面对其进行论述:

---

① 陈寿:《三国志》,中华书局1999年版,第451页。

劲健冲淡

何为劲健冲淡？其实就是劲健和冲淡这两种风格的融合。司空图在《二十四诗品》中已对这两种风格做出了描述：

劲健

行神如空，行气如虹。巫峡千寻，走云连风。饮真茹强，蓄素守中。喻彼行健，是谓存雄。天地与立，神化攸同。期之以实，御之以终。①

冲淡

素处以默，妙机其微。饮之太和，独鹤与飞。犹之惠风，荏苒在衣。阅音修篁，美曰载归。遇之匪深，即之愈希。脱有形似，握手已违。②

由此可见，劲健是一种挺拔有力的气势，即"喻彼行健，是谓存雄"。而冲淡是一种专一凝神的虚静，即"素处以默，妙机其微"。此两种风格合二为一便形成了阮籍所独有的劲健冲淡之风格：将挺拔的气势最终归落于冲淡的宁静！如果说"大漠孤烟直，长河落日圆"是劲健，如果说"采菊东篱下，悠然见南山"是冲淡，那么就让我们见识一下阮籍的劲健冲淡吧：

王业须良辅，建功俟英雄。元凯康哉美，多士颂声隆。阴阳有舛错，日月不常融。天时有否泰，人事多盈冲。园绮遁南岳，伯阳隐西戎。保身念道真，宠耀焉足崇。人谁不善始？鲜能克厥终。休哉上世士，万载垂清风！③

——《咏怀诗·其四十二》

此诗开始以壮阔的气势写道"王业须良辅，建功俟英雄。元凯康哉美，多士颂声隆"，此中蕴含着作者希望成为良辅、元凯的英雄之梦，含劲健之气。可后来笔锋突转"保身念道真，宠耀焉足崇"，算了吧，那些宠耀没有什么值得推崇，还是保身修道为妙。最后作者说出"休哉上世士，万载垂清风"之语，据

---

① 郭绍虞：《诗品集解》，人民文学出版社 1963 年版，第 16 页。
② 同上，第 5 页。
③ 黄节：《阮步兵咏怀诗注》，人民文学出版社 1984 年版，第 52 页。

黄节先生引方东树之语"上世士即园、绮、伯阳能克终者耳"可知，上世士已不再是八元、八凯那样建功立业的英雄了，而是"保身念道真"的园、绮、伯阳等隐士。从诗歌开始成就鸿业的劲健雄杰之气一落到末尾保身念真的冲淡平和，便展现了阮籍《咏怀诗》特有的劲健冲淡之风格。再如《咏怀诗·其二十八》：

> 若花耀四海，扶桑翳瀛洲。日月经天涂，明暗不相雠。严达自有常，得失又何求。岂效路上童，携手共遨游。阴阳有变化，谁云沉不浮。朱鳖跃飞泉，夜飞过吴洲。俯仰运天地，再抚四海流。系累名利场，驽骏同一辀。岂若遗耳目，升遐去殷忧。①

诗之初依旧以磅礴气势写"若花耀四海，扶桑翳瀛洲。日月经天涂，明暗不相雠"，之后气势不减，分别用阴阳变化、沉没升浮、朱鳖跃泉、夜飞过洲、俯仰天地、波逐四海等词藻突出劲健雄壮之气，然而全诗却以"系累名利场，驽骏同一辀。岂若遗耳目，升遐去殷忧"这样平淡的语气来结尾。虽然落差很大，却显示出诗人至人一般的虚静心态，只有升天远游才能得到至乐的享受。由劲健起始，以冲淡收势，这样劲健冲淡的诗篇在《咏怀诗》中有很多。诸如《其七·炎暑惟兹夏》《其四十一·天网弥四野》《其五十七·惊风镇四野》等等，此处不再一一列举。刘勰曾在《文心雕龙·体性》篇说："嗣宗俶傥，故响逸而调远"，之后却在《隐秀》篇说："嗣宗之咏怀，境玄思淡，独得优闲。"能将"俶傥"与"优闲"融合在一起，可知阮籍劲健冲淡之功着实不凡。

远奥精约

所谓远奥精约，即由远奥与精约两类风格融合而成。刘勰在《文心雕龙·体性》篇中谈到八种风格，远奥、精约便是其中两种。"若总其归途，则数穷八体：一曰典雅，二曰远奥，三曰精约，四曰显附，五曰繁缛，六曰壮丽，七曰新奇，八曰轻靡。典雅者，熔式经诰，方轨儒门者也；远奥者，馥采曲文，经理玄宗者也；精约者，核字省句，剖析毫厘者也；显附者，辞直义畅，切理厌心者也；繁缛者，博喻酿采，炜烨枝派者也；壮丽者，高论宏裁，卓烁异采者

---

① 黄节：《阮步兵咏怀诗注》，人民文学出版社1984年版，第36页。

也；新奇者，摈古竞今，危侧趣诡者也；轻靡者，浮文弱植，缥缈附俗者也。"① 刘勰此段文字告诉我们"远奥"是一种深邃幽远的、具有玄隐之味的风格，而精约则是一种文辞凝炼的、具有浓缩之余味的风格。阮籍诗歌则将此两种风格完美结合在一起，创造出属于他自己的凝炼精当、含有余味、幽远玄隐的风格，即远奥精约。试看其《咏怀诗·其四十八》：

鸣鸠嬉庭树，焦明游浮云。焉见孤翔鸟，翩翩无匹群。死生自然理，消散何缤纷。②

此篇仅有六句话，却道出了庄周齐万物、一死生的玄学意味。鸣鸠庭前嬉戏、焦明云间遨游、孤鸟独飞无匹，虽都是鸟类，却心态各一。但死生本是自然常理，辞世之后谁不是烟消云散了呢？所以，焦明不足羡，鸣鸠不必鄙，而孤鸟也无须愁，适性即得大道之本。人生不过百年，死生自然之理，齐物我、同万物、等生死，便是此诗的内涵。既有渺小的鸣鸠，又有高贵的焦明，还有孤独的自己，但却告诉了我们生死齐同、适性而已的道理。辞约旨丰、言简意远，凝炼的文字中蕴含着深邃的哲理，不可不称作远奥精约了。再如《咏怀诗·其五十》：

清露为凝霜，华草成蒿莱。谁云君子贤，明达安可能。乘云招松乔，呼吸永矣哉！③

此诗也很简短，却道出生命无常、风云突变的世事和作者企图遗忘浊世、坐化归心、通于大道的愿望。诗虽简洁，但也蕴含着一个深刻的玄理：万物皆出于机，皆入于机，人若迷惑，则形骸废也。与其在世间为名利累心，不如像赤松子、王子乔那样导引吐纳、驻形养年得好。诗虽精约，旨却远奥，这是《咏怀诗》的一大风格。《其十·北里多奇舞》《其二十二·夏后乘灵舆》《其三十六·谁言万事艰》等亦为远奥精约之作，具有此种风格之诗在《咏怀诗》中不占少数，这大概就是刘勰所说"阮旨遥深"的一类作品吧！

---

① 范文澜：《文心雕龙注》，人民文学出版社 1958 年版，第 505 页。
② 黄节：《阮步兵咏怀诗注》，人民文学出版社 1984 年版，第 59 页。
③ 同上，第 60 页。

沉着悲慨

沉着，不是消沉，不是低沉，也不是沉沦。它类似于沉郁，但却比沉郁更超脱一些。正如司空图《二十四诗品》所说：

沉着

绿杉野屋，落日气清。脱巾独步，时闻鸟声。鸿雁不来，之子远行。所思不远，若为平生。海风碧云，夜渚月明。如有佳语，大河前横。①

沉者，从容不迫，绝不轻浮，是深沉、稳健、朴直、不浮浅、不轻率、不虚假的一种风格。而悲慨之风格，司空图描写得更加生动形象：

悲慨

大风卷水，林木为摧。适苦欲死，招憩不来。百岁如流，富贵冷灰。大道日丧，若为雄才。壮士拂剑，浩然弥哀。萧萧落叶，漏雨苍苔。②

如大风卷水，如林木被摧，如萧萧落叶，如漏雨苍苔，虽是悲切，却亦慷慨。沉着与悲慨的结合，大概类似于杜诗"沉郁顿挫""潜气内转""波澜不惊"这样的特色。而这样在沉郁中见超脱，在悲伤中见慷慨的风格，其实可以合称为沉着悲慨。这种风格内含一种气，低回迂折、婉转环绕。如美人幽咽，凄凄惨惨冷冷戚戚；如大鹏展翅，抟扶摇羊角而冲入天空。沉痛中见放达、伤心时孕激昂，在超世的沉郁中蕴含悲凉慷慨之气。试看《咏怀诗·其二十四》：

殷忧令志结，怵惕常若惊。逍遥未终晏，朱阳忽西倾。蟋蟀在户牖，蟪蛄鸣中庭。心肠未相好，谁云亮我情。愿为云间鸟，千里一哀鸣。三芝延瀛洲，远游可长生。③

此诗以"殷忧"发端，写"怵惕"，写"若惊"，真可谓沉郁、悲伤至极。然而诗中却亦有"愿为云间鸟，千里一哀鸣。三芝延瀛洲，远游可长生"之浩

---

① 郭绍虞：《诗品集解》，人民文学出版社1963年版，第9页。
② 同上，第34页。
③ 黄节：《阮步兵咏怀诗注》，人民文学出版社1984年版，第31页。

气，即使是哀鸣，也要穿过云间，去上瀛洲，远游长生。韩格平先生解析此诗时说："诗中愁绪与高傲并存，展示了作者生活后期的情感基调。"的确，沉痛中有高傲，悲伤中寓慷慨，这种哀鸣亦远游的情感，正是沉着悲慨风格的体现。同样具有此种风格的还有《咏怀诗·其六十五》：

> 王子十五年，游衍伊洛滨。朱颜茂春华，辩慧怀清真。焉见浮丘公，举手谢时人。轻荡易恍惚，飘飘弃其身。飞飞鸣且翔，挥翼且酸辛。①

好一个"飞飞鸣且翔，挥翼且酸辛"，谁能够一边长鸣一边飞翔，谁能够怀着酸辛挥动翅膀，只有沉痛与豪迈兼有、伤心与激愤同具的阮籍才能做到。人，伤心时"毁瘠骨立"，慷慨时"率意独驾"，悲放时便发出"时无英雄，使竖子成名"的慨叹。诗，痛楚时"如履薄冰"，放达时"志欲威八荒"，沉着悲放时便"曲直何所为，龙蛇为我邻"。这就是阮籍，这就是阮诗沉着悲慨的风格。钟嵘将阮诗列为上品，并言"《咏怀》之作，可以陶性灵，发幽思。言在耳目之内，情寄八荒之表。洋洋乎会于《风》《雅》，使人忘其鄙近，自致远大，颇多感慨之词。厥旨渊放，归趣难求"。其中不仅说出"颇多感慨之词"，亦说出"自致远大""厥旨渊放"的特点。阮籍是真性情之人，其《咏怀诗》被王夫之称作"旷代绝作"，被陈祚明称作"神至之笔"，被黄侃称作"包罗万象，深通玄理，妙达物情"。那么，其诗能够将劲健与冲淡、远奥与精约、沉着与悲慨等多种风格融合在一起也就不足为奇了。

《咏怀诗》能被后世称作旷代绝作、神至之笔，可见其影响力之非同一般。其兼融《诗经》之自然晓畅与《楚辞》之含蓄蕴藉，有曹植之骨气，含七子之悲凉，启陶潜之淳朴，开鲍照之激昂。故而朱偰认为"阮籍《咏怀诗》八十二首，于古诗中独创一格，飘然而来，忽然而去，其古诗之龙乎？"② 古诗之龙，若有过誉，但其是"第一个用全力做五言诗的人"，这绝对是名副其实的。

陈子昂取《咏怀》之愁思，赋《感遇》之作；李太白借《咏怀》之慷慨，抒《古风》之情；李商隐用《咏怀》之象喻，作《无题》之诗，直至北宋大诗

---

① 黄节：《阮步兵咏怀诗注》，人民文学出版社1984年版，第78页。
② 朱偰：《阮籍〈咏怀诗〉之研究》，《东方杂志》，1945年版，第41卷，第11号。

人苏东坡，罗宗强先生也认为"阮籍是其先导"①。阮籍《咏怀诗》不仅在魏晋时期是特出的作品，即使在整个中国文学史上也是一道美丽的彩虹，虽然久远，但永远绚丽多姿。

三、阮籍文赋论析

"古今人知嗣宗酒十九，知嗣宗诗十三，俗翁孺喜传酒，非学士辈不传诗也，乃未有深知其文者。沧桑淹其集，帝虎谬其辞，读不数行欲思卧已。不佞字栉句釂，甚者逆志略词，再三讽味，然后知其论《易》深《易》，论《庄》深《庄》，论《乐》深《乐》。"② 这是明代及朴的一段言论，我们从中可以略知阮籍之文章亦有一番别样的风流。

唐代房玄龄所撰《晋书》曾述"籍能属文，初不留思"，而臧荣绪的《晋书》亦有"籍善属文论，初不苦思，率尔便成"的记载，可见，阮籍善属文是历史的事实。而刘师培在《中国中古文学史》中说："阮文近汉祢衡，托体高健，嵇所不及。"③ 这"托体高健"四字正囊括了阮籍之文风，可谓极其精当。然而史书在其"善属文"后，总有"初不留思""初不苦思"的描述，可见其文思之快、文笔之妙。《魏散骑常侍步兵校尉东平太守碑》中记载"先生承命世之美，希达节之度。得意忘言，寻妙于万物之始；穷理尽性，研几于幽明之极。和光同尘，群生莫能属也；确乎不可拔，当涂莫能贵也。或出或处，与时升降；或默或语，与世推移。望其形者如登岳涉海，荡然无以充其高、测其深、览其神者，犹旁璞亲珪，肃然无不钦其宝而伟其奇也。"④ "得意忘言""穷理尽性""和光同尘"，这三个词语分别概括了阮籍文思、文理与文品。人如其文、文如其人，知阮籍是率真旷放、任诞拔俗之人，便可推之其文章之奇伟深邃、格调

① 罗宗强：《玄学与魏晋士人心态》，南开大学出版社2003年版，第137页。
② 陈伯君：《阮籍集校注》，中华书局1987年版，第411页。
③ 刘师培：《中国中古文学史》，人民文学出版社1959年版，第44页。
④ 陈伯君：《阮籍集校注》，中华书局1987年版，第426页。

不俗。明靳於中说："邑有至人至文在迩，奚必别求圣哲乎?"① 此间既已有阮步兵这样的至人，又有阮嗣宗如此优秀的文赋，我们还为寻觅不到圣贤高士而苦恼吗? 阮籍之文何来? 皆从"三玄"(《周易》《老子》《庄子》)处得来。综观阮文二十余篇，无一篇不含《老》《庄》《易》之哲思。可见，阮籍文赋之源必在"三玄"。只是阮籍才高笔健，用此哲思为其自身服务，借"三玄"之"大道"浇己胸之块垒，如此，便形成了阮氏独特的超拔傲世文风。

1. 文章之旨

阮籍文赋有太始之论，有玄古微言；有幽幽情思，有缠绵闲愁；有遗世傲骨，有恋世心结。宇宙万象，古今事物，真是无所不包、无所不具。下面我们便试着探讨一下阮籍文赋中的思想内容。

幽幽情思

阮籍文赋中的缠绵情思，最典型的作品便是《清思赋》。对于《清思赋》历来研究者看法不一，多数人认为是抒写清虚无欲的作品。除此，亦有人认为它是讽谏魏明帝的文章，而我则认为是一篇思念恋人之作。《清思赋》实则是"情思"之赋，作者以其清思为托词，述心中不可抑阻的相思之情，所谓去清思，理情思是也。此赋开篇便说："余以为形之可见，非色之美；音之可闻，非声之善。昔黄帝登仙于荆山之上，振咸池于南岳之冈，鬼神其幽，而夔牙不闻其章。女娲耀荣于东海之滨，而翩翻于洪西之旁，林石之陨从，而瑶台不照其光。是以微妙无形，寂寞无听，然后乃可以睹窈窕而淑清。故白日丽光，则季后不步其容；钟鼓阗铪，则延子不扬其声。"② 作者一开始便假说所见非色之美，接着直抒女娲耀荣于东海，翩翻于洪西，因瑶台不照其光而感到惋惜。随后，作者强制修性，"微妙无形，寂寞无听"之后却是为了"可以睹窈窕而淑清"。说明作者所思女子此时不在身旁，思念之情油然而生，但终归是见不到心中的女子，于是，阮籍开始恍惚无神、飘荡不定了。难见之相思情愁，该如何释怀呢? 有人选择醉酒，有人选择诉情，有人甚至另寻新欢，而阮籍却选择了

---

① 陈伯君：《阮籍集校注》，中华书局 1987 年版，第 410 页。

② 同上，第 29 页。

老庄。他认为"志不凯而神正,心不荡而自诚",希图"指濛汜以永宁",心绪也就飘进了老庄的逍遥世界。但清虚终究抵制不住思念,他的心中开始抛弃了恬静虚无,"心恍惚而失度,情散越而靡治",于是就全是美人的身影了:

> 岂觉察而明真兮,诚云梦其如兹。惊奇声之异造兮,鉴殊色之在斯。开丹桂之琴瑟兮,聆崇陵之参差。始徐唱而微响兮,情悄慧以逶迤?遂招云以致气兮,乃振动而大骇。声飘飘以洋洋,若登昆仑而临西海,超遥茫渺,不能究其所在。心漾漾而无所终薄兮,思悠悠而未半,邓林殪于大泽兮,钦䲹悲于瑶岸。徘徊夷由兮,猗靡广衍。游平圃以长望兮,乘修水之华旗。长思肃以永至兮,涤平衢之大夷。循路旷以径通兮,辟闾阖而洞闿。羡要眇之飘游兮,倚东风以扬晖。沐浍渊以淑密兮,体清洁而靡讥。厌白玉以为面兮,披丹霞以为衣。袭九英之曜精兮,佩瑶光以发微。服倏熠以缤纷兮,缀众采以相绥。色熠熠以流烂兮,纷杂错以葳蕤。象朝云之一合兮,似变化之相依;麾常仪使先好兮,命河女以胥归。步容与而特进兮,眄两楹而升堰;振瑶溪而鸣玉兮,播陵阳之斐斐。蹈消澳之危迹兮,蹑离散之轻微。释安朝之朱履兮,践席假而集帷。敷斯来之在室兮,乃飘忽之所晞。馨香发而外扬兮,媚颜灼以显姿。清言窃其如兰兮,辞婉婉而靡违。托精灵之运会兮,浮日月之余晖。假淳气之精微兮,幸备嫌以自私,愿申爱于今夕兮,尚有访乎是非。①

作者以巫山神女发端来寄托相思之苦,分别写美人用桂树做琴瑟,以彩霞为衣裳,借白玉妆面容等自我修饰。之后进入美人轻声吟唱、飘飞翱翔、沐浴潭中的幻境,并从步履、仪容、举止等细节描写美人的形态,此间不时夹入作者对美人的极盼心理,如"心漾漾而无所终薄兮,思悠悠而未半""徘徊夷由兮,猗靡广衍"之句。最终,思盼之情化作激流涌出,作者终于道出本文的终极情感——"敷斯来之在室兮,乃飘忽之所晞"。原来此女子是作者仰慕、思念的对象呀!作者"愿申爱于今夕兮",却"尚有访乎是非"。想要在今晚表达爱意,却在是非间徘徊不前。然而,这毕竟是作者的思慕,还没来得及表白,佳人已经挥翼升飞、遗朱门而去。阮籍在幻想中思绪模糊,美人形象一时"采色

---

① 陈伯君:《阮籍集校注》,中华书局1987年版,第33页。

杂以成文兮",一时"忽离散而不留"。去了,佳人乘风飞去,阮籍想"摧魍魉而折鬼神兮,直径登乎所期",但最终只能"临寒门而长辞"。整整一篇赋,一直围绕着作者心中的佳人展开,而佳人由现身到妩媚,由轻舞到消逝,作者也随之由欣喜到爱慕,由恍惚到失落。出现—想念—消逝,这是个爱慕却不可得的过程,即失去所恋对象的过程。正如《诗经·关雎》中所描述的"窈窕淑女,君子好逑"一样,此诗没有一丝女子的声音,也没有得到女子的回应,更没有拥有女子的爱恋。所以,只能以"钟鼓乐之""琴瑟友之"这样的幻想来安慰自己、来愉悦自己,满足自己的相思之苦。如柳永之《八声甘州》,如贺铸之《青玉案》,阮籍《清思赋》亦是一首单恋情歌,即是一首有思慕对象却无法表白,只能惆怅相思而最终失去佳人的青春恋曲。

阮籍可以送嫂归宁,可以哭兵家之女,可以当垆醉酒,那么怎么就写不出一首表达相思之情的失恋情歌呢?但这种幽幽情思却是健康的,是纯洁的,正如本书中曾提到的"虚幻的意淫"一样,这是天分中生出的一段痴情,可以心会,可以神通,却不可语达。文章本身就是以"既不以万物累心兮,岂一女子之足思"来结尾的,可以看出阮籍老庄之志与儿女情长的矛盾。越是说女子不足思,越说明作者真的对这个女子思念很重。即使作者有老庄"不以万物累心"的哲思,但终是难以抵抗人类最本质的情的诱惑。

此是恋爱的幽幽情思,当然,阮籍文赋还有其他情思的表达。例如友情,阮籍在《与晋王荐卢播书》一文中不仅告诉世人朝野之外有英才,为人君者应收奇拔异的思想,而且寄托了作者对卢播的深厚友谊。作者说卢播"少有才秀之异,长怀淑茂之量""后门之秀伟,当时之利器",可见其对卢播的赞叹与认可。而在《吊某公文》中,作者却抒发着对此人极度相思的哀情。全文只存四句,"沈渐荼酷,仁义同违,如何不吊,玉碎冰摧",这样如玉般的君子都离开了人世,上天也太不厚道了吧!此种哀情,悲绝凄惨,亦属于阮氏一种幽幽的情思。

傲世难忘俗

阮籍虽是傲世之人,其文中亦多有"运去势聩,魁然独存"这样的傲世之语,但文中却仍然有许多难以忘俗的思想。例如作者对政治的关心,其在《为郑冲劝晋王笺》中云:"以为圣王作制,百代同风,褒德赏功,有自来矣……字内康宁，苟慝不作，是以殊俗畏威，东夷献舞。故圣上览乃昔以来礼典旧章，开国光宅，里兹太原。"① 此笺虽是为郑冲逼迫所作，但无论是真心劝晋，还是讽刺司马昭，都是对政治的关心，阮籍终究还是难以忘俗。又如他《与晋王荐卢播书》中极赞卢播之经天纬地之才，希望卢播"宜蒙旌命，和味鼎铉"。对政治的关心，对国家人才的推荐，亦是他对世事难以忘怀的表现。

当然，要说是激烈的忘俗之举，自然是阮籍对礼法之士的无情批判了。他在《大人先生传》中用这样的话语来描述当世的礼法君子：

天下之贵，莫贵于君子。服有常色，貌有常则，言有常度，行有例程；立则磬折，拱若抱鼓，动静有节，趋步商羽，进退周旋，咸有规矩。心若怀冰，战战栗栗，束身修行，日慎一日，择地而行，唯恐遗失，诵周孔之遗训，叹唐虞之道德。唯法是修，唯礼是克，手执珪璧，足履绳墨，行欲为目前检，言欲为无穷则；少称乡闾，长闻邦国，上欲图三公，下不失九州牧，故挟金玉，垂文组，享尊位，取茅土，扬声名于后世，齐功德于往古；奉事君王，牧养百姓，退营私家，育长妻子，卜吉而宅，虑乃亿祉，远祸近福，永坚固已。此诚士君子之高致，古今不易之美行也。②

他借写信者之口嘲笑他们"咸有规矩，心若怀冰，战战栗栗，束身修行，日慎一日，择地而行"的"美好操行"。继而便不再掩饰，直接对这些君子进行攻击了：

且汝独不见夫虱之处于裤之中乎，逃乎深缝、匿乎坏絮，自以为吉宅也。行不敢离缝际，动不敢出裈裆，自以为得绳墨也。饥则啮人，自以为无穷食也。然炎斤火流，焦邑灭都，群虱死于裈中而不能出。汝君子之处区之内亦何异夫虱之处裈中乎？悲夫！③

阮籍用裈中之虱的比喻，辛辣批判这些礼法君子，真是痛快之至！此一典故其实原型依旧在《庄子》：

---

① 陈伯君：《阮籍集校注》，中华书局 1987 年版，第 51 页。
② 同上，第 163 页。
③ 同上，第 165 页。

内支盈于柴栅，外重缰缴，睆睆然在缰缴之中而自以为得，则是罪人交臂历指而虎豹在于囊槛，亦可以为得矣！①

——《天地》

濡需者，豕虱是也，择疏鬣自以为广宫大囿。奎蹄曲隈，乳间股脚，自以为安室利处。不知屠者之一旦鼓臂布草操烟火，而己与豕俱焦也。此以域进，此以域退，此其所谓濡需者也。②

——《徐无鬼》

虽然裈中之虱一典非阮籍原创，但其讽刺挖苦礼法君子的意图却很直接——"汝君子之礼法，诚天下残贼乱危死亡之术也。"③ 文字极度刺激，但却从侧面说明作者难忘世俗的心境。又如其《搏赤猿帖》一文，作者"梦搏赤猿，其力甚于貔虎，良久反复"。《庄子·大宗师》有言"古之真人，其寝不梦，其觉无忧"，而阮籍不仅夜间有梦，并且竟然是与赤猿搏斗。日有所思，夜有所梦，此又说明他与奸佞小人的搏斗之心，但他终究还想求道养真，于是"乃观天，背地，睹穹，亦当不爽"。阮籍既然"尤好庄老"，既然"以庄周为模则"，就应该与世无争，不羡慕他人，不嘲弄他人，更不应该挖苦他人。《庄子》一书有"陆沉"之境界："方且与世违，而心不屑与之俱，是陆沉者也。"④ 任世间如何污浊，我心不变，这才是至道。难以忘俗，虽说是阮籍修道的第一时段，但也是其修成正果的必经阶段。所以，他才说："但仆之不达，安得不忧。"以上所述，不仅反映了阮籍难以忘俗的精神世界，而且表现了其对真放达之道家境界的向往。

老意庄趣

阮籍文赋思想的旨归，其实就是老意庄趣。老意，即为《老子》之哲思；庄趣，即是《庄子》之至境。故老意庄趣，乃老庄意趣也。阮籍之文，二十余篇，无一篇未涉及老庄思想。此种哲思，变化奇妙，非三言两语可以道明，以

---

① 王先谦：《庄子集解》，中华书局1987年版，第112页。
② 同上，第221页。
③ 陈伯君：《阮籍集校注》，中华书局1987年版，第170页。
④ 王先谦：《庄子集解》，中华书局1987年版，第229页。

下仅从阮文中摘取老庄思想的三点来对其文章进行概论。其一，无用论。老子云："有之以为利，无之以为用"；庄子云："人皆知有用之用，而莫知无用之用也"。老子讲有与无相辅相成，轮子没有辐条，车不能前行；庄子讲无用为大用，山木自寇、膏火自煎。而阮籍则将此二者混而为一，他讲究的是多财受垢、守拙乃安的无用之用。试看其《猕猴赋》中的一段文字：

　　若夫熊狙之游临江兮，见厥功以乘危；夔负渊以肆志兮，杨震声而衣皮。处闲旷而或昭兮，何幽隐之罔随；鼷畏逼以潜身兮，穴神丘之重深。终或饵以求食兮，焉凿之而能禁？诚有利而可欲兮，虽希觎而为禽。故近者不称岁，远者不历年，大则有称于万年，细者则为笑于目前。①

　　熊狙因显示灵巧之技而踏上危途，夔兽依恃渊水而被剥皮，鼷鼠抵抗不住诱惑而被擒获，这些都是锋芒毕露的下场。庄子云："直木先伐，甘井先竭。"人若不懂得藏器守拙就只能像这些小动物一样痛苦不堪了。当然，猕猴的命运也不好，文中写道："多才使其何为兮，因爱垢而貌侵。姿便捷而好技兮，超赳腾耀乎岩岑。既投林以东避兮，遂中罔而被寻，婴徽缠以拘制兮，顾西山而长吟。"身上被套上了绳索，望西山而哀绝，这就是猕猴敏捷灵活、卖弄技巧的下场。人，不可学此猕猴。恃才傲物、锋芒毕露绝不是养生处世之法。同样的主题，在《鸠赋》之中亦有所反映：

　　伊嘉年之茂惠，洪肇恍惚以发蒙。有期缘之奇鸟，以鸣鸠之攸同。翔雕木以胎隅，寄增巢于裔松；嗡云雾以消息，游朝阳以相从。旷蹰旬而育类，嘉七子之修容。始戢翼而树羽，遭金风之萧瑟。既颠覆而靡救，有振落而莫弼。陵桓山以徘徊，临旧乡而思入；扬哀鸣以相送，悲一往而不集。终飘摇以流离，伤弱子之悼栗。何依恃以育养？赖兄弟之亲戚。背草莱以求仁；托君子之静室，甘黍稷之芳馔，安户牖之无疾。洁文襟以交颈，坑华丽之艳溢，端妍姿以鉴饰，好威仪之如一，聊俯仰以逍遥，求爱媚于今日。何飞翔之美慕，愿投报而忘毕。值狂犬之暴怒，加楚害于微躯，欲残没以麋灭，遂捐弃而沦失，嗟薄贱之可悼，

---

　　① 陈伯君：《阮籍集校注》，中华书局 1987 年版，第 43 页。

岂有忘于须臾。①

一开始小鸠们是多么快乐，它们"噏云雾以消息，游朝阳以相从。旷踰旬而育类，嘉七子之修容"。这样在苍松下寄居，在云雾下嬉戏该多好，可它们偏偏要去学习飞翔，去追求高远，等到它们真正能够振翅飞翔的时刻，危险的命运也就到来了："既颠覆而靡救，有振落而莫弼"，它们的结局终究是被怒狗吃掉。薄贱可悼，玩华必定丧命！作者在文中不禁替小鸠们感叹："聊俯仰以逍遥，求爱媚于今日。何飞翔之羡慕，愿投报而忘毕。"你们这些小鸠在我身边受宠该多好，可偏偏想要学着奋翅高飞，结果却遭到无妄之灾。飞翔有何羡慕，倒不如恬淡安处、怡然自乐幸福。鸠安而无患，鸠逸遭犬噬。人们只能看到飞翔的有用，却看不到安处的大用，与其玩华丧命，不若享无用之用。故阮籍在《达庄论》中言"潜身者易以为活，而离本者难以永存"。此"本"便是自然之道，而自然之道的至境，即是阮籍在《孔子诔》一文中所说的"考混元于无形，本造化于太初"。混元始于无形，宇宙起于太初。这是无用论的至高境界，即无无之境。人的心中若连"无"都没有了，那么人就真的可以归于恬静、享受至乐了。

当然，阮籍文赋中的齐物论思想也比比皆是。齐物与齐论，是庄周的智慧。庄子在《齐物论》中曾有这样段文字：

物无非彼，物无非是。自彼则不见，自知则知之。故曰：彼出于是，是亦因彼，彼是方生之说也。虽然，方生方死，方死方生；方可方不可，方不可方可；因是因非，因非因是。是以圣人不由，而照之于天，亦因是也。是亦彼也，彼亦是也。彼亦一是非，此亦一是非，果且有彼是乎哉？果且无彼是乎哉？彼是莫得其偶，谓之道枢。枢始得其环中，以应无穷。是亦一无穷，非亦一无穷也……物固有所然，物固有所可。无物不然，无物不可。故为是举莛与楹，厉与西施，恢诡谲怪，道通为一。②

是与非，生与死，毁与成，莛与楹，厉与西施，等等，从道的角度看，没有什么区别，只要符合自然，便是精彩。没有等级，没有高下，没有美丑，一

---

① 陈伯君：《阮籍集校注》，中华书局 1987 年版，第 47 页。
② 王先谦：《庄子集解》，中华书局 1987 年版，第 14 页。

切都是平等的，事物与言论绝不可以个人的好恶来裁决。阮籍在《达庄论》中便显示了这种万物平等的齐物论思想：

> 以生言之，则物无不寿；推之以死，则物无不夭。自小视之，则万物莫不小；由大观之，则万物莫不大。殇子为寿，彭祖为夭；秋毫为大，泰山为小；故以死生为一贯，是非为一条也。①

肝胆与楚越相同，毫毛与泰山相等，殇子与彭祖同寿，是与非亦是同论，这是从自然的角度来看待万物的，而不是从人心的角度来看待世事。对于自然来说，世间一切都是它的孩子，没有偏好，万物混一。所以，齐万物之后，人的心灵也会自在，视界也会扩展，正如阮籍在《答伏义书》一文中所言：

> 从容与道化同游，逍遥与日月并流，交名虚以齐变，及英祇以等化，上乎无上，下乎无下，居乎无室，出乎无门，齐万物之去留，随六气之虚盈，总玄网于太极，抚天一于寥廓，飘埃不能扬其波，飞尘不能垢其洁，徒寄形躯于斯域，何精神之可察。②

真正能做到齐物与齐论，能达到"飘埃不能扬其波，飞尘不能垢其洁"的时候，人便可以"乘物以游心，托不得已以养中"了。这正是阮籍文赋中老庄意趣的最后一种思想，即游心论。所谓"乘物以游心"者，是庄子在《山木》篇中所说的"无誉无訾，一龙一蛇，与时俱化，而无肯专为，一上一下，以和为量，浮游乎万物之祖，物物而不物于物"的一种状态，即是"乘道德而浮游"的自在境界。这种自在的游心状态在阮籍文赋中显示着其精神主体的极度逍遥：

> 因其所以来，用其所以至，循而泰之，使自居之，发而开之，使自舒之。且庄周之书何足道哉！犹未闻夫太始之论，玄古之微言乎！直能不害于物而形以生，物无所毁而神以清，形神在我而道德成，忠信不离而上下平。③

——《达庄论》

---

① 陈伯君：《阮籍集校注》，中华书局1987年版，第140页。
② 同上，第70页。
③ 同上，第156页。

阮籍之游，连庄周之书都已超越，观于太始，翔于玄古，真是游心于无穷，逍遥于无极呀！他心中向往的是孙登那样的大人先生，于是其在《大人先生传》中便说道："贵不足尊，富不足先""超世而绝群，遗俗而独往""细行不足以为毁，圣贤不足以为誉"……阮籍的心游是那样辽阔，那样自在，那样逍遥。真人，这是阮籍游心所要实现的自我超越。畅快地游心，在《大人先生传》中逼真地显现了出来："真人游，驾八龙，曜日月，载云旗，徘徊悠，乐所之……真人去，与天回。反未央，延年寿，独敖世，何时反。超漫漫，路日远。"①

独与天地精神往来，将老意庄趣化作自己心中的激流，并在文章中融入无用论、齐物论、游心论的哲思，这就是阮籍。综上所述，幽幽情思、留恋俗世、老意庄趣，皆为阮籍文赋之思想内容。以下，我们试着分析一下其文赋中的表现形式和艺术风格。

2. 至文笔法

明代靳於中在《阮嗣宗文集序》中曾说："邑有至文至人在迩，奚必别求圣哲乎？"他将阮籍之文视作至文，并说："至文者，无心于文而抒写胸怀，乃足述也。耳食者不解，辄以酒狂目之，乌知先生！"② 看来，解人真是不易得也。而此处言及至文之笔法，正是要对阮籍文赋中所囊括的表现方法作一个简要的总结。

规劝讽刺

刘勰在《文心雕龙·辨骚》篇中曾言："讥桀纣之猖披，伤羿浇之颠陨，规讽之皆也。"③ 所谓规讽，即为规劝讽刺之意，这种表现手法在阮籍文赋中得到十分普遍的运用。例如规劝司马昭希望他重视人才、收奇拔异之言——"盖闻兴化济治，在于得人；收奇拔异，圣贤高致"（《与晋王荐卢播书》）；讽刺伏义目光短浅，没有修养之语——"瞀夫所不能瞻，琐虫所不能解"（《答伏义书》）；讽刺司马昭虚伪阴险、欲图大位之辞——"至公至平，谁与为邻，何必

---

① 陈伯君：《阮籍集校注》，中华书局 1987 年版，第 191 页。
② 同上，第 410 页。
③ 范文澜：《文心雕龙注》，人民文学出版社 1958 年版，第 46 页。

勤勤小让也哉"（《为郑冲劝晋王笺》）。种种劝谏、屡屡讽刺，贯穿于阮文之中，形成了阮籍文赋的一种表现方式，使我们对阮籍感情世界更多了一层理解。

隐秀结合

刘勰在《文心雕龙·隐秀》篇中又云："夫心术之动远矣，文情之变深矣，源奥而派生，根盛而颖峻，是以文之英蕤，有秀有隐。隐也者，文外之重旨者也；秀也者，篇中之独拔者也。隐以复意为工，秀以卓绝为巧。"① 这种表现手法是隐与秀。隐者，含蓄复义，耐人咀嚼，有弦外之音；秀者，拔出流俗，明显突出，点明主旨。隐与秀的结合，正是一种惊警含蓄的表现手法，阮籍文赋亦得此种精华。例如《首阳山赋》中开篇含蓄隐约地描写四时气候之风云变化，自己心中的无限伤感，并发出"静寂寞而独立兮，亮孤植而靡因"这样的慨叹。我们只能读出一颗拔剑茫茫四顾而天地无人的英雄孤寂之心，似乎没有其他深意。紧接着作者却写"聊仰首以兆颡兮，瞻首阳之冈岑"，并夸耀叔齐、伯夷的志洁情芳——"嘉粟屏而不存兮，故甘死而采薇"。然而，这却是隐语，隐指那些敢于对司马氏抗衡的硬骨头（如嵇康），暗指那些虽身在魏国却心系司马氏的奸佞小人（如钟会），还是借指生存在司马氏的政权下，但却心在竹林的高洁之人（如山涛）？不得而知，隐以复义为工，多义性正是"隐"的特征。不过，没有多久，文中思绪突转："此进而不合兮，有何称呼仁义？肆寿夭而弗豫兮，竟毁誉以为度。察前载之是云兮，何美论之足慕？"原来齐、夷不足多慕呀，作者的惊警之句点醒世人——"且清虚以守神兮，岂慷慨而言之！"好一个"清虚以守神"，原来这才是《首阳山赋》的主题。正如《庄子·逍遥游》言鲲、言鹍、言大鹏、言学鸠、言宋荣子、言列御寇，写了那么多文字，讲了那么多寓言，却仅以"至人无己，神人无功，圣人无名"这十二字来点明作者意图。这种缓放猛收之法，被阮籍运用成了缓隐突警，最后一个警句，卓绝而醒人。再如《亢父赋》，全文极道亢父乃愚顽困厄之地，隐示着当时朝政的黑暗。或暗寓周围小人的奸诈，或蕴藏着民情风俗的可怕，但作者没有直说，仅在篇末用一警句"如何君子，栖迟斯邦"作结，告诉世人乱邦不可居、乱国不值得留恋，真正的君子必须洁身自爱。仅仅八字，点明作者不愿与世同流合污的决心和意

---

① 范文澜：《文心雕龙注》，人民文学出版社1958年版，第632页。

愿，这便是阮文中隐与秀的完美结合。

以客衬主

以客衬主是汉大赋的表现手法，阮籍却将其运用到自己的论、传之中。例如《乐论》中先以刘子"移风易俗，莫善于乐"发端，阮先生代表阮籍来阐明其观点。然而刘子（客）毕竟只起衬托阮先生（主）的作用，他的发问也只是为了引出阮籍"乐和万物"的论述而已。再如《达庄论》中先以雄杰之客发问："吾生乎唐虞之后，长乎文武之裔，游乎成康之隆，盛乎今者之世，诵乎六经之教，习乎吾儒之迹，被沙衣，冠飞翩，垂曲裾，扬双鹝有日矣；而未闻乎至道之要，有以异之于斯乎！且大人称之，细人承之。愿闻至教，以发其疑"，之后先生（主）才对其一一作答。然而雄杰之客仅是虚构人物，他的作用也只是为了引出作者的一番道理，最终"客"的下场只能是"于是二三子者，风摇波荡，相视睊脉，乱次而退，踢跌失迹。随而望之，耳后颇亦以是，知其无实丧气而惭愧于衰僻也"①。同样的手法也在《大人先生传》的寄信人与大人先生中出现，其目的亦仅仅是烘托大人先生的超凡举止而已。以客衬主是一种巧妙的文学手法，不仅使文章具有了连贯性，更使文章拥有了趣味性和论辩性，值得后人学习。

3. 文赋风格

阮文风格呈多元发展的态势，文章时而平和，时而急剧，时而缠绵，时而奔放，时而幽怨，时而疏野，但其主导风格大体可分作以下三种：

爽朗高洁，自然畅达

爽朗高洁，即爽快明利、高蹈不俗；自然畅达，即天然流畅、一气呵成。这种自然爽朗的风格，就是文章如行云流水般的自在，该行则行，该止则止，不被理缚，不被才限，任情感肆意的宣泄。阮籍文赋多有这种风格，如《答伏义书》开篇这段描述：

承音览旨，有心翰迹。夫九苍之高，迅羽不能寻其巅；四溟之深，幽鳞不

---

① 陈伯君：《阮籍集校注》，中华书局1987年版，第158页。

能测其底；翄无毛分所能论哉！且玄云无定体，应龙不常仪：或朝济夕卷，翕忽代兴；或泥潜天飞，晨降宵升，舒体则八维不足以畅迹，促节则无闲足以从容；是又瞽夫所不能瞻，琐虫所不能解也。然则弘修渊邈者，非近力所能究矣；灵变神化者，非局器所能察矣。何吾子之区区而吾真之务求乎！①

多么灵动，多么轻快，多么自然，迅羽不上九苍，幽鳞难潜四溟，"玄云无定体，应龙不常仪""瞽夫所不能瞻，琐虫所不能解"，真是"灵变神化，非局器所能察"呀！自然晓畅，任情放达，随性抒写。这种风格亦见于《清思赋》中，"夫清虚廖廓，则神物来集；飘摇恍忽，则洞幽贯冥；冰心玉质，则皭洁思存；恬淡无欲，则泰志适情"，虽是女子不得托意老庄，但依旧希图清虚无欲、洁质适情。语言流畅婉转，感情自然真切。而自然爽朗风格若是极度激扬的话，就得看《大人先生传》了：

崔巍高山勃玄云，朔风横厉白云纷，积冰若陵寒伤人。阴阳失位日月隤，地坼石裂林木摧，大冷阳凝寒伤怀。阳和微弱隆阴竭，海冻不流绵絮折，呼吸不通寒伤裂。气并代动变如神，寒倡热随害伤人，熙与真人怀大清。精神专一用意平，寒暑勿伤莫不惊，忧患靡由素气宁。浮雾凌天恣所经，往来微妙路无倾，好乐非世又何争，人且皆死我独生。②

高山兴乌云，北风扫白雪，日月崩坠，大地断裂，石碎木折，天地巨变，而诗人不惊。正如庄周"大泽焚而不能热，河汉沍而不能寒，疾雷破山、风振海而不能惊"③。又如其"天地覆坠亦将不与之遗，审乎无假而不与物迁"④。这就是自然，不惊不惧，不喜不怨，所以才能达到"人且皆死我独生"的境界。此之谓爽朗高洁、自然畅达，不为过也。

---

① 陈伯君：《阮籍集校注》，中华书局1987年版，第68页。
② 同上，第190页。
③ 王先谦：《庄子集解》，中华书局1987年版，第23页。
④ 同上，第47页。

含蓄蕴藉，幽隐婉约

刘勰在《文心雕龙·史传》篇所载"观夫左氏缀事，附经间出，于文为约，而氏族难明"①。而司空图在《二十四诗品·含蓄》篇中则说："不着一字，尽得风流。语不涉难，已不堪忧。是有真宰，与之沉浮。如渌满酒，华时返秋。悠悠空尘，忽忽海沤。浅深聚散，万取一收。"② 可见，含蓄隐约这种风格不仅使人难明，而且使人堪忧，但它却有自己的"真宰"，使人体会其中别样的"风流"。初读阮籍《东平赋》忽而被其"行潦成池，深林茂树，翁郁参差，群鸟翔天"的盛景所吸引，忽而被其"原壤芜荒，树艺失时，畴亩不辟，荆棘不治"的破败所痛心。然而这都是表象，其真宰是"择高以登栖兮，永欣欣而乐康"。东平之地时而繁盛，时而困厄，这都是作者幽隐的思绪在漫漫诉情，而万变不离其宗——"岂淹留以为感兮，将易貌乎殊方"。乱邦不可居，何不择高登假，逍遥遗世呢？含蓄中有真宰，幽隐中有深意，正是阮籍文赋的一种风格。再如《鸠赋》和《猕猴赋》，若是仅看表象，我们只能读到小鸠们的不幸遭遇和对猕猴般小人的讽刺挖苦，但是含蓄必有余味，幽隐必有深理。此两篇皆告诉世人一个道理，那就是玩华丧命、好技亡身的惨况和藏器守拙、安处养命的幸运。

恬淡古朴，悠远玄宗

老子云："执古之道，以御今之有。能知古始，是谓道纪"③；庄子云："夫明白入素，无为复朴，体性抱神，以游世俗之间"④；司空图云："虚伫神素，脱然畦封，黄唐在独，落落玄宗。"⑤ 可见，此为一种古淡朴素而又拥有虚静玄味的风格。阮籍文赋对这种古淡玄远的风格有着不同的描述。例如其文《老子赞》："阴阳不测，变化无伦，飘摇太素，归虚反真。"⑥ 短短数语，一个变化无常、阴阳难测的老聃形象便诞生了。"飘飘太素，归虚反真"，古淡的语言中蕴含着作者对太素玄境的向往，对虚静淳真天性的追求。再如《孔子诔》"考混元

① 范文澜：《文心雕龙注》，人民文学出版社 1958 年版，第 285 页。
② 郭绍虞：《诗品集解》，人民文学出版社 1963 年版，第 21 页。
③ 楼宇烈：《老子道德经注校释》，中华书局 2008 年版，第 32 页。
④ 王先谦：《庄子集解》，中华书局 1987 年版，第 107 页。
⑤ 郭绍虞：《诗品集解》，人民文学出版社 1963 年版，第 11 页。
⑥ 陈伯君：《阮籍集校注》，中华书局 1987 年版，第 193 页。

于无形，本造化于太初"之句，亦将儒学大师孔子描述成一个考求无形远古、探究鸿蒙太初之境的尊者。因为语言古淡玄宗，心境恬静悠远，所以，太虚境界就在阮籍文赋中不时地呈现着。这其中最有代表的文章，是阮籍的《通老论》：

> 圣人明于天人之理，达于自然之分，通于治化之体，审于大慎之训，故君臣垂拱，完太素之朴，百姓熙怡、保性命之和。①

"完太素之朴""保性命之和"，此文中"朴"字是"见素抱朴，少思寡欲"，是"常德乃足，复归于朴"，也是"道常无名，朴"；而此文中"和"字是"万物负阴而抱阳，冲气以为和"，是"终日号而不嘎，和之至也"，亦是"知和曰常，知常曰明"。所以，"朴"与"和"相通，它们都是柔，是虚，是婴儿，是太始。道，千变万化，阮籍用这样恬淡古朴、悠远玄宗的风格来抒写他自己心中对"道"的理解。我们可以称他是玄学大师，但他自己却什么都不知道。兹文，兹赋，从心所欲，自然而已。

阮籍文赋自然畅达、含蕴幽隐、古淡玄宗，被靳於中称作"至文"。其在文中所蕴含的老意庄趣都是自己心胸真切感情的流露，绝无一丝矫作痕迹。他的文章将散文骈化进程推向了一个新的高潮，无论是《达庄论》《答伏义书》，还是《大人先生传》都有太多对偶押韵的句式，这对魏晋南北朝骈文兴盛奠定了基石，也推动了其迅猛发展。而阮文篇篇均含有深刻的哲理，又将魏晋文章拔高到了一个玄学的层次，故阮籍在文学史上可称得上是功不可没了。

阮籍被称作"命世大贤"，被称作"竹林领袖"，是因为他的人格、他的诗文均对后世产生了极其深远的影响。后代诗人屡屡将阮籍作为人文意象融入其诗歌之中，来达到借步兵之酒杯浇己胸之块垒的效应。如庾信《拟咏怀二十七首》开篇便说："步兵来饮酒，中散未弹琴"；孟浩然在《听郑五愔弹琴》一诗中亦云："阮籍推名饮，清风坐竹林"；诗仙李白在《对雪奉饯任城六父秩满归京》一诗中谈道："何时竹林下，更与步兵邻"，诗圣杜甫在《敬赠郑谏议十韵》中也有"君见途穷哭，宜忧阮步兵"之句。而之后李商隐的"不须并碍东

---

① 陈伯君：《阮籍集校注》，中华书局1987年版，第159页。

西路，哭杀厨头阮步兵"、元好问的"一杯欲洗兴亡恨，为唤穷途阮步兵"、刘因的"如何老阮无情甚，不愿儿郎作大人"等，都将阮籍作为意象直接运用到他们的诗句之中。阮籍《咏怀》发端，《世说新语》将阮籍形象描述得任诞傲俗，之后江淹、庾信、李白、杜甫、元好问等人便将阮籍及其精神融入自己的诗中，来宣泄自己心中的情感，形成了中国文学界的"阮籍效应"。

阮籍去了，留下了他的畸态人格，传下了他反复零乱的《咏怀诗》及其自然含蓄、爽朗古淡的文章。《左氏春秋》讲"立德，立功，立言"，阮籍是不在乎这些的。但一千多年后的今天，或一千多年后的明天，其人格、其诗文总是中国文学史上一朵绽放着的生命之花，永不凋落。

第二章

嵇康的亢龙精神与文学成就

一、嵇康的亢龙精神

嵇康，字叔夜，谯郡铚县人。《晋书·嵇康传》记载："嵇康，卧龙也，不可起。公无忧天下，顾以康为虑耳。"① 这是钟会在司马昭面前所进的谗言，然而"卧龙"之誉不虚。颜延之作《五君咏》称嵇康为"鸾翮有时铩，龙性谁能驯"②；龚璛《七贤诗》说他"叔夜龙凤姿，清修契神术"③；张居正亦在《七贤吟》中言其"中散龙凤姿，雅志薄云汉"④。其实，关于嵇康龙性风度最早的描述还是来自刘孝标注引《康别传》的一段文字：

康长七尺八寸，伟容色，土木形骸，不加饰厉，而龙章凤姿，天质自然。正尔在群形之中，便自知非常之器。⑤

龙，是中国古代传说中的神物，《周易》开篇第一卦（乾）便是以龙作为意象来述理的。有潜龙、见龙、飞龙，除此之外，亦有亢龙。《周易·乾》卦中说道："上九：亢龙，有悔。"周振甫先生将此句译作："处在极高处的龙，有悔

① 房玄龄：《晋书》第五册，中华书局1974年版，第1373页。
② 穆克宏：《魏晋南北朝文论全编》，江苏教育出版社2004年版，第183页。
③ 戴明扬：《嵇康集校注》，人民文学出版社1962年版，第387页。
④ 同上，第388页。
⑤ 徐震堮：《世说新语校笺》中华书局1984年版，第335页。

恨。"① 而朱熹《周易本义》则说:"亢者,过于上而不能下之意也。阳极于上,动必有悔。"② 当然,《文言》对此卦解释才算是最为明白:"亢之为言也,知进而不知退,知存而不知亡,知得而不知丧。"③ 嵇康是一条龙,不假。只可惜,他是一条亢龙,于是悔恨在所难免。嵇康为何是一条亢龙,他又具有怎样的人格精神呢? 我们试从以下几方面对其进行分析。

1. 坚白之昧

《庄子·齐物论》说:"非所明而明之,故以坚白之昧终。"王先谦解为:"非人所必明,而强欲共明之,如'坚石''白马'之辩,欲众共明,而终于昧,故以坚白之昧终。"④ "坚白"之论是公孙龙的是非之论,他认为一块石头,说他"坚",是触觉的感知,不可见;说他"白",是视觉的感知,不可触,即为一种将坚与白分离而谈的诡辩论。故而成玄英解释庄周这句话时说:"公孙龙,赵人。当六国时,弟子孔穿之徒,坚执此论,横行天下,服众人之口,不服众人之心。"⑤ 同样,《庄子》一书还有以下两段记载:

骈于辩者,累瓦结绳窜句,游心于坚白同异之间,而敝跬誉无用之言非乎? 而杨墨是已。故此皆多骈旁枝之道,非天下之至正也。⑥

——《骈拇》

公孙龙问于魏牟曰:"龙少学先王之道,长而明仁义之行;合同异,离坚白;然不然,可不可;困百家之知,穷众口之辩:吾自以为至达已。今吾闻庄子之言,茫然异之。不知论之不及与? 知之弗若与? 今吾无所开吾喙,敢问其方。"⑦

——《秋水》

---

① 周振甫:《周易译注》,中华书局 1991 年版,第 1 页。
② 朱熹:《周易本义》,上海古籍出版社 2002 年版,第 31 页。
③ 周振甫:《周易译注》,中华书局 1991 年版,第 9 页。
④ 王先谦:《庄子集解》,中华书局 1987 年版,第 18 页。
⑤ 同上,第 18 页。
⑥ 同上,第 78 页。
⑦ 同上,第 146 页。

司马法释《骈拇》篇这段文字为"杨朱，墨翟禀性多辩，故特举之"①。从《秋水》这段话亦能看出公孙龙"穷众口之辩"的能力，然而庄周尽将这些"辩才"当作反面例子穿插在他的寓言里，因为只有心在濠梁之上，才能体会到鱼的乐趣。

本文并不是直接将"坚白"之论粘贴到嵇康的身上，而是将"坚白"这一是非太明、论辩之心太强、忘记"濠梁"本趣而迷失"道"途的引申含义扩充到嵇康的行为和心性上来，以求对嵇康人格精神有一个全面的认识。说嵇康持坚白之论自然有些夸张，但是嵇康陷入坚白之昧的迷惑之中，却是事实。他的辩锋太锐，处处钳人之口；他的是非之念太明，道不同界限划清；他驰骋于是是是、非是非的生活与文章之中，忘了他心中的老、庄之师，迷失了本应属于他自己的"无何有之乡"。

魏末辩才

嵇康虽然"长好《老》《庄》"，但却十分好与人辩论。孙绰《嵇中散传》言其："嵇康作《养生论》，入洛，京师谓之神人。向子期难之，不得屈。"② 所谓"不得屈"，是因为嵇康后来又写有《难养生论》一文，向秀便不与之辩论了。嵇康好辩，有作品为证。张辽叔作《自然好学论》，他便写《难自然好学论》。阮德如写《宅无吉凶摄生论》，他便作《难宅无吉凶摄生论》，后阮德如又为《释难宅无吉凶摄生论》，嵇康便再作《答释难宅无吉凶摄生论》。然而，答难之后，嵇康依旧是一己之见，使人口服而心不服，其意义并不大。后来发展成为一种风气，被称作"清谈"。陈寅恪先生说："林泉隐逸清淡玄理，不致误国。"③ 但是过分地激辩就意味着过度地张扬，嵇康抬头了，一篇《养生论》被"京师谓之神人"。那么如此多的论著一出世，这条龙就开始腾飞了，然而这只是亢龙的初露锋芒。

嵇康生于魏黄初五年，死于魏景元四年（据韩格平先生《竹林七贤诗文全集译注》考证），可见他生是魏人，死是魏鬼，未尝一日仕晋也。因其死后两年，司马炎代魏称帝，改元为泰始元年，建立晋朝，所以，嵇康是魏末辩才，与晋无涉。只是老子讲"希言自然"，庄子讲"彼其真是也，以其不知也"，《周易·系辞》亦曰："吉人之辞寡，躁人之辞多"，嵇康这位一生以"老子、庄周，吾之师"为名言的玄学大师，似乎脱离了"道"的轨道了。

是非太明

《世说新语·德行》篇曾记载："王戎云：'与嵇康居二十年，未尝见其喜愠之色。'"若此段文字内容属实，则嵇康一定是个能够内敛，可以沉得住气，并且擅于保护自己的人。可是，嵇康并不是这种类型的人，因为他的是非观念太重，他刚正不阿、远迈不群，喜怒之色也一定会显示在他的脸上。他喜欢吕安，不仅作文说："每喜足下家复有此弟"，而且有"每一相思，车辙千里命驾"的佳话；他欣赏向秀，便"尝与向秀共锻于大树之下，以自赡给"；他崇拜阮籍，不仅在文中写道："吾每师之，而未能及"，而且在阮籍丧母之时竟"赍酒挟琴造焉"；他敬佩山涛，便留宿于山涛家中彻夜长谈。相反，只要是他不喜欢的人、不乐意做的事，他便冷眼相对，嗤笑处之。他看不起钟会，故无视其大作《四本论》，《世说新语》有文如下：

> 钟会撰四本论，始毕，甚欲使嵇公一见，置怀中，既定，畏其难，怀不敢出，于户外遥掷，便回急走。①

他痛愤吕巽，于是果断绝交，临别恨恨，有《与吕长悌绝交书》一文。即使是其好友山涛，嵇康若是认为二人非为知己的时候，亦写书与之告别。这就是嵇康，率真可爱、纯净天然，心中不藏事，是非界限亦划得很清楚。但是非太明不一定都是好事，当他躲避司马昭之幕府属官于河东之时，当他冷落嘲弄钟会的时候，当他替吕安愤诉吕巽的时候，他的一只脚已经迈向了地狱。是非的界限，将他送到了司马昭的铡刀之下。苏舆云："天下之至纷，莫如物论，是非太明，足以累心。"嵇康的是非之累必定使他的内心太刚直、太激烈，于是，他难以守神、难以集虚、难以"心斋"，他的"道"偏离了他既定的老庄之道。

---

① 徐震堮：《世说新语校笺》，中华书局 1984 年版，第 106 页。

诚忘与坐驰

《庄子·德充符》云："故德有所长，而形有所忘，人不忘其所忘，而忘其所不忘，此谓诚忘。"《庄子·人间世》云："瞻彼阙者，虚室生白，吉祥止止。夫且不止，是之谓坐驰。"诚忘，是"形宜忘，德不忘；反是，乃真忘也"①；坐驰，是"精神外惊而不安息，是形坐而心驰也"②。嵇康修道时已然踏入这两个误区，却不知晓。他该忘记争辩、忘记是非、忘记仁义、忘记礼乐、忘记言论、忘记自己、忘记天下，他却没有忘记。他不该忘记德行、忘记虚心、忘记恬淡、忘记寂静、忘记养神、忘记修身，他却忘记了。如此忘记，难以坐忘，因为心性轻浮、身心溃散，所以只能导致坐驰。他依旧在寻觅老庄的乐园，却沉溺于类似"坚与白"这样的愚昧之中，这不是形坐心驰又是什么？让我们看一首嵇康守神养性的诗作：

俗人不可亲，松乔是可邻。何为秽浊间，动摇增垢尘？慷慨之远游，整驾俟良辰。轻举翔区外，濯翼扶桑津。徘徊戏灵岳，弹琴咏泰真。沧水澡五藏，变化忽若神。姮娥进妙药，毛羽翕光新。一纵发开阳，俯视当路人。哀哉世间人，何足久托身。③

——《五言诗三首》

嵇康一生都想着"俗人不可亲，松乔是可邻"，希望"轻举翔区外，濯翼扶桑津"，所以，他不与俗人相处；所以，他超尘脱俗、特立独行；所以，他傲世慢礼、骄视俗人。《晋书》中记载着一段特别经典的风流韵事：

初，康居贫，尝与向秀共锻于树下，以自赡给。颍川钟会，贵公子也，精练有才辩，故往造焉。康不为之礼，而锻不辍。良久会去，康谓曰："何所闻而来？何所见而去？"会曰："闻所闻而来，见所见而去。"会以此憾之。④

也正是因为这种傲世的亢龙精神，得罪了钟会这位朝中权贵，嵇康的背后

① 王先谦：《庄子集解》，中华书局1987年版，第53页。
② 同上，第37页。
③ 韩格平：《竹林七贤诗文全集译注》，吉林文史出版社1997年版，第352页。
④ 房玄龄：《晋书》第五册，中华书局1974年版，第1373页。

便有了小人的不断诋毁。庄周讲："圣人和之以是非，而休乎天钧"，嵇康为什么就不能和是非、遗对错、忘言语一下呢？不能！因为他是嵇康，他是一条亢龙，即使失道，即使陷入坚白之昧中，他依旧倔强地抬起他的头，"萧萧素素，爽朗清举""正尔在群形之中，便自知非常之器"。

魏末辩才无法和是非，无法潜心坐忘，却带着"坚白之昧"的性格与世周旋着。公孙龙的坚白之论在嵇康这里得到了新的诠释。因为一个两极分化的思想渗入到一种高尚人格中的时候，它就变成了执着，变成了坚定不移。明明错误的论辩之语，明明逼人的是非之心，在嵇康这里却成了亢龙的一种高傲精神。虽然脱离了他心中"道"的方向，但它却拥有着人性的美丽。或许，这也是一种缺失的美吧！

2. 独有至贵

虽然，嵇康呈现给我们一种类似"坚白之昧"的性格，迷于自己心中的大道，但他的本心却一直向往着老、庄的无为世界。尽管他辩锋尖锐，是非观念极重，但却从未割弃求道的梦想。道不成，是他亢龙性格和老庄素朴哲思的矛盾，这丝毫没有动摇他求道成仙的愿望。当然，他对道家至乐境界的追寻、他对自然的向往、他对服药成仙的企盼，亦是他独特人格与亢龙精神的重要组成部分，我们绝对不能忽视这一点。

上药养命，中药养性

嵇康在《养生论》中借神农语说"上药养命，中药养性者，诚知性命之理，因辅养以通也"，并在此文中极赞服食药物的益处，认为五谷不足以养生，只有服灵芝、饮醴泉、晞朝阳、绥五弦才可身存，并一再地强调服药不可中断。嵇康不仅仅是在文章上这么写，他也亲身去实践这种以药养命的理论。历史上有关于嵇康与王烈服药的一些记载：

> 康又遇王烈，共入山，烈尝得石髓如饴，即自服半，余半与康，皆凝而为石。①
>
> ——《晋书·嵇康传》

---

① 房玄龄：《晋书》第五册，中华书局1974年版，第1370页。

王烈服食养性，嵇康甚敬信之，随入山，尝得石髓，柔滑如饴，即自服半，余半，取以于康，皆凝而为石。①

——《文选注》

王烈入山得石髓，怀之以饷嵇叔夜。叔夜视之，则坚为石矣。尝时若杵碎，或磨错食之，岂不贤于云母钟乳辈哉！②

——《东坡志林》

虽然记载不同，但大体意思相近，只是王烈可服药成道，嵇康有心却难以成功，服药而化为石。于是，王烈才叹道："叔夜志趣非常而辄不遇，命也！"③上天只会允许虚静恬淡之人成仙，具有亢龙精神的嵇康只能是心有余而天不遂了。但他又确确实实是明白养生之道的，其在《养生论》中曾说：

是以君子知形恃神以立，神须形以存。悟生理之易失，知一过之害生。故修性以保神，安心以全身。爱憎不栖于情，忧喜不留于意。泊然无感，而体气和平，又呼吸吐纳，服食养身；使形神相亲，表里俱济也。④

形神交相养，安心且修性，无爱无憎、无喜无忧、无始无非、一切齐物、统归虚静，这的确是道家养生之法。嵇康实在是太明白了，但是他做不到，因为他是嵇康，锋芒毕露、性烈才俊的嵇康，于是"上药养命，中药养性"只能是他的思想，是他的精神寄托，延年养寿的事情只能由王烈、孙登这些大人们去做，这是事实。

越名教而任自然

嵇康又在《释私论》中说："矜尚不存乎心，故能越名教而任自然；情不系于所欲，故能审贵贱而通物情。"这是中散去矜尚、忘情欲、遗贫富、通物情的观点，亦是一颗摆脱羁绊、纯任自然的心在对着苍茫大地怒喊。于是，嵇康真的开始回归自然、安于宁静了。《晋书》记载："康居贫，尝与向秀共锻于树下，

---

① 萧统：《文选》卷二十二，中华书局1977年，第320页。
② 苏轼：《东坡志林》，三秦出版社2003年版，第110页。
③ 房玄龄：《晋书》第五册，中华书局1974年版，第1370页。
④ 戴明扬：《嵇康集校注》，人民文学出版社1962年版，第146页。

以自赡给。颍川钟会，贵公子也，精练有才辩，故往造焉。康不为之礼，而锻不辍。"① 试想夏日炎炎，一个风姿特秀、天质自然的风流名士抡起铁锤在洛阳城中打铁，是多么快意怡人的一幅画面呀！《文士传》亦有类似的一段记载：

> 康性绝巧，能锻铁，家有盛柳树，乃激水以圜之，夏天甚清凉，恒居其下傲戏，乃自身锻。家虽贫，有人就锻者，康不受直。唯亲旧以鸡酒往，与共饮啖，清言而已。②

"康不受直""与共饮啖"，反映了嵇康归隐自然、任情由性的一种自在。而更能反映嵇康"越名教而任自然"心态的自然是他对官场的极度厌恶，大将军司马昭礼聘其为幕府属官，嵇康逃于河东躲避征辟。山涛将去选官，举嵇康代为吏部郎时，嵇康竟写下《与山巨源绝交》一书，文中深刻表露出自己不愿为官的心衷：

> 人伦有礼，朝廷有法；自惟至熟，有必不堪者七，甚不可者二。卧喜晚起，而当关呼之不置；一不堪也。抱琴行吟，弋钓草野，而吏卒守之，不得妄动；二不堪也。危坐一时，痹不得摇，性复多虱，把搔无已；而当裹以章服，揖拜上官；三不堪也。素不便书，又不喜作书；而人间多事，堆案盈机。不相酬答，则犯教伤义；欲自勉强，则不能久。四不堪也。不喜吊丧，而人道以此为重。己为未见恕者所怨，至欲见中伤者。虽瞿然自责，然性不可化。欲降心顺俗，则诡故不情，亦终不能获无咎。无誉如此；五不堪也。不喜俗人，而当与之共事。或宾客盈坐，鸣声聒耳。嚣尘臭处，千变百伎，在人目前。六不堪也。心不耐烦，而官事鞅掌。机务缠其心，世故繁其虑；七不堪也。又每非汤武，而薄周孔；在人间不止此事，会显世教所不容；此甚不可一也。刚肠嫉恶，轻肆直言，遇事便发；此甚不可二也。③

如此"七不堪，二不可"，只是嵇康的借口罢了。其"志在丰草"，故以此为托词，只是想表明自己保真养性、恬静复朴的心迹而已。只可惜这番话说得

---

① 房玄龄：《晋书》第五册，中华书局 1974 年版，第 1373 页。

② 徐震堮：《世说新语校笺》，中华书局 1984 年版，第 412 页。

③ 戴明扬：《嵇康集校注》，人民文学出版社 1962 年版，第 119 页。

太过激烈，故"大将军闻而怒焉"。除此，嵇康任自然还表现在对自身仪容的毫不修饰上。《晋书》记载："康早孤，有奇才，远迈不群。身长七尺八寸，美词气，有风仪，而土木形骸，不自藻饰，人以为龙章凤姿，天质自然。"① 《世说新语·容止》一门云："嵇康身长七尺八寸，风姿特秀。见者叹曰：'萧萧肃肃，爽朗清举。'或云：'肃肃如松下风，高而徐引。'山公曰：'嵇叔夜之为人也，岩岩若孤松之独立；其醉也，傀俄若玉山之将崩。'"刘孝标注言："康长七尺八寸，伟容色，土木形骸，不加饰厉，而龙章凤姿，天质自然。正尔在群形之中，便自知非常之器。"② "土木形骸，不自藻饰"若是不足以表明嵇康身体之纯任自然的话，我们可以看一下其《与山巨源绝交书》中的这段文字：

> 性复疏懒，筋驽肉缓。头面常一月十五日不洗。不大闷痒，不能沐也。③

人们可以称嵇康疏懒，也可以说嵇康不爱干净，但这是自然。人生天地之间，自然而存，自然而为，何必借用外物修饰。正如祢正平裸衣骂曹操时所说："欺君罔上乃谓无礼，吾露父母之形，以显清白之体耳。"④ 嵇康打铁打累了，跳进水池泡上片刻，见者不是说他"萧萧肃肃，爽朗清举"，就是赞他"肃肃如松下风，高而徐引"，从来都没有一个人厌恶他，鄙弃他。这是自然的境界，不被外物是非而左右，"不自藻饰""天质自然"。

猖狂不知所往

《庄子·在宥》篇中有言曰："浮游不知所求，猖狂不知所往，游者鞅掌，以观无妄。"这是一种身游与心游的境界，庄子将其描述为"乘云气，骑日月，而游乎四海之外"的一种形象。猖狂不知所往、即任情独往，由性独去，没有目的、没有方向，让心灵驰骋于青山秀水之间。阮籍做过这样的事情——"率意独驾，不由径路，车迹所穷，辄恸哭而反"，嵇康也一样懂得游身与游心的快乐：

---

① 房玄龄：《晋书》第五册，中华书局 1974 年版，第 1369 页。
② 徐震堮：《世说新语校笺》中华书局 1984 年版，第 335 页。
③ 戴明扬：《嵇康集校注》，人民文学出版社 1962 年版，第 117 页。
④ 罗贯中：《三国演义》，人民文学出版社 2005 年版，第 200 页。

叔夜尝采药山泽，与之（按：指孙登）于山，冬以披发自覆，夏则编草为裳，弹一弦琴而五音和。①

——《竹林名士传》

康又遇王烈，共入山，烈尝得石髓如饴，即自服半，余半与康，皆凝而为石。又于石室中见一卷素书，遽呼康往取，辄不复见。②

——《晋书·嵇康传》

康尝采药游山泽，会其得意，忽焉忘反。时有樵苏者遇之，咸谓为神。至汲郡山中见孙登，康遂从之游。③

——《晋书·嵇康传》

当然，嵇康最快乐的游心，莫过于竹林之游了：

嵇康寓居河内，与之游者，未尝见其喜愠之色，与陈留阮籍、河内山涛、向秀、籍兄子咸、琅琊王戎、沛人刘伶，相与友善，游于竹林，号曰七贤。④

——《太平御览》

陈留阮籍、谯国嵇康、河内山涛三人年皆相比，康年少亚之。预此契者，沛国刘伶、陈留阮咸、河内向秀、琅邪王戎。七人常集于竹林之下，肆意酣畅，故世谓竹林七贤。⑤

——《世说新语·任诞》

魏步兵校尉陈留阮籍、中散大夫谯国嵇康、晋司徒河内山涛、司徒琅邪王戎、黄门郎河内向秀、建威参军沛国刘伶、始平太守阮咸等同居山阳，结自得之游，时人号之为竹林七贤。⑥

——《水经清水注》

嵇康交游猖狂不知所往，历史上不仅记载其与当时人的交流，亦记载着嵇

---

① 韩格平：《竹林七贤诗文全集译注》，吉林文史出版社1997年版，第635页。
② 房玄龄：《晋书》第五册，中华书局1974年版，第1370页。
③ 同上。
④ 李昉：《太平御览·卷四百七》，文渊阁四库全书影印本，上海古籍出版社2003年版。
⑤ 徐震堮：《世说新语校笺》，中华书局1984年版，第390页。
⑥ 戴明扬：《嵇康集校注》，人民文学出版社1962年版，第373页。

康与古人或鬼的交流：

> 嵇中散情志高迈，任心游憩。尝行，西南出，去洛数十里，有亭名华阳，投宿，夜了无人，独在亭中。此亭由来杀人，宿者多凶。至一更中，操琴，先作诸弄，而闻室中称善声。中散抚琴而呼之曰："君何以不来？"此人便答云："身是古人，幽没于此，数千年矣。闻君弹琴，音曲清和，故来听耳。"①
>
> ——《灵异志》

> 嵇中散夜弹琴，忽有一鬼著械来，叹其手快，曰："君一弦不调。"中散与琴调之，声更清婉。问其名，不对，疑是蔡邕伯喈，伯喈将亡，亦被桎梏。②
>
> ——《职官分纪》

> 嵇中散夜灯下弹琴，忽有一人，面甚小，斯须转大，遂长丈余，单衣革带，嵇视之既熟，乃吹灯灭之曰："耻与魑魅争光。"③
>
> ——《幽明录》

如此服药养性，如此越名任心，如此猖狂游憩，是一种怎样的人格精神呢？庄子说："明乎物物者之非物也，岂独治天下百姓而已哉！出入六合，游乎九州，独往独来，是谓独有。独有之人，是谓至贵。"成玄英解为："人欲出众而己独游，众无此能，是名独有。独有之人，百姓荷戴，以斯为主，可谓至尊自贵也。"④ 这听起来好似在说王子晋，《列仙传》云：

> 王子乔者，周灵王太子晋也。好吹笙，作凤鸣。游伊洛之间，道士浮丘公接以上嵩高山。三十余年后，求之于山上，见桓良曰："告我家：七月七日待我于缑氏山巅。"至时果乘白鹤驻山头，望之不得到，举手谢时人，数日而去。⑤

然而，嵇康亦是独有至贵之人。他采药而独游，越名而任心、猖狂而无物，独来独往、独自游憩，难道不是"独有"吗？他临刑之前，竟出现"太学生三

① 戴明扬：《嵇康集校注》，人民文学出版社1962年版，第372页。
② 同上，第363页。
③ 同上。
④ 王先谦：《庄子集解》，中华书局1987年版，第97页。
⑤ 王叔岷：《列仙传校笺》，中华书局2007年版，第65页。

千请以为师"的壮观景象，这难道不是"至贵"吗？故而，独有与至贵亦成为嵇康亢龙精神的一个表现。虽然这仅仅是嵇康梦的起点和终点，而不是梦的过程，但这一独有至贵的精神足以表现出嵇康高蹈出尘、傲世拔俗的人格品质，使得后人不断赞叹、不断模仿。

3. 亢龙有悔

《周易·乾》卦言："上九：亢龙，有悔"，《文言》释之为"知进而不知退，知存而不知亡，知得而不知丧"。故处于极高位置的龙，有悔恨。前面已经说过嵇康的辩锋与是非观念，在这里我们继续分析嵇康这条亢龙的人格精神及其流露出来的悔恨之意。这是嵇康亢龙精神的第三个表现，也是他这条亢龙的最终归宿。

非汤武而薄周孔

嵇康在《与山巨源绝交书》一文中说自己"每非汤、武而薄周、孔，在人间不止此事，会显世教所不容"。嵇康此观点源自《庄子》一书，庄周有言如下：

> 夫残朴以为器，工匠之罪也；毁道德以为仁义，圣人之过也。夫马，陆居则食草饮水，喜则交颈相靡，怒则分背相踶。马知已此矣！夫加之以衡扼，齐之以月题，而马知介倪闉扼鸷曼诡衔窃辔。故马之知而能至盗者，伯乐之罪也。夫赫胥氏之时，民居不知所为，行不知所之，含哺而熙，鼓腹而游。民能以此矣！及至圣人，屈折礼乐以匡天下之形，县跂仁义以慰天下之心，而民乃始踶跂好知，争归于利，不可止也。此亦圣人之过也。①

> ——《马蹄》

> 圣人生而大盗起，掊击圣人，纵舍盗贼，而天下始治矣。夫川竭而谷虚，丘夷而渊实。圣人已死，则大盗不起，天下平而无故矣！圣人不死，大盗不止。②

> ——《胠箧》

---

① 王先谦：《庄子集解》，中华书局1987年版，第83页。
② 同上，第86页。

古之人与其不可传也死矣，然则君之所读者，古人之糟魄已夫！①

——《天道》

可见，圣人的仁义礼法的确束缚人的天性，要想使天下太平，还须"绝圣弃智"。因此，嵇康便非薄汤、武、周、孔，以至于"大将军闻而怒焉"。故鲁迅先生便认为是这篇文章要了嵇康的性命：

汤武是以武定天下的，周公是辅成王的，孔子是祖述尧舜，而尧舜是禅让天下的。嵇康都说不好，那么，教司马懿篡位的时候，怎么办才好呢？没有办法，在这一点上，嵇康于司马氏的办事上有了直接的影响，因此就非死不可了。②

——《魏晋风度及文章与药及酒之关系》

这种"非汤、武而薄周孔"的烈性不只是用笔说说就罢了，他还将其付诸生活实践。其不理睬钟会所投《四本论》，对钟会率人前来也不正眼去瞧，终于逼得钟会说出："嵇叔夜，卧龙也。公无忧天下，但以康为虑耳""欲助毌丘俭，赖山涛不听""言论放荡，非毁典谟，帝王者所不宜容，宜因衅除之，以淳风俗"等诬陷之语。最终，"帝既听信会，遂并害之"。这都是由其秉性刚烈、言语辩锋中的不羁所致。但嵇康临刑不惧，"顾视日影，索琴弹之"，又似乎具有了一种英雄无畏、笑傲潮头的风度。他是一条亢龙，这也是亢龙本该具有的倔强精神。

广陵散绝

说起嵇康得《广陵散》的来源，确有一段精彩的传说：

嵇中散情志高迈，任心游憩。尝行，西南出，去洛数十里，有亭名华阳，投宿，夜了无人，独在亭中。此亭由来杀人，宿者多凶。至一更中，操琴，先作诸弄，而闻室中称善声。中散抚琴而呼之："君何以不来？"此人便答云："身是古人，幽没于此，数千年矣。闻君弹琴，音曲清和，故来听耳。而就终残毁，

---

① 王先谦：《庄子集解》，中华书局1987年版，第120页。
② 鲁迅：《鲁迅全集》第三卷，人民文学出版社1981年版，第534页。

不宜以接待见君子。"向夜仿佛渐见，以手持其头。遂与中散共论声音，其辞清辨。谓中散："君试过琴。"于是中散以琴授之。既弹，奏作众曲，亦不出常，唯《广陵散》绝伦。中散缠从受之，半夕悉得。与中散誓，不得教他人，又不言其姓也。①

——《灵异志》

　　嵇康于华阳亭得此琴曲，如视珍宝，不传一人。临刑之前向嵇喜索琴，最后抚了一曲《广陵散》，叹曰："昔袁孝尼尝从吾学《广陵散》，吾每靳固之，《广陵散》于今绝矣！"② 此中流露出嵇康的怅恨与悔叹。他不惧死，但他实在不愿意让《广陵散》失传，他恨不得一瞬间便出现成百上千个袁孝尼，然后将此琴曲授予他们。然而没有了时间，也没有了机会，他只能将鲜血洒在东市，遗憾地离开这个世界。广陵散绝的悲哀，是嵇康不合时宜以亢龙之性处世的悲哀，是魏晋时期文人地位集体衰落的悲哀，是中国古代政治无法容人的悲哀。正如曹操杀杨修、司马懿杀何晏、司马师杀夏侯玄一样，嵇康也落得被司马昭斩杀的下场。③ 因此，《广陵散》绝在本文之中不是一个事件，而是一种悔恨、是一部悲剧，也是嵇康亢龙精神的一个重要组成部分。这标示着嵇康慷慨的激愤，绝望的无奈与无法言说的怅悔。同时，这也是一种品行，一种忧怜苍生、与天同泣的人格精神。当他弹罢琴曲之后，或许真的有些悔恨了。

昔惭柳惠，今愧孙登

　　他不畏死，临刑不惧，那他悔恨什么呢？嵇康在《幽愤诗》中说得很清楚：

惟此褊心，显明臧否。感悟思愆，怛若创痏。欲寡其过，谤议沸腾。性不伤物，频致怨憎。昔惭柳惠，今愧孙登。内负宿心，外恧良朋。④

　　由此我们可以看到嵇康的内心世界，他说自己的心胸狭窄，他说自己明言是非、公开臧否，他说自己刚醒悟了过失，但已频频招人怨憎。他有愧于柳下

---

① 戴明扬：《嵇康集校注》，人民文学出版社 1962 年版，第 372 页。
② 房玄龄：《晋书》第五册，中华书局 1974 年版，第 1374 页。
③ 可参照本人《后羿射日考辨》一文，见《河北大学学报》2015 年第 1 期，第 23 页。
④ 戴明扬：《嵇康集校注》，人民文学出版社 1962 年版，第 29 页。

惠与孙登，羞见自己的好友与佳朋。其实，这首诗有两个字已点明他悔恨的内容了，即"宿心"。他的凤愿是"托好老庄，贱物贵身"，是"志在守朴，养素全真"，是像柳下惠一样"三黜而不去"，是像孙登一样集虚保真。然而，他的亢龙品质不得不送他先走一程。于是，他提笔说道："古人有言：善莫近名，奉时恭默，咎悔不生。"后悔又有何用，嵇康已知时不我与，大事去矣，故言："澡身沧浪，岂云能补？"性命都没有了，还怎么去谈养生？还怎么去弹广陵散曲？还怎么去追随老子、庄周逍遥而游？

悔恨已然晚矣，但是他从未后悔过蔑视钟会，也从未后悔过避官归隐，更从未后悔过自己为吕安打抱不平。他后悔的是自己守朴养素的理想不能实现，故而才说："予独何为，有志不就？惩难思复，心焉内疚。"有志难就，成了这条亢龙一生的悔恨，或许临死之前他都在为自己宿心难现而感到遗憾。其《述志诗二首》便是一个很好的证明：

述志诗二首

潜龙育神躯，濯鳞戏兰池。延颈慕大庭，寝足俟皇羲。庆云未垂景，盘桓朝阳陂。悠悠非我匹，畴肯应俗宜。殊类难遍周，鄙议纷流离。轗轲丁悔吝，雅志不得施。耕耨感宁越，马席激张仪。逝将离群侣，杖策追洪崖。焦鹏振六翮，罗者安所羁？浮游太清中，更求新相知。比翼翔云汉，饮露餐琼枝。多念世间人，凤驾咸驱驰。冲静得自然，荣华何足为。

斥鷃檀蒿林，仰笑神凤飞。坎井蝤蛭宅，神龟安所归？恨自用身拙，任意多永思。远实与世殊，义誉非所希。往事既已谬，来者犹可追。何为人事间，自令心不夷？慷慨思古人，梦想见容辉。愿与知己遇，舒愤启其微。岩穴多隐逸，轻举求吾师。晨登箕山巅，日夕不知饥。玄居养营魄，千载长自绥。①

但是尽管他"雅志不得施"，尽管他"恨自用身拙"，但他毕竟是一条亢龙。亢龙有悔，是嵇康傲世精神与老庄宿心碰撞后产生的唯一结果。不怨天、

---

①　戴明扬：《嵇康集校注》，人民文学出版社1962年版，第35页。

不尤人，因为这其实也是一种自然的存在。亢龙消失在辽远的天边，有过坚白之昧的执着、带着独有至贵的人格、怀着宿心难现的悔恨，永远地离开了我们。

二、嵇康诗歌探析

1. 雅志与真情

嵇康诗歌题材类别很多，有游仙、有述志、有幽愤，有送别等，但均可归纳为两点，即雅志与真情。他在《述志诗》中说："撼轲丁悔吝，雅志不得施"。其雅志便是求道成仙、养性守神，这在其求道诗、劝世诗、品鉴诗中多有反映。而嵇康乃性情中人，他的思亲诗与赠答诗也反映出他对亲人、友人最感人的真情。

求道诗

嵇康"学不师受，博览无不该通，长好《老》《庄》"，常言"老子、庄周，吾之师也"，故他对道家两个代表人物佩服得五体投地。他想要过道家的隐逸生活，体味道家的逍遥乐趣，更希望带着他的好友一同遨游于青山碧水之间，于是，他的求道诗便出现了。

自由，是道家一个永恒的主题。庄子言"独与天地精神往来"，嵇康言"操缦清商，游心大象"，这就是自由。身与心，皆不受任何羁绊。我们先来看一下嵇康的泽雉之志：

流俗难悟，逐物不还。至人远鉴，归之自然。万物为一，四海同宅。与彼共之，予何所惜。生若浮寄，暂见忽终。世故纷纭，弃之八成。泽雉虽饥，不愿园林。安能服御，劳形苦心。身贵名贱，荣辱何在？贵得肆志，纵心无悔。[1]

——《兄秀才公穆入军赠诗十九首·其十九》

这里所说的"泽雉虽饥，不愿园林"其实是出自《庄子·养生主》中的一

---

[1] 戴明扬：《嵇康集校注》，人民文学出版社 1962 年版，第 20 页。

个寓言：

> 泽雉十步一啄，百步一饮，不蕲畜乎樊中。神虽王，不善也。①

十步一啄、百步一饮的野鸡也不愿在笼中被人提供饮食。因为自由自在、放飞精神，才是人的本能。于是，嵇康在此诗中说："贵得肆志，纵心无悔。"好一个纵心无悔！只要不受拘束、纵情快意，岂不是真正的逍遥了呢？嵇康述其泽雉之志的诗歌实在太多，试再举一例：

> 郢人忽已逝，匠石寝不言。泽雉穷野草，灵龟乐泥蟠。荣名秽人身，高位多灾患。未若捐外累，肆志养浩然。②
>
> ——《与阮德如一首》

此诗不仅有泽雉，还出现了"宁生而曳尾涂中"的那只神龟，它们都不要虚名，它们都渴求自由，这就是嵇康的道心。道家讲"逍遥"，讲"心游"，庄子言："乘云气，御飞龙，而游乎四海之外"，于是在《庄子》一书中便出现了许多神人。例如陆通、壶子、王骀、女偊、契缺、王倪、长梧子、支离疏、哀台它……嵇康对他们太崇拜了，就奋笔写下《圣贤高士传赞》来赞扬他们。但这还不够，嵇康要向他们一样超凡脱俗、求仙成道。于是，嵇康的游仙诗便出现了：

> 王乔弃我去，乘云驾六龙。飘摇戏玄圃，黄老路相逢。授我自然道，旷若发童蒙。采药钟山隅，服食改姿容。蝉蜕弃秽累，结友家板桐。临觞奏九韶，雅歌何邕邕？长与俗人别，谁能睹其踪？③
>
> ——《游仙诗》

王子乔、黄帝、老子、采药、玄圃、钟山、自然道、家板桐，这就是嵇康游仙的心。求道，也要成仙。登上高山之巅，手扪星辰，眼望云汉，不被外物所累，这才叫游仙，再如《五言诗三首·其三》所云：

---

① 王先谦：《庄子集解》，中华书局1987年版，第30页。
② 戴明扬：《嵇康集校注》，人民文学出版社1962年版，第66页。
③ 同上，第39页。

俗人不可亲，松乔是可邻。何为秽浊间，动摇增垢尘？慷慨之远游，整驾俟良辰。轻举翔区外，濯翼扶桑津。徘徊戏灵岳，弹琴咏太真。沧水澡五藏，变化忽若神。姮娥进妙药，毛羽翕光新。一纵发开阳，俯视当路人。哀哉世间人，何足久托身。①

作者已然认为俗人俗世不能与之亲近，不若与赤松子、王子乔为邻得好，此诗表现了他对"徘徊戏灵岳，弹琴咏太真"这般仙人生活的憧憬。当然，作者不是自私的，他一直是希望结伴求道、结伴归隐、与友人一同成仙的。例如《兄秀才公穆入军赠诗十九首·其十七》所云：

乘风高游，远登灵丘。托好松乔，携手俱游。朝发太华，夕宿神州。弹琴咏诗，聊以忘忧。②

又如《杂诗》：

微风清扇，云气四除。皎皎亮月，丽于高隅。兴命公子，携手同车。龙骥翼翼，扬镳踟蹰。肃肃宵征，造我友庐。光灯吐辉，华幔长舒。③

一个是"携手俱游"，一个是"携手同车"，都反映作者希图与知己结伴共同成道的心愿。嵇康信奉玄远虚无的"道"，希望逍遥于太和之间，自由自在、任情不羁，于是，他对无知的世人就有了一些劝诫的诗句。

劝世诗

首先看嵇康的警世之言，即他在诗中警告世人富贵、荣名、好胜、酒色会招致不幸。例如其《重作四言诗七首》中说道：

富贵尊荣，忧患谅独多。富贵尊荣，忧患谅独多。古人所惧，丰屋蔀家。人害其上，兽恶网罗。惟有贫贱，可以无他。歌以言之，富贵忧患多。④

——《其一》

---

① 韩格平：《竹林七贤诗文全集译注》，吉林文史出版社 1997 年版，第 352 页。
② 戴明扬：《嵇康集校注》，人民文学出版社 1962 年版，第 18 页。
③ 同上，第 77 页。
④ 同上，第 46 页。

劳谦寡悔，忠信可久安。劳谦寡悔，忠信可久安。天道害盈，好胜者残。强梁致灾，多事招患。欲得安乐，独有无愆。歌以言之，忠信可久安。①

——《其三》

高官招致灭门之祸、争强使人招受伤残，这是嵇康在警告世人远离富贵、不可争胜，当然，这也属于嵇康雅志的一部分。之后，再看其喻世之言，即借一事来比喻当今之人，以起到警醒世人的目的。如其《秋胡行》（亦称作《重作四言诗七首》）其二与其四所写：

贫贱易居，贵盛难为工。贫贱易居，贵盛难为工。耻佞直言，与祸相逢。变故万端，俾吉作凶。思牵黄犬，其计莫从。歌以言之，贵盛难为工。②

——《其二》

役神者弊，极欲疾枯。役神者弊，极欲疾枯。颜回短折，下及童乌。纵体淫恣，莫不早徂。酒色何物，今自不辜。歌以言之，酒色令人枯。③

——《其四》

一写李斯被杀之前想到自己曾与儿子牵黄犬上东门逐狡兔的场景，一写颜回与童乌因役神强学短命而亡的事件。李斯喻示贫贱易居、富贵多祸，颜回与童乌暗喻役神亡身、纵欲早徂的道理。这是嵇康的喻世之言，而此组诗歌剩下三首便尽是醒世之言了。他说："绝智弃学，游心于玄默""思与王乔，乘云游八极""徘徊钟山，息驾于层域"，这才是真正的大彻大悟，求道游仙才是智者最后的归属。嵇康通过警世、喻世与醒世的言语，劝诫着世人，激励着自己。这些诗歌绝不仅仅是在对俗人进行教育，而是借劝世之语来抒发他自己的雅志。不为时系、不被世累、乘物游心、独享至乐，这是作者的夙愿，就连他在品鉴古人的时候都不会忘记自己的理想。

品鉴诗

嵇康有一组诗，唤作《六言诗十首》，这十首诗分别对尧、舜、老子、庄

---

① 戴明扬：《嵇康集校注》，人民文学出版社 1962 年版，第 47 页。

② 同上。

③ 同上，第 48 页。

子、东方朔、楚子文、老莱妻、原宪八人进行人格品评和道德鉴赏。其中六人可从题目看出，例如《惟上古尧舜》《东方朔至情》《楚子文善仕》《老莱妻贤明》《嗟古贤原宪》，而对于老庄，嵇康则暗用其典，从侧面反映出对老子、庄周这两位老师的崇敬。

这组诗其实可分作三大类：一为道德令人无患，例如"二人功德齐均，不以天下私亲""独以道德为友，故能延期不朽""形陋体逸心宽，得志一世无患"；二为相忘江湖不会累心，例如"晏然逸豫内忘，佳哉尔时可喜""哀哉世俗殉荣，驰骛竭力丧精""不以爵禄为己，静恭古惟二子"；三为无为归隐使人知足，例如"大人玄寂无声，镇之以静自正""不为世界所撄，所以知足无营""不愿夫子相荆，相将避禄隐耕"。这是嵇康在品鉴古人，这是嵇康在抒发对古人的羡慕崇敬之情，同时，嵇康又是用圣贤这个酒杯来浇自己心中的块垒。他也希望遗忘天下，他也企盼妻子贤明，他更期待游仙归隐，所以，这组品鉴诗将古人与诗人联系在了一起。故袁宏妻李氏在《吊嵇中散文》中才夸赞嵇康："夜光非与鱼目比映，三秀难与朝华争荣"，并称嵇康为"达人"、为"大圣"。[1] 以上所述，无论求道诗、劝世诗还是品鉴诗，均在谈嵇康之雅志，即他恬淡养性、凝神守虚的宿心。故成书在《多岁堂古诗存》中便有"看他说来说去，总是依傍一部《庄子》，便非诗人本事"[2] 这样的评价。就连刘师培先生也在《南北文学不同论》一文中指出"其旨开于庄周，及其弊也"[3]。难道嵇康之诗真的只会抒写庄周之旨吗？不，他的诗中亦有真情，亦有痛心。

思亲诗

思亲诗，在嵇康诗中是一首诗的题目，也是他诗歌反映其真情的一大题材。嵇康之《思亲诗》幽怨缠绵、睹物思人。见其真情所诉，以血相泣，真令人痛断肝肠。若世人有读嵇康《思亲》一首不心痛悲切者，真非为人子也！其诗文字如下，读者自可细品而泣：

---

① 戴明扬：《嵇康集校注》，人民文学出版社 1962 年版，第 382 页。
② 同上，第 393 页。
③ 同上。

思亲诗一首

奈何愁兮愁无聊，恒恻恻兮心若抽。愁奈何兮悲思多，情郁结兮不可化。奄失恃兮孤茕茕，内自悼兮啼失声。思报德兮邈已绝，感鞠育兮情剥裂。嗟母兄兮永潜藏，想形容兮内摧伤！感阳春兮思慈亲，欲一见兮路无因。望南山兮发哀叹，感机杖兮涕汍澜。念畴昔兮母兄在，心逸豫兮寿四海。忽已逝兮不可追，心穷约兮但有悲。上空堂兮廓无依，睹遗物兮心崩摧。中夜悲兮当谁告？独拉泪兮抱哀戚。日远迈兮思予心，恋所生兮泪不禁。慈母没兮谁予骄，顾自怜兮心忉忉。诉苍天兮天不闻，泪如雨兮叹青云。欲弃忧兮寻复来，痛殷殷兮不可裁。①

此诗言辞凄切、哀情浓烈，时悲时诉、时叹时泣，诗人用一片赤子之心尽抒失母悲痛的真情。这里再也有没有了老子、庄周，再也没有了赤松、王乔，这里只有诗人独自一个人，独自痛哭、独自悲切。"上空堂兮廓无依，睹遗物兮心崩摧""慈母没兮谁予骄，顾自怜兮心忉忉""诉苍天兮天不闻，泪如雨兮叹青云"，如此悲凄之诗，岂不是千古伤心之祖，岂不是千古思亲之祖吗？思父兄令人剧痛，思慈母令人泣血，这不是因为诗文有多大的艺术魅力，而是诗中确确实实饱含着诗人的无限凄痛、无限真情。

除此诗之外，诗人还多次写到对亲人的担忧，对亲人的牵挂。例如其《兄秀才公穆入军赠诗十九首》中有多首反映了嵇康对兄长嵇喜的思念和挂念：

穆穆惠风，扇彼轻尘。弈弈素波，转此游鳞。伊我之劳，有怀佳人。寤言永思，实钟所亲。②

——《其六》

所亲安在？舍我远迈。弃此荪芷，袭彼萧艾。虽曰幽深，岂无颠沛？言念君子，不遐有害。③

——《其七》

---

① 戴明扬：《嵇康集校注》，人民文学出版社1962年版，第53页。
② 同上，第8页。
③ 同上。

轻车迅迈，息彼长林。春木载荣，布叶垂阴。习习谷风，吹我素琴。咬咬
黄鸟，顾俦弄音。感寤驰情，思我所钦。心之忧矣，永啸长吟。①

——《其十三》

"寤言永思，实钟所亲""言念君子，不遐有害""感寤驰情，思我所钦"，
他希望兄长嵇喜弃名忘利，回归自然；他担心兄长在军中受祸遇害，颠沛流离；
他渴望与兄长早日重聚，共同归隐。这是他对亲人的思念，也是嵇康本真性情
的流露，其言缓、其语实、其情真、其意切。这是一个诗人本性的体现，在这
里我们才看到一个现实中的凡人，那样淳朴、那样厚实。

赠答诗

嵇康赠答诗实在很多，有赠兄入军的《兄秀才公穆入军赠诗十九首》，有回
赠郭遐周、郭遐叔兄弟所写的《答二郭三首》，有伤感离别友人所作的《与阮德
如一首》等。这些赠答诗都反映着作者对友人、对亲人的眷恋与牵念，是作者
真情流露的最可靠见证。嵇康赠答诗中有一个主题，千百年来吟咏不绝，那就
是对知音的渴求与留恋，先看这首传世经典之作：

息徒兰圃，秣马华山。流磻平皋，垂纶长川。目送归鸿，手挥五弦。俯仰
自得，游心太玄。嘉彼钓叟，得鱼忘筌。郢人逝矣，谁可尽言？②

——《兄秀才公穆入军赠诗十九首·其十五》

王士禛说："手挥五弦，目送归鸿，妙在象外。"③ 那么若只在象内呢？这
便是嵇康独自送别亲友，睹其离去，留恋知音的长久伤感与思念。因为结尾已
然点明此诗主旨："郢人逝矣，谁可尽言？"此语又是出自庄子之言，《庄子·徐
无鬼》有这样一个寓言：

庄子送葬，过惠子之墓，顾谓从者曰："郢人垩慢其鼻端若蝇翼，使匠人斫
之。匠石运斤成风，听而斫之，尽垩而鼻不伤，郢人立不失容。"宋元君闻之，
召匠石曰："尝试为寡人为之。"匠石曰："臣则尝能斫之。虽然，臣之质死久

---

① 戴明扬：《嵇康集校注》，人民文学出版社 1962 年版，第 12 页。
② 同上，第 15 页。
③ 同上，第 17 页。

矣。"自夫子之死也，吾无以为质矣，吾无与言之矣！①

郢人已逝，如何运斤？嵇康此诗透出其对真正知音的渴慕与企盼，也表达了他内心的无限伤楚。又如《与阮德如一首》所言："事故无不有，别易会良难。郢人忽已逝，匠石寝不言。"别时容易，聚又实难，郢人忽逝，匠石不言。这里寄寓着嵇康对阮德如的不舍，又表明他对友情的珍重。但作者又不愿去约束友人，希望他们可以自遂心志、享受至乐。故其又在《答二郭三首》中说："去去从所志，敢谢道不惧。"诗人是不会勉强朋友的，所以，他才会说出"虽逸亦以难，非余心所嘉"这样的句子。嵇康乃泽雉、灵龟之志，友人却有太公、伊尹之愿，不可强求，各遂其志就好。除此之外，赠答诗亦含有诗人无限心曲的倾诉，如《兄秀才公穆入军赠诗十九首》中所说："寂乎无累，何求于人？长寄灵岳，怡志养神"，又如《答二郭三首》中所云："岂若翔区外，滄琼漱朝霞。遗物弃鄙累，逍遥游太和"，再如《与阮德如一首》中所言"荣名秽人身，高位多灾患。未若捐外累，肆志养浩然"。此中心意，不仅表现出诗人对亲友的思念，而且又倾诉着自己的心志。情切切，意浓浓，诗人与亲友瞬间融合在了一起。

综上，求道诗、劝世诗、品鉴诗体现了嵇康含道独往的雅志，思亲诗与赠答诗表现了诗人对亲友的真情实感。而雅志与真情又交叉相融在了一起，丰富了嵇诗的内容，充实了嵇诗的题材，使得嵇康诗歌也能雄立于魏晋诗坛，自然清俊、高傲独拔。

2. 诗法的探寻

所谓诗法，即指创作诗歌所采用的方法与技巧，即诗之表现方法。下面我们将对嵇康诗法做出一个初步的探寻，以展现嵇康诗歌创作的成就。

句式灵活多变

从诗体的角度来看，嵇康为诗，句式多变，四言、五言、六言、七言、四五言相间等，纷繁复杂、变化多样。钟嵘在《诗品》中说："夫四言文约意广，

---

① 王先谦：《庄子集解》，中华书局 1987 年版，第 215 页。

取效《风》《骚》，便可多得，每苦文繁而意少，故世罕习焉"；刘勰在《文心雕龙·明诗》篇亦云："四言正体，雅润为本"；挚虞在《文章流别论》中也说道："雅音之韵，四言为正，其余虽备曲折之体，而非音之正也。"

由此观之，魏晋南北朝时期的批评家多认为四言才是正宗，而五言是流调，其他六、七言更难登大雅之堂。嵇康六十首诗中，有三十首是四言诗，其他五、六、七言共分剩余三十首。所以，我们可以确定嵇康是一个崇本守正的诗人，他不像阮籍全力创作五言诗那样，嵇康是以四言为主，兼融兼括五、六、七言诗。

其作四言，辞约旨丰，字数虽少，包容量实大。例如《兄秀才公穆入军赠诗十九首》除第一首为五言外，其他十八首均为四言。这些四言诗用《诗经》笔法写兄弟之情，如"仰彼凯风，涕泣如雨"；写离别愁思，如"谁谓河广，一苇可航"；写牵挂故人，如"习习谷风，吹我素琴"。这些诗句分别取自《诗经·邶风·凯风》《诗经·卫风·河广》《诗经·小雅·谷风》，可见诗人尽得《诗经》手法。能将四言诗用得如此圆熟，也难怪许学夷在《诗源辨体》中会说："叔夜四言，虽稍入繁衍，而实得风人之致。"① 但也有学者认为嵇康四言并不仿效《诗经》，而是独创一种四言诗法。如沈德潜《古诗源》评语为："叔夜四言诗多俊语，不模仿三百篇，尤为晋人先声"②；陈祚明亦云："叔夜实开晋人之先，四言中饶有俊语，以全不似三百篇，故佳。"③ 不同人自有不同的看法，但对于嵇康之四言诗的确只有褒赞之语。王闿运、何焯等人尽皆认为"四言诗嵇、陶为妙，诗之别派""四言诗、叔夜、渊明，俱为秀绝"④。那么五、六、七言又当如何呢？嵇康《兄秀才公穆入军赠诗十九首》第一首被钟嵘评价为："叔夜《双鸾》，五言之警策也。"⑤ 可见，嵇康五言诗作得也很好。例如其"比翼翔云汉，饮露餐琼枝""酒中念幽人，守故弥终始"等句，都是那样典雅脱俗、俊朗清新。而嵇康六言之作更是气势凌人、快意高爽，其从《惟上古尧舜》一直写到《嗟古贤原宪》，首首六言，句句六字，极尽扬古抒情之能事，亦

---

① 许学夷：《诗源辨体》，人民文学出版社1987年版，第85页。
② 沈德潜：《古诗源》，中华书局1963年版，第122页。
③ 戴明扬：《嵇康集校注》，人民文学出版社1962年版，第392页。
④ 同上，第393页。
⑤ 周振甫：《诗品译注》，中华书局1998年版，第30页。

是嵇诗中的佳作。七言诗只有一首，即可称作千古思亲之祖的《思亲诗》，其诗沉郁凄切、令人痛绝，只可惜每句中都含有一"兮"字，如"奈何愁兮愁无聊，恒恻恻兮心若抽"，若将每句"兮"字去掉，则依旧属于六言诗。尽管其诗内容饱满、生动感人，但还只是七言的一个雏形，不很完善，也不很成熟。除四、五、六、七言诗之外，嵇康还有一种四、五言相间的诗歌句式，这种句式在《秋胡行七首》中多有运用。例如："富贵尊荣、忧患谅独多""绝智弃学，游心于玄默"，等等。此种句式也是嵇康诗中独特形式，只可惜其并不常用。由上可知，嵇康四言、五言、六言、七言、四五言皆备，而以四言为最工，其他为辅助，这样就形成了嵇康诗歌句式灵活多变、纷繁复杂的一种多样化形式。此种多样化的句式在作者表达多种不同情感方面其实是各有所长的，因此，我们千万不可对其某一种诗体形式作出随意贬低。

组诗不断涌现

上一章谈阮籍时已经说过，其《咏怀诗》并非组诗，因为组诗表现同一主题，每首诗之间有内在联系，每首诗和组诗内其他诗成排比列式，格式相同或相近。《咏怀诗》并不满足这些条件，而魏晋真正写组诗的高手却是嵇康。

嵇康作《述志诗二首》，全用五言形成，都在表述作者心中的雅志；作《秋胡行七首》全用四、五言开头，中间以四言述理，末尾又以四、五言收势，七首诗格式一般，形成歌行体诗歌，贯穿着远祸全身的主线，气势不俗；又作《答二郭三首》，均写与郭遐周、郭遐叔兄弟的惜别之情，都以五言排开，感情真切。此外，《兄秀才公穆入军赠诗十九首》除第一首之外，其他十八首也都是四言之诗，都是对兄长嵇喜从军的赠诗，有思兄、有劝兄、有与兄同乐等主题，但每首诗之间联系紧密，故基本也成组诗样式。

当然，最典型的组诗是《六言诗十首》，试举其中三首如下：

惟上古尧舜，二人功德齐均，不以天下私亲。高尚简朴慈顺，宁济四海蒸民。[1]

——《其一》

---

[1]　戴明扬：《嵇康集校注》，人民文学出版社 1962 年版，第 40 页。

东方朔至清，外似贪污内贞，秽身滑稽隐名。不为世累所撄，所欲不足无营。①

——《其七》

老莱妻贤名，不愿夫子相荆，相将避禄隐耕。乐道闲居采萍，终厉高节不倾。②

——《其九》

这组诗都在诗头有个小标题，如上所举"惟上古尧舜""东方朔至清"等，均为六言格式排比列开，句数相同，也都表达着诗人对人生的看法、对圣贤高士的敬慕与自己心中高洁的雅志。嵇康存诗六十首，其中组诗占了四十余首，可见其为诗虽不多，但均是组诗特色，并且都写得言约意足。所以，我们称嵇康是魏晋时期组诗创作的高手，是一点儿都不过分的。

补假与直寻相融

钟嵘《诗品·序》言："观古今胜语，多非补假，皆由直寻。"周振甫释"补假"为补充借句，"直寻"为直接描写。③ 其实，补假便是化用前人语句，直寻即直接抒发情感。而嵇康诗中则是将二者结合在一起，汇通于其诗歌之中。例如《兄秀才公穆入军赠诗十九首·其九》：

我友焉之？隔兹山冈。谁谓河广？一苇可航。徒恨永离，逝彼路长。瞻仰弗及，徒倚彷徨。④

此"谁谓河广，一苇可航"便是补假，直接借用《诗经·卫风·河广》中"谁谓河广，一苇航之"的句子。但却是反衬诗人与嵇喜相见比横渡黄河都难，作者极目仰望见不到兄长，心中惆怅无人可诉，终于还是感叹出"瞻仰弗及，徒倚彷徨"这样"直寻"的句子。所以说此诗便是将补假与直寻的手法通融到了一起，借彼句抒此情，情意更切。又如《四言诗十一首·其一》：

①　戴明扬：《嵇康集校注》，人民文学出版社1962年版，第43页。
②　同上，第44页。
③　周振甫：《诗品译注》，中华书局1998年版，第26页。
④　戴明扬：《嵇康集校注》，人民文学出版社1962年版，第9页。

淡淡流水，沦胥而逝。泛泛柏舟，载浮载滞。微啸清风，鼓楫容裔。放棹投竿，优游卒岁。①

此诗中"泛泛柏舟，载浮载滞"亦是化用《诗经·小雅·采菽》中的"泛泛杨舟，载沉载浮"之句来抒发深情，此为补假。后作者清风长啸、手拍桨柄竟吟出"放棹投竿，优游卒岁"这样的畅快之句，索性弃桨投竿、游仙度日得好，这便又是"直寻"的手法了。如此这般补假与直寻兼融的诗歌，在嵇诗之中可称不胜枚举。例如《秋胡行·绝智弃学》一诗，化用老子"绝圣弃之，民利百倍"之语；《答二郭三首·详观凌世务》一诗中"至人存诸己"之句化用的是《庄子·人间世》中"古之至人，先存诸己"的名言；《与阮德如一首》中"肆志养浩然"则是借《孟子·公孙丑上》中"吾善养吾浩然之气"一句来用。这些补假的手法之后，作者又总会直抒胸臆，以直寻之法喷发自己心中的情感。所以，作者不单单是化用前人语句，还能自铸伟词，使得补假与直寻相融相通，共同使其诗作更加圆润完满。

3. 多元化的诗风

嵇康诗歌风格多种多样，有清俊、有高古、有疏野、有超谐、有自然、有含蓄……下面我们可从嵇诗中归纳出三大风格，对其一一进行论述。

古直高苍，一往必达

陈祚明评价嵇康诗歌："超旷沉郁，俯视六合，特愤世之词，一往太尽，都无含蓄婉转。"其又曰："晋太冲之杰气类此，而长在跌宕；元亮之古直类此，而长在舒徐；不似叔夜之直致也。然风气固殊，二家命语，终觉渐趋于近，又不能及叔夜之高苍也。"② 其中"高苍"即指高雅古朴、苍劲有力，"一往太尽"则是直质畅达之意。故古直高苍、一往必达者，乃高古苍劲、快意畅达之意。司空图《二十四诗品·高古》篇中曾言："畸人乘真，手把芙蓉，泛彼浩劫，杳然空踪"，这是一种高雅古朴、爽朗明快的风格，而嵇康竟然将此种高古风格用尽，一往必达。例如其《幽愤诗一首》，作者从其幼年丧父写起，叙述了母兄对

---

① 韩格平：《竹林七贤诗文全集译注》，吉林文史出版社1997年版，第343页。
② 戴明扬：《嵇康集校注》，人民文学出版社1962年版，第37页。

他的疼爱与自己喜爱老庄哲思的雅志，后因交往小人而身陷图圄，痛悔自己一心求道却又不明道而被囚禁在狱中，但即使被囚也一心想着长啸放歌、颐性养寿的宿心。全诗几无抱怨，只有悔道。故陈祚明评此诗："直叙怀来，喜其畅达，怨尤之辞少，而悔祸之意真。"① 此畅达诗风，何焯在《文选评》中亦言："四言不为风雅所羁，直写胸中语，此叔夜所以高于潘、陆也。"② 然嵇康此诗述悔过之畅达，从"好善闇人"写到"心焉内疚"，可谓一往必尽。古直中含幽愤，畅达中蕴苍瑟，此种诗风我们亦可从《秋胡行·其七》中见到：

徘徊钟山，息驾于层城。徘徊钟山，息驾于层城。上荫华盖，下采若英。受道王母，遂升紫庭。逍遥天衢，千载长生。歌以言之，徘徊于层城。③

此诗从行游钟山、驾车层城写起，上有星光、下有若英，由王母那里学道，飞身飘入紫庭，在天空中逍遥，又得千年之寿命。可谓层层深入，流畅显达。故而陈祚明才会说："《秋胡行》别为一体，贵取快意，此犹有魏武遗风。"④ 然此诗体势高古，托体玄远，却和孟德不是一般境界。也正因嵇康诗常有古直高苍、一往必达之诗风，方廷珪才会说："读叔夜诗，能消去胸中一切宿物，由天资高妙，故出口如脱，在魏、晋间，另是一种手笔。"⑤ 这个评语十分中肯，展现出了嵇康此种高古直尽的诗风。

疏野率真，兴高采烈

疏野，此种风格是作家真性情的流露，司空图在《二十四诗品·疏野》篇中如此描写"疏野"：

惟性所宅，真取不羁。控物自富，与率为期。筑室松下，脱帽看诗。但知旦暮，不辨何时。倘然适意，岂必有为。若其天放，如是得之。⑥

"控物自富，与率为期"已经告诉我们疏野就是率真朴直，因而疏野率真实

---

① 戴明扬：《嵇康集校注》，人民文学出版社 1962 年版，第 34 页。
② 同上。
③ 韩格平：《竹林七贤诗文全集译注》，吉林文史出版社 1997 年版，第 320 页。
④ 戴明扬：《嵇康集校注》，人民文学出版社 1962 年版，第 52 页。
⑤ 同上，第 19 页。
⑥ 郭绍虞：《诗品集解》，人民文学出版社 1963 年版，第 28 页。

则强调了一个"真"字。而兴高采烈者，出自刘勰《文心雕龙·体性》篇。其文为"叔夜俊侠，故兴高而采烈"，其意指诗文志趣高尚、文辞激烈。所谓志趣高尚者，在嵇康诗中自是一种超凡脱俗的仙风道骨，故突出一个"骨"字。而文辞激烈则是反映了词藻的气势与文采，因此强调的是一个"采"字。由是而言，疏野率真、兴高采烈，就是能够突出作者本真性情和高尚风骨，能够展示诗人卓越文采的一种风格。现在我们可以试看一下"真""骨""采"三字在嵇康诗中的运用：

天下悠悠者，下京趋上京。二郭怀不群，超然来北征。乐道托莱庐，雅志无所营。良时遘其愿，遂结欢爱情。君子义是亲，恩好笃平生。寡志自生灾，屡使众嶷成。豫子匿梁侧，聂政变其形。顾此怀怛惕，虑在苟自宁。今当寄他域，严驾不得停。本图终宴婉，今更不克并。二子赠嘉诗，馥如幽兰馨。恋土思所亲，能不气愤盈？①

——《答二郭三首·其一》

此诗写作者与郭遐周、郭遐叔兄弟结识时的欢快情景，"良时遘其愿，遂结欢爱情"，可见作者之情真；"乐道托莱庐，雅志无所营"自是诗人高骨；而豫子、聂政的暗典，嘉诗、幽兰的寄托则能看出诗之文采。"恋土思所亲，能不气愤盈？"留恋这片生我养我的土地啊，不忍与亲友别离，怎能不令人伤感、气血充盈？如此率真疏野，其中又寄寓着作者乐道的雅志，真是性情与骨采的完美融合，也正是嵇康作为诗人的一种当行本色。再如其《酒会诗》也是此种风格的一个例子：

乐哉苑中游，周览无穷已。百卉吐芳华，崇基邈高跱。林木纷交错，玄池戏鲂鲤。轻丸毙翔禽，纤纶出鳣鲔。坐中发美赞，异气同音轨。临川献清酤，微歌发皓齿。素琴挥雅操，清声随风起。斯会岂不乐？恨无东野子。酒中念幽人，守故弥终始。但当体七弦，寄心在知己。②

---

① 戴明扬：《嵇康集校注》，人民文学出版社 1962 年版，第 61 页。
② 同上，第 72 页。

此诗名为酒会，实则叙写自己幽隐之志与对知己的思念。"酒中念幽人，守故弥终始"，显示作者思念"东野子"的真情；"但当体七弦，寄心在知己"则写出诗人雅致脱俗的心性和高骨；"百卉""芳华""崇基""林木""玄池""清酤""皓齿""素琴""清声"等华丽的词语也从侧面反映出嵇康文采的俊丽。因此，这又是一首性情与骨采交融的诗歌，它兼汇"真""骨""采"的特色，率真朴实、志趣高蹈、富有词采。此类具有疏野率真、兴高采烈风格的诗歌在嵇诗中还有很多，此处不再一一列举。

清新超诣，自然意远

所谓清新者，俊朗高雅、新鲜独拔；所谓超诣者，"少有道气，终与俗违"①，潇洒特立，超尘脱俗；所谓自然者，"如逢花开，如瞻岁新"②，合情合理，真切流畅；所谓意远者，"不着一字，尽得风流"，含蓄蕴藉，余味无穷。能将此四种风格合而为一，非得诗之大家不可。读《兄秀才公穆入军赠诗十九首·其十五》自能体会这些味道：

> 息徒兰圃，秣马华山。流磻平皋，垂纶长川。目送归鸿，手挥五弦。俯仰自得，游心太玄。嘉彼钓叟，得鱼忘筌。郢人逝矣，谁可尽言？③

此诗是嵇康的杰作，在平坦的水滨弯弓探鸟，在长长的河川投钩垂钓，抬头送鸿雁归去，挥手拨弄五弦古琴。多么清新优雅，多么超尘脱俗。诗人一举一动独自得意，驰骋情思遨游太玄，这是一种超诣，也是一个求道之人的自然心境。获得鱼儿，乐忘竹筌，郢人逝去，谁与我言？此得鱼忘筌，得意忘言之论，不仅仅在说逝者归去，还留下作者的企盼与等待，留下作者的惆怅与思念。诗中没有直言，因为这是含蓄的风格，如"羚羊挂角，无迹可求"一般。故王士祯曾言此诗"妙在象外"，这就是味外之味、象外之象、旨外之旨，也即神韵飘飘、余音袅袅。美就在这里，这就是嵇诗清新超诣、自然意远的风格体现。再如其《四言诗十一首·其三》：

---

① 郭绍虞：《诗品集解》，人民文学出版社 1963 年版，第 37 页。
② 同上，第 19 页。
③ 戴明扬：《嵇康集校注》，人民文学出版社 1962 年版，第 16 页。

藻泛兰池，和声激朗。操缦清商，游心大象。倾昧修身，惠音遗响。钟期不存，我志谁赏！①

诗人在绿藻岸边、兰草洲旁奏起和谐的乐声，拨弄着古琴独自欣赏，如此清新俊秀、高蹈出尘。倾心于养志守神，使琴声远远飘扬，这是自然的修行，让我们感到作者真实的存在。"钟期不存，我志谁赏！"如今之世又哪里寻觅钟子期这样的知音啊，嵇康也只能独自欣赏了。然而诗句结束，其意未完，此中寄含着一种傲世独拔的精神，也别有一番孤寂的惆怅。诗人没有直说，读者却须细细品味。此类诗歌兼融清新、超诣、自然、含蓄的风格，在高迈秀气之中含有隐意，在超世淡雅中能将情感自然流出，真是旷代秀笔，大家所为。

以上便是嵇康诗歌中蕴含的风格，古直高苍、一往必达；疏野率真、兴高采烈；清新超诣、自然意远。这种多元化的风格也势必将嵇康推向魏晋诗坛的高位。何焯称："四言诗，叔夜、渊明，俱为独秀"，此语不虚也。

三、嵇康文赋述论

嵇康之文，以论居多，赋仅有一篇《琴赋》，其他亦有《太师箴》《家诫》等文，刘勰称其"师心以遣论"②，便可看出其论文之卓绝。

1. 文思

所谓文思，此处专指为文之思想、文章之内容，即嵇康文赋中所反映的主题思想是什么。综观嵇文，仍是与道家虚静与逍遥二旨有关，但其中也还有一些其他内容，下面我们可以具体谈一下。

执着

嵇康有一颗执着的心，他的文章体现着他各方面的执着。例如，执着于道家。他对道家凝神坐忘、隐德逍遥的宿心永远都没有改变，他一直坚定着自己

---

① 韩格平：《竹林七贤诗文全集译注》，吉林文史出版社1997年版，第343页。
② 范文澜：《文心雕龙注》，人民文学出版社1958年版，第700页。

的雅志，这其中最具代表性的文章便是《卜疑集》。嵇康在文章中看似有多处疑惑，言在卜疑，然其心却坚定不移，故自己可以为自己解疑。文章中嵇康借宏达先生之口道出一连串的疑问："吾宁发愤陈诚，谠言帝庭，不屈王公乎？将卑懦委随，承旨倚靡，为面从乎？宁恺悌弘覆，施而不德乎？将进取事利，苟容偷合乎？宁隐居行义，推至诚乎将崇饰矫诬，养虚名乎？"① 似乎真是有疑惑，但实际上宏达先生一出场便已表明自己"机心不存，泊然纯素，从容纵肆，遗忘好恶"的立场了。果然后来太史贞父说："至人不相，达人不卜。"其实，这是嵇康的自问自答，他在文末告诉自己："文明在中，见素表璞；内不愧心，外不负俗"。所以"卜疑"，必是"不疑"也。这是他对抱朴养神道家哲学的执着，永远都不会改变。再如《养生论》中作者亦言道："无为自得，体妙心玄，忘欢而后乐足，遗生而后身存"，这不正是老子"后其身而身先，外其身而身存"的翻版吗？故坚定道学、执着雅志，是他内心永不消褪的夙愿。

其次，对知音的执着。知音难遇，人生得一知己，足矣。作者一直在追求着他心中的知音，这片执着也从未有过间断。例如《琴赋》中言道："伯牙挥手，钟期听声""乃携友生，以邀以嬉""良质美手，遇今世兮"，良质需美手，伯牙待子期。当然，此篇知音之论又有下面一段文字可见其一斑：

> 然非夫旷远者，不能与之嬉游。非夫渊静者，不能与之闲止。非夫放达者，不能与之无吝。非夫至精者，不能与之析理也。②

可见，嵇康对知音的追求，多么急切、多么执着。再如《与吕长悌绝交书》，作者开篇写道："以故数面相亲，足下笃意，遂成大好，由是许足下以至交。"作者开始与吕巽交往，将其视作至交，后因诬陷吕安之事遂愤愤与其绝交，并说："无心复与足下交矣！古之君子绝交不出丑言，从此别矣！临别恨恨，嵇康白。"因为太渴望拥有知己了，一旦朋友做下丑恶之事，嵇康便愤然与之绝交，这也从侧面反映出嵇康对知音品质的要求和对知己追求的执着。

最后，对美好生存环境的执着追求。嵇康虽然生于乱世，但却向往着属于

---

① 戴明扬：《嵇康集校注》，人民文学出版社 1962 年版，第 136 页。
② 同上，第 104 页。

自己的优雅环境。例如其《琴赋》中曾提到"惟椅梧之所生兮，托峻岳之崇岗""邈隆崇以极壮，崛巍巍而特秀"，可见琴地之得天独厚。嵇康以琴地喻人之生存环境，寄托之意显矣。再如《答难养生论》中所说："然松柏之生，各以良殖遂性"，这"良殖"即指良好的生存环境。因此可见养生并能遂人天性是与环境分不开的，这是嵇康长期执着的追求。我们还可从《难宅无吉凶摄生论》等文章中看出，此处不再——列举。

适性

所谓适性者，适其性情也。学鸠抢榆枋而止，大鹏九万里而南为，殇子顷刻夭亡，彭祖八百岁而寿，毫毛微不足道，泰山雄伟宏阔。然而，无优无劣，无好无坏，无是无非。"凫胫虽短，续之则忧；鹤胫虽长，断之则悲"，只要符合自然的天性，一切都是美丽。嵇康亦明白适性的道理，所以，他不会勉强别人，人各有志是适性的体现。其在《与山巨源绝交书》中说："故君子百行，殊途而同致，循性而动，各附所安。故有处朝廷而不出，入山林而不反之论"，这便是嵇康人各有志适性论的观点。人，均是有个性的，其自然天性只有自己才能明白，故适性才能幸福。他在《明胆论》中亦说出一番人各有志、各遂其性的道理："明胆异气，不能相生。明以见物，胆以决断。"这是明与胆各遂其性、各有所长的体现，也是人与物各自足性的一个反映。之后，便是自得，这是自得其性、自足其意的适性观。嵇康在《难自然好学论》一文中说道："物全理顺，莫不自得。饱则安寝，饥则求食"，其中就告诉世人自得其性是人的天性。饥则食，渴则饮，这是自然的本能。又如《答释难宅无吉凶摄生论》中的"凡有命者，皆可暗动而自得""卜与不卜，为与不为，皆期于自得"，此乃自得其命、自遂其性的道理，不必人为占卜、人为防备，适性即可。在后来，适性就发展到了无是无非、虚无恬淡的境了。作者在《声无哀乐论》中曾言："然随曲之情尽于和域，应美之口绝于甘境，安得哀乐与其间哉？然人情不同，自师所解，则发其所怀"，此文自师所解、各发所怀，即指音乐不可以人为判定其标准，是非自在己胸，故无是无非的适情尽性只要归于"和域"恬淡的境界即可。当然，无是无非适性论的代表自然是《释私论》。其文明快洒脱、犀利畅捷，是非之论均和，足性之思最显。文中言曰："心无措乎是非，而行不违乎道者也""然事亦有似非而非非，类是而非是者，不可不察也"。此文极论是与非界限的模糊与相互转化，言其无是无非，自足其性的自得。故适性的人生乐趣，是嵇康一辈子都不会间断的执着追求。

规劝

规劝，也是嵇康文章中的一大主题，反映了其热忱、忠厚、朴实的一面。其一为劝子，文如《家诫》。作者在文章中对其子进行着立身处世的谆谆教诲，如"立身当清远"；如"当惧有不了之失，且权忍之"；如"凡人自有公私，慎勿强知人知"，等等，都反映出嵇康对其子的关心，对其后代的一片深情。这种规劝是最朴实，也是最真切的。其二为劝友，文如《与山巨源绝交书》和《与吕长悌绝交书》。嵇康在《与山巨源绝交书》中明确写道："野人有快炙背而美芹子者，欲献之至尊，虽有区区之意，亦已疏矣，愿足下勿似之。"他不希望山涛荐官于自己，其实也从侧面规劝山涛勿贪图功名，只是嵇康适情足性，用激烈的辞锋掩饰了他对友人的规劝。不过人各有志，有时劝解也并无多大作用。再如《与吕长悌绝交书》一文，作者后悔与吕巽这样的小人成为至交，对其苞藏祸心痛烈批判，虽已言明绝交，也希望这个"叛友"早日改过自新，从头做人。故恨言："吾之负都，由足下之负吾也"！一是好友，一是叛友，同为"绝交"之题，情感不尽相同。与山涛绝交一书，纯是嵇康借此宣情，抒发自己的雅志，全文未言"绝交"二字，也未有绝交之意。故《康别传》中言："亦欲标不屈之节，以杜举者之口耳"；戴明扬说此文是"出于一时之情，非真绝耳"[1]；张云璈则认为《与山巨源绝交书》"篇中并无绝交之语，书题本出自后人，去之良是"[2]。其与山涛的感情，由其临终托孤之事便可寻见一斑。嵇康临终谓子绍曰："山公尚在，汝不孤矣。"他没有将孩子托付给兄长嵇喜，也没有交给他最敬重的阮籍，而是交给了山涛，可见嵇康对山涛感情的深厚。能将自己孩子托付终身的那个人，一定是与嵇康交情最深的人，故绝交一事并非实情也。规劝山涛是爱，规劝吕巽是恨，两者不可同日而语，但却都能体现作者对友人的规劝之情。其三，劝王。国家想要安宁，皆有赖于君王之德。[3] 而曹魏

---

[1] 戴明扬：《嵇康集校注》，人民文学出版社 1962 年版，第 112 页。

[2] 同上。

[3] 可参照本人《〈摽有梅〉研究史上的十大主题》一文，见《北方论丛》2018 年第 2 期，第 72 页。

帝王的权力，却一直都掌握在司马家族的手里。对于司马昭阴谋夺权的行径，当朝文人可谓是无人不知、无人不晓。故嵇康有些文章是在暗示魏王要警惕身边这只饿狼。如《太师箴》中便说："故君位益侈，臣路生心；竭智谋国，不吝灰沉。"因君主奢侈，臣子有了异心，便想图谋篡国，嵇康希望天子以国事为重，"弃彼佞幸"，恢复皇权。这些婉言的规劝质朴真诚、感人肺腑。再如《管蔡论》，嵇康借管、蔡之忠心于周，来喻毋丘俭忠心于魏，暗劝曹魏统治者明察秋毫、慧眼识忠。只可惜那时的司马家族已然羽翼丰满、蓄势待发了，嵇康的这些规劝只能成为预言，而于事无补了。

综上所述，嵇康的执着、适性、规劝成为其文赋中的主要思想内容，从中我们也可以窥探到一些作者的拔俗品性和人格精神，下面我们试着分析一下其文赋中的艺术手法与文章风格。

2. 文法

文法是创作文章时作者所运用的表现方式与方法，嵇康文赋才华横溢、屡发新声，其论文更是锋芒恣肆，雄辩如孟轲之语。总归文章表现方法，可从以下三个角度来考虑：

自为新声

嵇康文赋，总言别人所未言，总说别人所未说。其观点总给人一种新奇罕见之感，令当世之人刮目相看。例如世人皆信"生年不满百，常怀千岁忧"，嵇康却说人能长寿，只要懂得养生，导养得理，活个几百岁那是很容易的。其在《养生论》中曾言："夫神仙虽不目见，然记籍所载，前史所传，较而论之，其有必矣。似特受异气，禀之自然，非积学所能致也。至于导养得理，以尽性命，上获千余岁，下可数百年，可有之耳。而世皆不精，故莫能得之。"于是，他开始讲一溉之益与一过之害了：

夫为稼于汤之世，偏有一溉之功者，虽终归燋烂，必一溉者后枯；然则一溉之益，固不可诬也。而世常谓一怒不足以侵性，一哀不足以伤身；轻而肆之，是犹不识一溉之益，而望嘉谷于旱苗者也。是以君子知形恃神以立，神须形以存。悟生理之易失，知一过之害生。故修性以保神，安心以全身。爱憎不栖于情，忧喜不留于意。泊然无感，而体气和平，又呼吸吐纳，服食养身；使形神相亲，表里俱济也。①

——《养生论》

　　因此，其认为只要不忧不喜、不爱不憎、体气和平、漠然无感、呼吸吐纳、服食养身，就可以使形神相亲、表里俱济，达到百年、千年的寿命。其新论不止于此，再如人皆言自然好学，而嵇康偏说不爱学习才是人的真性。他在《难自然好学论》一文中指出："困而后学，学以致荣；计而后习，学而习成""不学未必为长夜，六经未必为太阳""夫民之性，好安而恶危，好逸而恶劳"，这是他对自然的向往，虽然观点新，但却是嵇康大朴未亏的心愿。再如世人都将公与私分得很清楚，赞扬无私而痛恨自私，而嵇康偏偏告诉人们无公无私，不要以人间是非来评判公、私。其在《释私论》中说："无所怀而不匿者，不可谓无私""无所抱而不显著，不可谓不公""行私之情，不得因乎肆非而荣其非；淑亮之心，不得蹈乎似是而负其是"，可见，作者的无私标准是心中是否隐匿是非私情，而不是人间表面的是是非非。故其开篇才会言："心无措乎是非，而行不违乎道。"这同杨朱的"一毛不拔"之论惊人的相似：

　　杨子取为我，拔一毛而利天下，不为也。②

——《孟子》

　　不以天下大利易其胫一毛。③

——《韩非子》

　　禽子问杨朱曰："去子体之一毛，以济一世，汝为之乎？"杨子曰："世固非一毛之所济。"禽子曰："假济，为之乎？"杨子弗应。禽子出语孟孙阳。孟孙阳曰："子不达夫子之心，吾请言之，有侵若肌肤获万金者，若为之乎？"曰："为之。"孟孙阳曰："有断若一节得一国，子为之乎？"禽子默然有间。孟孙阳曰："一毛微于肌肤，肌肤微于一节，省矣。然则积一毛以成肌肤，积肌肤以成一

---

　　①　戴明扬：《嵇康集校注》，人民文学出版社 1962 年版，第 145 页。
　　②　朱熹：《四书章句集注》，中华书局 1983 年版，第 357 页。
　　③　张觉：《韩非子全译》，贵州人民出版社 1992 年版，第 1072 页。

节。一毛固一体万分中之一物，奈何轻之乎?"①

——《列子》

人皆言杨朱一毛不拔是极度自私之举，其实，杨朱是轻物贵身。在杨朱看来："古之人损一毫利天下，不与也；悉天下奉一身，不取也。人人不损一毫，人人不利天下，天下治矣。"② 人若皆拔一毛去利天下，无论是否济世，人便有了私心，有了私心便都想得一毛，甚至得更多，那样天下才会大乱。故人无机心，皆一毛不拔，进入无私无欲的状态，那么天下就真正进入无私之境了。这就是嵇康《释私论》的内涵，不要以表面的是非来谈公与私，而是以你心中的"机心"来谈公私。若无措乎是非，是非不入于胸，那么也就无所谓公，无所谓私了。嵇康的新论远不止这些，他还认为造反的管叔、蔡叔是忠臣，故作《管蔡论》；他认为声音是没有哀乐之感的，故作《声无哀乐论》；他亦认为明与胆本自异气、不能相生，便作《明胆论》。嵇康为文处处独特，正如其《琴赋》所说"拊弦安歌，新声代起"一样，自为新声成为他文章的一种表现方法。

以论驳论

嵇康的论文，在回击辩驳别人文章的时候，或自创新论以驳论，或借古人之论以驳论，或抓住对方某句话、某个例证进行剖析，最终驳倒对方。这种以论驳论的方式，使其成为魏末真正的辩才。首先，其总是不同意他人的观点，之后自创新论以驳击对方。阮德如有《宅无吉凶摄生论》，是说人不应迷信，住宅是没有吉凶的，人的性命本于自然，与住宅无关。这已经是确论了，不，嵇康偏要再驳。他也不是说宅有吉凶，更不同意阮氏之论，而是讲究"古人存而不论"，强调"未兆而先治"，进而说自己"进不敢定福祸于卜相，退不敢谓家无吉凶也"。他仿佛并非阐说宅是否有吉凶，仅仅只是在驳论，其实，作者已然站在了一个更高的层次——"独观于万化之前，收功于大顺之后"来看待吉凶，来积虚养生。这是作者以新论在驳论，此新论在意而不在言，是一种道家的无为境界，故仿佛驳而未驳，实则不驳已自驳也。（不谈宅无吉凶，只谈造化养生，人能延年益寿，宅是否吉凶不足道也）其次，作者总借他人之论来驳对方

---

① 杨伯峻：《列子集释》，中华书局1979年版，第230页。

② 同上。

之论。如《答难养生论》中作者说："故老子曰，乐莫大于无忧，富莫大于知足，此之谓也"，这是借老子之言驳向秀；再如《难自然好学论》中作者说："学如米粟之论，于是乎在也"，这借王充《论衡》中的米粟之论来驳张叔辽；又如《答释难宅无吉凶摄生论》中作者说"夫同声相应，同气相求，自然之分也"，这是借《周易·乾·文言》中的言语来驳阮德如。借他人之论来驳此论，使得对方想驳该论须得推翻古论，故嵇康屡屡令人哑口无言。当然，最能体现以论驳论这种表现方式的还是借力打力，以对方之论驳对方之论。作者常抓住对方某句话或某个例证，直接进行强攻，使得对方论据站不住脚，其论点便不攻自破了。例如《明胆论》中吕安说"汉之贾生陈切直之策，奋危言之至，行之无疑，明所察也"，这是吕安借贾谊的例子来说明明能生胆。可嵇康偏偏也用吕安所写的贾谊事迹作为例子，其言："贾生陈策，明所见也，尔为明彻于前，而暗惑于后，明有盈缩也"，这句话却反映出嵇康明有盈缩、与胆无关的论点。他只是借力打力，以论驳论而已，并不一定让所有人信服，但却能显示其论辩的才华。再如阮德如在《宅无吉凶摄生论》中借老子"专气致柔，少私寡欲"来说明性命之和，宅无吉凶。而嵇康则在《难宅无吉凶摄生论》中却偏偏只驳老子这一例子，其语曰："夫专静寡欲，莫若单豹，行年七十，而有童孺之色，可谓柔和之用矣；而一旦为虎所食，岂非恃内而忽外耶？"他认为单单"专气致柔，少私寡欲"而忽视外患也不足以存生保命。故这是借彼例子，驳彼例子，剖析精当、论证严密，使得对方再无还手的能力，此为以论驳论的表现方式。

骈散结合

嵇康之文已有了骈化的痕迹，他能作骈文，也能作散文，更可以将骈散结合于文中。所谓骈文，结构相似，内容相关，行文相邻，字数相等，嵇康这样的文章也有一篇，那就是《太师箴》，例如：

浩浩太素，阳曜阴凝。二仪陶化，人伦肇兴。厥初冥昧，不虑不营。欲以物开，患以事成。犯机触害，智不救生。宗长归仁，自然之情。……下逮德衰，大道沉沦。智惠日用，渐私其亲。惧物乖离，攘臂立仁。利巧愈竞，繁礼屡陈。

刑教争施，天性丧真。①

　　由这些句子可以看出此篇文章不仅是一篇骈文，还是一篇韵文，使人读起来朗朗上口，自然流畅。除此篇外，嵇康的文章多为散体，如《与吕长悌绝交书》《家诫》，等等。但是有相当一部分文章是骈中有散、散中有骈，骈散结合在一起的。例如《卜疑集》说道："吾宁发愤陈诚，说言帝庭，不屈王公乎？将卑懦委随，承旨倚靡，为面从乎？……况今千龙并驰，万骥俱征；纷纭交竞，逝若流星。敢不惟思谋于老成哉！"② 此文字不全骈、不全散，骈散完全融合在一起，亦有一番参差的美感，再如《答难养生论》中这一小段的精彩论说：

　　君子之用心若此。盖将以名位为赘瘤，资财为尘垢也。安用富贵乎？故世之难得者，非财也，非荣也，患意之不足耳！意足者，虽耦耕川亩，被褐啜菽，岂不自得。不足者虽养以天下，委以万物，犹未惬然。则足者不须外，不足者无外之不须也。无须，故无往而不乏；无所须，故无适而不足。不以荣华肆志，不以隐约趋俗。混乎与万物并行，不可宠辱，此真有富贵也。③

　　这种骈中有散、散中夹骈的抒情，无疑对后来两晋南北朝骈文的兴盛起了一定的奠基作用。以上所述，嵇康在文中自为新声、以论驳论与韵散结合的方式，便是其文赋主要的表现方式，即其独特犀利的文法。

3. 文风

　　文风，特指嵇康文章风格特色。钟嵘评其文章为："晋中散嵇康，颇似魏文，过为峻切，讦直露才，伤渊雅之致，然托喻清渊，良有鉴裁，亦未失高流矣。"④ 这虽是出自《诗品》中的一段文字，但也对嵇康为文有一定的概括性。而刘师培就其文章说道："长于辨难，文如剥茧，无不尽之意。"⑤ 可见，论辩尽意、钳人之口是其文章主要特色。下面我们便对其风格作一简单论述。

———————————

① 戴明扬：《嵇康集校注》，人民文学出版社1962年版，第309页。
② 同上，第136页。
③ 同上，第173页。
④ 周振甫：《诗品译注》，中华书局1998年版，第55页。
⑤ 刘师培：《中国中古文学史》，人民文学出版社1959年版，第46页。

颓然自放

《世说新语·容止》一门有言曰："庾子嵩长不满七尺，腰带十围，颓然自放。"此事是庾凯风流大度、傲岸不羁的一则记载，然此中风范亦可用来概括嵇康一种文章风格。从措辞造句上讲，颓然自放是一种畅达无碍、流动飘逸的风格。嵇康为文如行云流水一般，该写则写，该收则收，想泄则泄，想留则留。如其《与山巨源绝交书》写其不识人情却又鄙视礼法，写到兴头竟连写"必不堪者七，甚不可者二"，真是一气呵成、兴必极致方才罢笔。而其若不愿多写，便会寥寥数句，刚开始即收了尾，如《与吕长悌绝交书》仅一段文字便诉其绝交之情，此是行文中的畅快。而颓然自放自有一层高蹈的意旨，即刘勰所谓"志高而文伟"是也。志高者，志趣高远、不同流俗之谓也。如其《难宅无吉凶摄生论》中颠覆了救火以水、救疾以药的传统，强调未兆先治、防患于未然的重要性。其曰："制贼病于无形，事功幽而无迹"，真正的良医是在病人未发病之前就将起病的苗头拔掉了，而不是有了病才去治。这是一种高超的医术，故嵇康难"宅无吉凶摄生"之时才会说出"独观于万化之前，收功于大顺之后"这样高蹈之语。既能驳旧论，又能立高论，实志高文伟、颓然自放也。最后，颓然自放之风实则重在抒情，并且是以一种疏放直快、酣畅淋漓的笔法来渲肆自己胸中的情感。如抒发自己心中的老意庄趣、凝神守朴的理想时，其会用一连串的选择问句向天发问："宁如老聃之清静微妙，守玄抱一乎？将如庄周之齐物变化，洞达而放逸乎？宁如夷吾之不吝束缚，而终立霸功乎？将如鲁连之轻世肆志，高谈从容乎"；再如抒发自己不愿为官的心情时，竟以"性复疏懒，筋驽肉缓，头面常一月、十五日不洗，不大闷痒，不能沐也"作为借口；又如抒发人不好学的本性时，便写出"若遇上古无文之治，可不学而获安，不勤而得志，则何求于六经，何欲于仁义哉"这样的反问语句。性情所致，收放自如，无论是句式，还是抒情，抑或是志趣，作者都能在文章中应用得游刃有余，故张丑称其"雨散风行，颓然天放"也。①

缜密精细

"缜密"一词，司空图以"水流花开，清露未晞"对其作出了形象的描述。

---

① 戴明扬：《嵇康集校注》，人民文学出版社 1962 年版，第 396 页。

水流动慢慢渗入土壤，花才能开；而清露未晞也是露水未干、有欲滴水穿石的渐渗之功。当然，司空图是在论诗之意境，而此处仅借用其"水流花开，清露未晞"的含义指嵇康文章结构的细密和逻辑的严谨。刘勰在《文心雕龙·论说》篇中说："叔夜之辨声，师心独见，锋颖精密，盖论之英也。"[1] 下面我们且看一下嵇康缜密精细的风格。从结构上来看，作者总是先摆明自己的观点，并同时否定对方的观点，之后列举对方某一个论据，然后以论攻论，驳倒对方的论据，再循环一次，列出第二个支持对方论点的论据，再加以反驳，驳掉数个论据后，也就相当于驳掉了对方整个论证过程和其支持的观点了。然后作者会归论，重申自己的论点，并将其提到一个道家深奥玄远的高度上去。这就是嵇康论证的结构，其《难宅无吉凶摄生论》《难自然好学论》皆此类也。而其析理时却也有故意精细、有意缠绵的痕迹，例如《答释难宅无吉凶摄生论》中作者述明自己的观点后，又引舜、禹、商汤、武王、周公、孔子、孟子等事例和言语反复说理，其间还穿插鬼神之事、长平之战、英布、高起等人的例子，虽使论据增多，然不免有繁冗拖沓之杂。所谓"论如析薪，贵能破理"，嵇康此种缜密精细的论辩风格因其破理成功，屡立新论，故也无可指责。

庄重质朴

庄重质朴，是一种不随便、不轻浮、沉稳严肃、厚实淳朴的风格。嵇康之文以辩锋犀利为多，以古奥玄远居次，但我们也绝不能忽略其庄重严肃的一面。例如《太师箴》中作者对君王的正式规劝，引古述今、析事辨理。其辞曰："故居帝王者，无曰我尊，慢尔德音；无曰我强，肆于骄淫。弃彼佞幸，纳此遒颜；谀言顺耳，染德生患。"嵇康以太师的口吻撰写此文，其实从侧面亦反映出他对国家命运还是关注与忧虑的。文章纯为韵文，言辞质朴、情感真诚，风格自是纯正庄重的。再如《与吕长悌绝交书》，作者仗义直言、嫉恶如仇，文章以"若此，无心复与足下交矣"收尾，辞正理壮、气度卓绝，风格亦是简明质直、庄重严肃的。而其淳朴厚实的一面则主要体现在《家诫》一文中，他在此文中对孩子谆谆教诲，用情至深。从人应有大志说起，劝孩子应慎言、慎思、慎行。不可与长官太亲密，不能频频造访，更不能在长官家里留宿；对他人的请求，

---

① 范文澜：《文心雕龙注》，人民文学出版社 1958 年版，第 327 页。

应当表面拒绝，暗地相助；不可和人争辩，也不议论他人的缺点；切莫强知别人隐私，亦不可强劝他人饮酒……仿佛这不是那条傲世弃俗、高蹈独立、卓荦不群的亢龙了，他怎么变得如此谨慎了呢？的确，此时的嵇康是一位父亲，一位关心后代成长、担心孩子命运的父亲。这是嵇康临刑前写给孩子的绝笔，故而言辞恳切、真挚感人。全文循循善诱、慢慢道来，一句句叮咛、一片片深情，一篇文章凝结着多少关切、多少情感、多少血泪，这一切的一切都尽在不言中，只可神会，不可语传。这是一种庄重质朴的风格，同样能反映嵇康精神的一个方面。

以上颓然自放、缜密精细与庄重质朴便是嵇康文章风格的一个缩影，其文伟、其辞烈、其情切，其文赋自是魏晋文章大手笔，又因其辩锋犀利、常钳人口，故称其为魏末辩才，实不为过也。

嵇康是一条亢龙，其龙性难驯、刚正性烈，终因养内伤外而丧生。但其深切感人、幽旷玄远的诗歌，缠绵析理、质朴自然的文章都对后世文人产生了极其深远的影响。有对其龙性致祸的惋惜，有对其诗歌自然高远的赞叹，有对其文赋雄辩的钦佩，这都是一种必然的现象。因为嵇康风姿特秀、才华横溢，故其人格精神、文章魅力无穷亦无尽。

嵇康、阮籍，历史从来就没有将此二人分开过。"托情嵇阮、风云相得""篇咏陶谢辈，风流嵇阮徒""竹林一日王戎去，嵇阮虽贫兴未衰"，可见，嵇康一千多年来一直都在文学史上与阮籍并驾齐驱，故而徐公持先生才会称他们是曹魏后期的"双子星座"。① 阮籍游于材与不材之间，自是得养生之旨；嵇康虽养内失外，却亦有一种残缺的美，其二人异翮同飞、迹异心同。故千百年来都给后人留下了深刻的"嵇阮印象"，永远也擦不掉、抹不去。

---

① 徐公持：《魏晋文学史》，人民文学出版社1999年版，第203页。

第三章

向秀、刘伶与山涛的人格精神及文学创作

一、向秀的才性与赋论

向秀，字子期，河内怀人，曾任散骑侍郎、黄门侍郎、散骑常侍等职。但《晋书》言其"在朝不任职，容迹而已"，可知其人心志。《隋书·经籍志》称："梁有《向秀集》二卷，录一卷，亡。"可见其文章著述应是不少，可惜大部分亡佚，今只存《思旧赋》《难养生论》两篇。下面我们将对其才性与两篇作品作一简单论述，以求更清楚地认识这位竹林雅士的人格精神与创作天赋。

1. 才华与情性

向秀在竹林七贤中默默无闻，从没做出过怪异放诞的事情，他的心思只在读书，只在求友，只在寻觅老庄的乐园。他不求高官，也不拒绝做官；他不羡慕富贵，也不拒绝富贵；他不直言攻击司马集团，也不为其做一件实事。他活得很平凡，但却很坦荡。

庄学秀士

从求学的角度来讲，向秀才是竹林七贤中真正的学者。他"雅好读书""清悟有远识"。《晋书》记载："少为山涛所知，雅好老庄之学。庄周著内外数十篇，历世才士虽有观者，莫适论其旨统也，秀乃为之隐解，发明奇趣，振起玄

风，读之者超然心悟，莫不自足一时也。"① 除注《庄》外，他还注《易》，其《周易注》被传称为"大义可观"，只是"未若隐《庄》之绝伦"。他爱好学习，注《庄》注《易》，故韩格平先生在《竹林七贤诗文全集译注》中才会说"与其他竹林名士相比，向秀颇具学者风采"。②

向秀学习对象主要是《庄子》，《世说新语·文学》一门曾说："初，注《庄子》者数十家，莫能究其旨要。向秀于旧注外为解义，妙析奇致，大畅玄风。"刘孝标注此段文字为：

秀与嵇康、吕安为友，取舍不同。嵇康傲世不羁，安放逸迈俗，而秀雅好读书。二子颇以此嗤之。后，秀将注《庄子》，先以告康、安，康、安咸曰："此书诇复须注？徒弃人作乐事耳！"乃成，以示二子。康曰："尔故复胜不？"安乃惊曰："庄周不死矣！"③

——《秀别传》

秀游托数贤，萧屑卒岁，都无所述，唯好《庄子》，聊应崔撰所注，以备遗忘。④

——《秀别传》

秀为此义，读之者无不超然，若已出尘埃而窥绝冥，始了视听之表，有神德玄哲，能遗天下，外万物。虽复使动竞之人顾观所徇，皆怅然自有振拔之情矣。⑤

——《竹林七贤论》

由此可见，向秀是文人，是真正明《庄》解《庄》的文人，颜延之称其"探道好渊玄，观书鄙章句"，实不为过也。向秀对于庄周，可谓隔代知音，可谓庄周之惠施也，故可称其为庄学秀士。只可惜其注被郭象窃取，向秀也落得一个身死名飞的下场，着实可惜。《晋书》说"惠帝之世，郭象又述而广之，儒

---

① 房玄龄：《晋书》第五册，中华书局 1974 年版，第 1374 页。
② 韩格平：《竹林七贤诗文全集译注》，吉林文史出版社 1997 年版，第 562 页。
③ 徐震堮：《世说新语校笺》，中华书局 1984 年版，第 111 页。
④ 同上。
⑤ 同上。

墨之迹见鄙，道家之言遂盛焉"，殊不知，刘义庆在《世说新语》中早将此事记载如下：

> 向秀于旧注外为解义，妙析奇致，大畅玄风，唯秋水、至乐二篇未竟而秀卒。秀子幼，义遂零落，然犹有别本。郭象者，为人薄行，有俊才，见秀义不传于世，遂窃以为己注，乃自注秋水、至乐二篇，又易马蹄一篇，其余众篇，或定点文句而已。后秀义别本出，故今有向、郭二庄，其义一也。①

郭象是"薄行"者，却又有"俊才"，于是向秀的个人成果就成了向、郭二人的共同成果了。可恶、可憎、可耻、可恨，这是文学史上较早的盗窃知识产权的事例了，然而千年以来学界一直在沉默着。罗宗强先生说："嵇康、吕安既已看过向秀的《庄子》注，当亦于谈论中及之，故有'庄周不死'之类的话。"② 由此言可知罗宗强先生是承认向秀注庄这一事实的，只是其本失传，仅留下一些片段存于张湛《列子注》与陆德明的《经典释文》中，实在是可惜。

下面我们看一下其《庄子注》中显示的足性和养生的思想。对于斥鷃与大鹏的小大之辩，向秀称为"夫小大虽殊，而放于自得之场，则物任其性，事称其能，各当其分，逍遥一也"③。这是足性论的发端观点。一切以适性、足性为宜，故其又曰："夫以形相对，则太山大于秋毫也，若各据其性分，物冥其极，则形大未为有余，形小不为不足。苟各足于其性，则秋毫不独小其小，而太山不独大其大矣。若以性足为大，则天下之足未有过于秋毫也；若性足者非大，则虽太山亦可称小矣。"④ 向秀从足性的角度来谈逍遥，来谈齐物，于是庄学的境界到向秀这里开始转入人性之"适"与人性之"足"了。除足性论外，他亦谈顺天应时的养生论。其曰："夫生以养存，则养生者理之极也。若乃养过其极，以养伤身，非养生之主也。"⑤ 其又曰："顺中以为常也，养亲以适。苟得中而冥度，则事事无不可也。夫养生非求过分，盖全理尽年而已矣。"⑥ 不以养

---

① 徐震堮：《世说新语校笺》，中华书局 1984 年版，第 111 页。
② 罗宗强：《玄学与魏晋士人心态》，南开大学出版社，第 64 页。
③ 郭庆藩：《庄子集释》，中华书局 1961 年版，第 1 页。
④ 同上，第 81 页。
⑤ 同上，第 115 页。
⑥ 同上，第 117 页。

伤生，应全理尽年，此为向秀的养生之论。但其足性论并不一定完全是庄子逍遥思想的反映，因为庄子的境界已然超越了人性、物性。庄周在《人间世》篇中讲"集虚"，在《达生》篇中讲"凝神"，这是与自然均齐、与浊世陆沉的修行方法，类似这些庄周之境，并非向秀一足性论就可以解释的。而其养生论则以"得中"为要，其实亦是以适性与足性的药方来养生的。这是向秀对《庄子》一书的解释，其开拓了庄学研究的新视野，故有"大畅玄风""道家之言遂盛"的说法。这是他对庄学所作出的贡献，不容我们忽视。

君子之交淡若水

《庄子·山木》篇曰："君子之交淡若水，小人之交甘若醴；君子淡以亲，小人甘以绝。"向秀为人低调，不张扬、不狂傲，他对朋友一直是平静温和、谦逊朴质，就如水流一般，永远有着一种淡淡的温情。《晋书》记载："清悟有远识，少为山涛所知"，这是历史上对向秀、山涛二人相识相交的记录。也就是这短短一句话，我们能看出他与山涛之间的距离之美。相识相知足矣，不必整日缠绵，更无须以利相从。虽然很少有来往，其心迹相同。再如与嵇康的交情，《晋书》中也仅用一句话来交待："康居贫，尝与向秀共锻于大树之下。"嵇康"居贫"，向秀不仅不弃，还与其在大树下锻铁。没有再多的语言来描述了，打铁是他们共同的乐趣，平淡的友谊才是最亲切的。在这里我们还须借用一下《世说新语·简傲》篇中的这则小故事：

> 钟士季精有才理，先不识嵇康，钟要于时贤俊之士，俱往寻康。康方大树下锻，向子期为佐鼓排。康扬槌不辍，傍若无人，移时不交一言。钟起去，康曰："何所闻而来？何所见而去？"钟曰："闻所闻而来，见所见而去。"①

"向子期为佐鼓排"，康不理钟会，向秀也不转头去瞧。《晋书》说："康善锻，秀为之佐，相对欣然，旁若无人。"这是知己心中的灵犀，虽然口无言语，但早已心灵相交。又如其与吕安的交情，《晋书》一样只有一句话来介绍："又共吕安灌园于山阳。"他与吕安交好，在山阳灌园，显示了他对山林隐逸生活的向往，对纷扰俗世的厌倦和能与知心朋友共享其乐的幸福。史书再没有别的什

---

① 徐震堮：《世说新语校笺》，中华书局 1984 年版，第 101 页。

么记载了，仿佛向秀没有什么朋友，仿佛他和朋友之间的相处太过平淡了。正如颜延之在《五君咏》中所言："向秀甘淡薄，深心托豪素"，但是君子之交就是这样，淡若水，心却早已神通。"交吕既鸿轩，攀嵇亦凤举"，这是向秀的友谊，亦是向秀的志向。平静、温和，但却折服了后世太多的文人。知音难觅，人生得一知己足矣，向秀真是太幸福了。

频复无咎

《周易·复卦》六三云："频复，厉，无咎。"周振甫释为："皱着眉头回来，有危险，但无害。"① 这正是向秀回到官场后的心情，其见嵇康、吕安被司马昭斩杀，为存生保命，无奈之下选择了仕途：

> 康既被诛，秀应本郡计入洛。文帝问曰："闻有箕山之志，何以在此？"秀曰："以为巢许狷介之士，未达尧心，岂足多慕。"帝甚悦。②
>
> ——《晋书》

> 嵇中散既被诛，向子期举郡计入洛，文王引进，问曰："闻君有箕山之志，何以在此？"对曰："巢、许狷介之士，不足多慕。"王大咨嗟。③
>
> ——《世说新语·言语》

向秀并非不慕巢、许，但他倒是真的看清楚司马昭的嘴脸了，故而才以退保身。虽然不乐意为官，但他知道只有这样才能安然地活下去，这便是频复无咎的智慧了。正如《庄子·山木》篇中的那只意怠之鸟一样。"引援而飞，迫胁而栖，进不敢为前，退不敢为后，食不敢先尝，必取其绪。是故其行列不斥，而外人卒不得害，是以免于患"。直木必先伐，甘井定先竭。《世说新语·言语》篇中亦记载着一个类似的故事：

> 司马景王东征，取上党李喜，以为从事中郎。因问喜曰："昔先公辟君不就，今孤召君，何以来？"喜对曰："先公以礼见待，故得以礼进退；明公以法

---

① 周振甫：《周易译注》，中华书局 1991 年版，第 87 页。
② 房玄龄：《晋书》第五册，中华书局 1974 年版，第 1374 页。
③ 徐震堮：《世说新语校笺》，中华书局 1984 年版，第 43 页。

见绳，喜畏法而至耳。"①

李喜畏法而至与向秀惧祸而从官是属于同一种属性的。向秀见到自己最好的朋友嵇康、吕安都被司马昭杀害，他怎么会甘心为其做事呢？一切都只是为了生存，虽然不愿意，虽然皱着眉头，但他选择以官保身的方式却真的是没有危险了。频复无咎，保存着孤独的生命，却陷入了痛苦的矛盾中。因为他的本愿是"不虑家之有无，外物不足佛其心"，所以，他"在朝不任职，容迹而已"。向秀就像他的前辈徐庶终身不为曹贼献一策一样，不作为，仅仅存生，终老而已。

注《庄》、注《易》振起一代玄风，使时人"莫不自足一时也"，这是他的才华、他的识见；交友若水，情深意重，这是他对朋友的真切情感；频复无咎，以退保身，身在仕途，心系竹林，这是他心中永远的志趣。向秀生活很平淡、很朴实、很低调，但是他的才华与真情却成了历史永远的痕迹，谁也无法擦去。

2. 一赋一论

向秀《庄子注》引领一代玄风，然而却没有完本存世，其流传下来的作品仅有一篇《思旧赋》与一篇《难养生论》。

《思旧赋》

思旧，顾名思义，乃思念旧友也。旧友为谁？文中讲得很明白："余与嵇康、吕安居止接近"，即思念嵇康、吕安二友也。因嵇康、吕安被司马昭诛杀，向秀危惧入洛，容迹于仕途，但其心志依旧在山林，闻邻人吹笛，睹山阳旧庐，不禁作下此赋，故感物思人是此赋的唯一主题。他说："嵇志远而疏，吕心旷而放"，这是对友人人格的钦慕，但却"各以事见法"，此哀悼意味不经意间流出。哀悼之中有着对旧友的思念，有着对这个社会的抱怨，有着对自己无能为力救友的无奈。"追思曩昔游宴之好""嵇博综技艺，于丝竹特妙"，他想到了与二人交往的欢乐，想到他们在一起游宴时开心的场景，这是他们真正的友谊、他们真正的快乐。然而，知音已去，留下的却只有思念与悲痛。作者以乐语写哀

---

① 徐震堮：《世说新语校笺》，中华书局 1984 年版，第 42 页。

情，使得文章更具感染力，更能凸显向秀的感伤、孤单之情。故人已逝，留下空庐，留下琴音，让作者的思念越发凄苦。"践二子之遗迹兮，历穷巷之空庐。叹《黍离》之愍周兮，悲《麦秀》于殷墟"。这是黍离之悲，这是麦秀之痛，怎么能不令人感伤呢？作者运用李斯受诬被腰斩前想要与其子牵黄犬、逐狡兔而难以实现的典故，来替嵇康之冤死长泣悲吟与打抱不平。嵇生"顾视日影，索琴而弹之"的那一幕在向秀心中成了永远的定格、永远的痛苦。此赋欲言却止，才写即停，故鲁迅在《为了忘却的记念》中才会说："只有寥寥的几行，刚开头却煞了尾。"① 但是殊不知，此赋的精彩之处也正在于情感激流宣泄之时猛然煞尾，将浓烈的心情瞬间停止。这是《思旧赋》的魅力，它能让哀情永远处于高潮之中，痛苦的思念永远都难以被忘却。

全赋都用第一人称来叙写，真实生动、悲凄感人。因为是作者亲密的朋友，是作者亲身经历并最知内情的事情，故"心徘徊以踌躇"。以第一人称的视角观物悲人，物与人都是最真切的哀痛。闻"邻人有吹笛者"，见"穷巷之空庐"，这是听觉与视觉的交融，作者用声、色之感来抒发自己心中的哀痛，使得这萧条的旷野遍染悲痛，仿佛整个世界都沉浸在为嵇、吕的哀悼之中。然而此赋却绝非简单的伤心，其中亦含有对司马氏的痛恨、对这个乱世的抱怨之情。这种风格是苍凉悲放的，就如陈子昂"前不见古人，后不见来者。念天地之悠悠，独怆然而涕下"一样，向秀独立旷野，耳闻笛声，眼视旧庐，思念友人，却不得见，停驾四顾，了无人烟。是悲伤，是心痛，亦是怨恨，是哀愤。此赋词短却哀，情激且愤，故何焯称其："不容太露，故为词止此，晋人之文尤不易及也。"②"停驾言其将迈兮，遂援翰而写心"，取笔写心，思旧之痛，使得该赋成为遥远的绝响，使人无措，令人悲愤！

《难养生论》

嵇康在《养生论》中提出人可以长寿、五谷不足以养生等论点，向秀并不赞同，故作此论以难之。从此论中我们可以看出向秀对于人生的三大观点与嵇康是不一致的。首先，纵情论。嵇康在《养生论》中说："名位之伤德，故忽而

---

① 鲁迅：《鲁迅全集》第四卷，人民文学出版社 2005 年版，第 502 页。
② 韩格平：《竹林七贤诗文全集译注》，吉林文史出版社 1997 年版，第 566 页。

不营"，向秀便在《难养生论》中说："崇高莫大于富贵，然富贵，天地之情也"；嵇康在《养生论》中说："五谷是见，声色是耽，目惑玄黄，耳务淫哇；滋味煎其府藏，醴醪鬻其肠胃，香芳腐其骨髓"，向秀便在《难养生论》中说："夫人含五行而生，口思五味，目思五色，感而思室，饥而求食，自然之理也"；嵇康在《养生论》中说："饮食不节以生百病，好色不倦以致乏绝"，向秀便在《难养生论》中说："服飨滋味以宣五情，纳御声色以达性气。"二人来回驳难，不分高下。我们从中可以看出向秀对富贵，对食欲、色欲都任其发展，不以节制。顺欲而生，遂性而成，这也从侧面反映出向秀其人的纵情观念。其二，自然论。嵇康讲"导养得理，以尽性命，上获千余岁，下可数百年""润以醴泉，晞以朝阳，绥以五弦"，他认为五谷不可以养生，只有服食上药才能长命百岁。而向秀却认为五谷是养生之宜，自然才是人的本性，"有生则有情，称情则自然""嗜欲好荣恶辱，好逸恶劳，皆生于自然""天命有限，非物所加耳"，只有顺应自然，才能达到养生的目的。但是天命是有限的，不是人为想活多久便可活多久的，这也是自然。故向秀安时而处顺，不以人灭天，却得享天年，而嵇康养内而忽外，终于中道而夭。所以，从养生实践的角度来看，向秀比嵇康要强出许多。其三，至乐论。嵇康要"节哀乐，和喜怒，适饮食，调寒暑"，向秀却认为欢乐才是人生最重要的东西。他说："生之为乐，以思爱相接"；他说："燕婉娱心，荣华悦志"；他说："虽济万世犹不足以喜"。因为向秀想要欢乐足生，想要即兴逍遥，所以，他才会说："长生且犹无欢，况以短生守之耶？"在向秀看来，有什么还能比欢乐更有意义吗？与其节欲养性、服药养生，倒不如纵情逍遥、快意人生得好！他的纵情论、自然论、至乐论组成了此文的基本内容，对养生、对人生，都有极大的启迪意义。

向秀辩锋不减嵇康，他往往摘句来辩，以对方论点展开论证、铺缀全文。例如他以嵇康"绝五谷，去滋味，寡情欲，抑富贵"之句开始，说自己"未之敢许也"，于是一一驳论。后再举嵇康"导养得理以尽性命，上获千余岁，下可数百年"之论，言其"未尽善也"，于是展开驳论。故摘句驳论，是向秀论辩的一种手段。不过，向秀从神农、后稷、周孔、颜冉说到司马相如，可谓论据充实、辩驳有力，也使读者信服得很。但其论文并没有嵇康那样气势雄浑、劲健凌人，而是呈现出一种平实自然、流畅通脱的风格。向秀温性的人格完全体现在他的文章之中，即使是论辩也不例外。他举一论点，便通过言语论证和举例论证的方式来论说，语气平缓严谨、质朴自然，但又不失论辩的针对性和明确性。这就是向秀，柔和中亦显论辩雄才。《晋书》记载向秀："又与康论养生，辞难往复，盖欲发康高致也。"然综观全文，逻辑清晰，情真意切，有自然顺情、至乐顺天的任性，并不一定全是为了"发康高致也"。

3. 后世诗歌中的"向秀意象"

向秀走了，但历史却没有也不会忘记他的质朴敦厚、他的思旧之悲。后世文人纷纷在其诗作中言及向秀，故而我们可将此称作诗歌中的"向秀意象"。

思旧之叹

向秀《思旧赋》凄痛哀绝，感人至深。若言离别相思，有许多文人都将向秀思旧之情运用到其作品之中。例如：

凄凉同到故人居，门枕寒流古木疏。向秀心中嗟栋宇，萧何身后散图书。本营归计非无意，唯算生涯尚有余。忽忆前言更惆怅，丁宁相约速悬车。①
——刘禹锡《乐天示过敦诗旧宅有感一篇吟之泫然追想昔事因成继和以寄苦怀》

秋宵万籁沉，羌笛似龙吟。向秀忽思旧，马融方好音。细声寒入牖，残韵半和砧。莫奏梅花曲，旅人情更深。②

——文彦博《秋夜闻笛》

为师倾倒尽双瓶，船过柯亭酒始醒。索笑始知高士去，题诗犹爱越山青。交情旧雨同新雨，世事长亭复短亭。恨是柳遮楼上笛，只教向秀隔烟听。③

——张昱《舟中寄谢别峰南翁二尊师》

人都有朋友，都有情感。若知音消去，孤独寂寥，文人心情凄凉，也便想起了向秀的思旧情怀。

闻笛之悲

向秀过山阳旧居，闻邻人笛声，凄痛作赋，听声伤感。这一场景，这一画

---

① 彭定求：《全唐诗》卷三百六十，中华书局 1960 年版，第 4072 页。
② 北京大学古文献研究所：《全宋诗》卷二七三，北京大学出版社 1991 年版，第 3487 页。
③ 张昱：《可闲老人集·卷四》，文渊阁四库全书影印本，上海古籍出版社 2003 年版。

面，也成为后世文人笔下难以挥去的意象，例如：

十二三弦共五音，每声如截远人心。当时向秀闻邻笛，不是离家岁月深。①

——薛能《京中客舍闻筝》

已是经年疾，归休未得休。橐金浑有限，药饵只空投。向秀山阳笛，袁宏月夜舟。故人何处在，无复少年游。②

——胡俨《病中秋思八首》

草堂不厌客过临，清暑销尘带石林。溪静白鸥晴泛影，树幽黄鸟晚留音。绮窗分榻帘阴转，银烛移樽漏滴深。向秀不堪邻笛感，墓亭秋思易伤心。③

——刘炳《徐叔度黄子初王仲愚同宿徐彦辅斋次韵》

离家思乡，人去思友，伤心思情，悠悠的笛声激起后世文人多少感慨，引发羁旅行人多少共鸣，向秀的闻笛之悲无意间便化成了一种诗歌意象。

佐锻之乐

《晋书》中的"康善锻，秀为之佐，相对欣然，旁若无人"化作成意象后，代表的是友人相逢的快乐、相处的兴奋、相交的开心。这是知己之言，这是最畅快的意象。后代诗人亦多用此种意象来表达友谊。当然，对于"佐锻"意象应用最为纯熟的莫过于乾隆皇帝了，例如：

叔夜性既巧，子期亦佐锻。探道论养生，性复相辨难。巢许不达尧，辞遁心无惮。三咏西迈赋，终始交情见。④

——乾隆《向秀》

嗣宗青眼携子咸，叔夜举白微醺酣。河内背立若后至，忘言之契迟何嫌。伶挥毫正颂酒德，秀罢佐锻蒲葵拈。卿辈意复易败耳，俗物由来有理谈。⑤

——乾隆《丁观鹏竹林七贤图》

嵇生放达意真豪，嗣宗青眼夸神交。启事吏隐何妨涛，沛国豫流形陶陶。

---

① 彭定求：《全唐诗》卷五百六十一，中华书局 1960 年版，第 6514 页。
② 胡俨：《颐庵文选·卷下》，文渊阁四库全书影印本，上海古籍出版社 2003 年版。
③ 刘炳：《刘彦昺集·卷六》，文渊阁四库全书影印本，上海古籍出版社 2003 年版。
④ 乾隆：《御制诗集·二集卷六》，文渊阁四库全书影印本，上海古籍出版社 2003 年版。
⑤ 同上，三集卷二。

向秀佐锻炉锤操，小阮不愧玉树曹。阿戎清爽舞浊醪，竹林之游芳独高。延之过激由去朝，五君成咏寓贬褒。我过山阳望古遥，土阜惟见横岹峣，犹使逸兴轩轩飘。①

——乾隆《七贤咏》

这是知己同游的乐趣，朋友相交，贵在交心，佐锻之乐的意义正在于此。"向秀甘淡薄，深心托毫素"，这位庄学秀士也离开了我们，但是他的一书、一论、一赋却成了旷世杰作。千年以来一直影响着人们，一代又一代，延绵不息。

二、刘伶的性格与诗颂

刘伶，字伯伦，沛国人也。《晋书》记载其人"身长六尺，容貌甚陋。放情肆志，常以细宇宙齐万物为心。澹默少言，不妄交游，与阮籍、嵇康相遇，欣然神解，携手入林"②。由此可见，刘伶不仅个子矮，而且长相也很丑陋。只是人不可貌相，刘伶大气磅礴的胸怀与他潇洒快意的文章使其自身形象越来越高大，越来越令后世文人钦佩不已。现在，我们先看一下他与众不同的性格。

1. 天然本性

刘伶好酒，这是人人尽知的事实。但其饮酒是为了什么？说法可就不一样了。颜延之说："韬精日沉饮"③；沈约说："情性宜有所托"④；刘义庆说："意气所寄"⑤。然而无论何种说法，饮酒是刘伶的本性却是毋庸置疑的。

以醉养神

《庄子·达生》篇中曾记载着一个醉者不死的故事，其文如下：

---

① 乾隆：《御制诗集·二集卷六》，文渊阁四库全书影印本，上海古籍出版社，二集卷二十一。

② 房玄龄：《晋书》第五册，中华书局1974年版，第1375页。

③ 穆克宏：《魏晋南北朝文论全编》，江苏教育出版社2004年版，第183页。

④ 同上，第222页。

⑤ 徐震堮：《世说新语校笺》，中华书局1984年版，第136页。

夫醉者之坠车，虽疾不死。骨节与人同而犯害与人异，其神全也。乘亦不知也，坠亦不知也，死生惊惧不入乎其胸中，是故遻物而不慴。彼得全于酒而犹若是，而况得全于天乎？圣人藏于天，故莫之能伤也。①

醉酒者因神凝于心、气聚于酒，死生不入于胸，是非皆忘于酒，故从车上摔下来也不会受伤。这是凝神集虚的养生方法，而其借用的工具便是酒。酒自能麻醉饮者的神经，使人混混沌沌，遗万物、忘宇宙，达到无累的至境。这是刘伶嗜酒的主要原因，因为酒能养神，酒能忘忧，酒能遗世，酒能全性。

《世说新语·任诞》一门有一段关于刘伶病酒的记载，千百年来传为佳话，其文如下：

> 刘伶病酒，渴甚，从妇求酒。妇捐酒毁器，涕泣谏曰："君饮太过，非摄生之道，必宜断之！"伶曰："甚善。我不能自禁，唯当祝鬼神自誓断之耳！便可具酒肉。"妇曰："敬闻命。"供酒肉于神前，请伶祝誓。伶跪而祝曰："天生刘伶，以酒为名，一饮一斛，五斗解酲。妇人之言，慎不可听！"便引酒进肉，隗然已醉矣。②

好一个"天生刘伶，以酒为名"，好一句"妇人之言，慎不可听"，这是任诞与由性的表现，是其唯酒是务的真实反映，同时也是刘伶对醉酒不死哲学的最好诠释。他饮酒过甚，依旧豪饮，其妻言此"非摄生之道"，而刘伶心中却自有其摄生之道。他早已看破生死，在刘伶看来，其在世上本来就没有生过，也没有死过。《庄子·至乐》篇中有一段列子与髑髅的对话：

> 列子行，食于道从，见百岁髑髅，攓蓬而指之曰："唯予与女知而未尝死，未尝生也。若果养乎？予果欢乎？"③

未生、未死、不死、不生，现实的人很难达到这种思想境界。于是，刘伶用酒来与自己同生同死。这是和是非、一死生的化境，也是刘伶以醉养神的自

---

① 王先谦：《庄子集解》，中华书局1987年版，第157页。
② 徐震堮：《世说新语校笺》，中华书局1984年版，第391页。
③ 王先谦：《庄子集解》，中华书局1987年版，第153页。

由。当然，除了酒，刘伶还有朋友。沈约在《七贤论》中言："酒之为用，非可独酌，宜须朋侣，然后成欢"，于是，刘伶便想起与他同样嗜酒如命的阮籍了。关于其与阮籍饮酒，史书是这样记载的：

籍与伶共饮步兵厨中酒，并醉而死。①

——《竹林七贤论》

籍常从容曰："平生曾游东平……后闻步兵厨中有酒三百石，忻然求为校尉。于是入府舍，与刘伶酣饮。"②

——《文士传》

这是与知己同饮的乐趣，刘伶虚己以游世，用酒使其混沌忘物，达到与自然和谐、与日月齐光、与天地并存的目的，醉能全性，醉亦能养神。

卫生之经

《庄子·庚桑楚》篇有南荣趎向老子求教何为卫生之经的一段对话，其文如下：

若趎之闻大道，譬犹饮药以加病也，趎愿闻卫生之经而已矣。老子曰："卫生之经，能抱一乎！能勿失乎！能无卜筮而知吉凶乎！能止乎！能已乎！能舍诸人而求诸己乎！能翛然乎！能侗然乎！能儿子乎！儿子终日嗥而嗌不嗄，和之至也；终日握而手不掜，共其德也；终日视而目不瞬，偏不在外也。行不知所之，居不知所为，与物委蛇，而同其波。是卫生之经也。"③

"行不知所之，居不知所为，与物委蛇，而同其波"，这是卫生之经的要诀，刘伶早已运用自如了。例如《晋书》记载："尝醉与俗人相忤，其人攘袂奋拳而往。伶徐曰：'鸡肋不足以安尊拳，其人笑而止。'"④《竹林七贤论》中的记载与《晋书》稍有出入，其文如下：

伶处天地间，悠悠荡荡，无所用心。尝与俗士相忤，其人攘袂而起欲必筑

---

① 韩格平：《竹林七贤诗文全集译注》，吉林文史出版社 1997 年版，第 629 页。
② 徐震堮：《世说新语校笺》，中华书局 1984 年版，第 392 页。
③ 王先谦：《庄子集解》，中华书局 1987 年版，第 199 页。
④ 房玄龄：《晋书》第五册，中华书局 1974 年版，第 1376 页。

之。伶和其色曰："鸡肋岂足以当尊拳。"其人不觉废然而返。①

但无论是哪个记载，说的都是刘伶保身的例子。刘伶身瘦个儿矮，为何要与强者争胜呢？老子曰："人之生也柔弱，其死也坚强。万物草木之生也柔脆，其死也枯槁。故坚强者死之徒，柔弱者生之徒。是以兵强则不胜，木强则兵。强大处下，柔弱处上。"②刘伶自是明白柔弱乃养生之法，故戏语避祸也。他要保身，但他并不惧死。《晋书》记载："初不以家产有无介意，常乘鹿车，携一壶酒，使人荷锸而随之，谓曰：'死便埋我。'"他遗形骸、忘死生，使人荷锸随之，与物委蛇、与世同波，越是这样，越能存生。《晋书》说其"尝为建威参军，秦始初对策，盛言无为之化。时辈皆以高第得调，伶独以无用罢，竟以寿终"。这本来是刘伶无为政治的理想，然而在那个乱世怎么会得以实现呢？老子言："我无为而民自化，我好静而民自正，我无事而民自富，我无欲而民自朴。"③这是大同社会的场景，晋朝统治者是不可能理解这种社会理想的。于是，刘伶被罢官，然而却因祸得福，刘伶自己"独以无用罢，竟以寿终"。其他官员因后来战乱四起，命丧黄泉，而刘伶却得以存生。这是无用之为大用的智慧，一般人是很难理解的。庄子在《人间世》中曾言：

仰而视其细枝，则拳曲而不可以为栋梁；俯而视其大根，则轴解而不可以为棺椁；咶其叶，则口烂而为伤；嗅之，则使人狂酲，三日而不已。子綦曰："此果不材之木也，以至于此其大也。嗟夫！神人以此不材！"……此皆巫祝以知之矣，所以为不祥也。此乃神人之所以为大祥也。④

"神人以此不材""神人之所以为大祥也"，这都是不材而全身的道理。刘伶以弱对强而避害，以无为逃遁山林而存生，以"死便埋我"来与世同波，他不惧死，不喜生，但却得到了养生存身的真谛。这便是刘伶的本真性情，也是刘伶自己独特的卫生之经。

---

① 韩格平：《竹林七贤诗文全集译注》，吉林文史出版社1997年版，第629页。
② 楼宇烈：《老子道德经注校释》，中华书局2008年版，第185页。
③ 同上，第150页。
④ 王先谦：《庄子集解》，中华书局1987年版，第199页。

肆志纵情

刘伶本性狂荡，放诞不羁。他不在意别人的目光，更不会强求自己，他的性格是纵情，是自得，是由性。《世说新语·容止》一门记载："刘伶身长六尺，貌甚丑悴，而悠悠忽忽，土木形骸。"刘孝标借梁祚之《魏国统》注曰："刘伶字伯伦，形貌丑陋，身长六尺；然肆意放荡，悠焉独畅，自得一时，常以宇宙为狭。"由这些记载可知，刘伶虽然貌寝，但却自得于心。俗语曰："人不可貌相，海水不可斗量。"一个人的伟岸不在于其身体形貌，而在于他的气度与胸怀。身体是父母所养，是天地所赐，人是无法改变的，这是自然。故刘伶根本不会在意，他的心中盛的是天地，装的是万物，故其胸襟豁达，认为宇宙都是小的。人生不过适意耳，于是，刘伶除了醉酒，还是醉酒。这是适性，这也是自得。

《世说新语·任诞》一门记载："刘伶恒纵酒放达，或脱衣裸形在屋中。人见讥之，伶曰：'我以天地为栋宇，屋室为裈衣，诸君何为入我裈中！'"① 刘孝标引邓粲的《晋纪》注曰："客有诣伶，值其裸袒。伶笑曰：'吾以天地为宅舍，以屋宇为裈衣，诸君自不当入我裈中，又和恶乎'，其子任若是。"② 此幕天席地一典，便是其放诞遂性的经典例子。然而这一切，都离不开一个"酒"字。遍看关于刘伶的记载与诗文，没有一处不涉及酒。走路有酒，睡觉有酒，祝神有酒，争斗有酒，写诗有酒，赋颂有酒，故刘伶无愧于"酒仙"的称号。宋代罗烨在《醉翁谈录·嘲戏绮语》中有一个为刘伶请酒的故事，更能说明刘伶的酒性：

刘伶之妻，常为夫嗜酒所苦，与其妾谋害之。因酿一大缸，伶日索其酒，妻曰："待熟，吾请汝一醉。"及酒熟，乃招伶入，就饮，其妻与妾推而纳入酒中，以物蔽之，将巨木扼塞其上，意谓必溺死酒中。越三日，原缸中寂然，乃发缸视之，则见酒已尽矣，而伶大醉，坐于糟粕之上。良久，伶方能举头，谓其妻曰："汝几时许我一大醉？而今却教我在此闲坐作甚？"③

---

① 徐震堮：《世说新语校笺》，中华书局1984年版，第392页。
② 同上。
③ 罗烨：《醉翁谈录》，古典文学出版社1957年版，第41页。

此故事可能是后人杜撰的，但却也说明他在后人心中酒神的地位。他不在乎相貌，不在乎他人言语，幕天席地，独自狂饮。然而他却不是一个酒鬼，因为他心中自有一番对酒的理解。颜延之言其"韬精日沉饮"，张正见言其"忘情寄羽杯"，孟郊言其"伯伦心不醉"等，都说明刘伶混沌的醉酒，却明白地看清楚了世界。虽然肆志纵情，但却心怀宇宙、情归大道，他追求的境界是逍遥与心斋，故其是历史的酒仙，而不是酒鬼。

综上所述，刘伶借酒全性、以醉养神、自得于心，同时，他又能将纵情肆志与卫生之经完美地糅合在一起，形成了自己的天然本性。其无为，其纵性，其凝神，其守柔，其与日月参光，与天地为常，这就是酒仙刘伶的性格，那么独特，却又那么自然。

2. 一诗一颂

刘勰《文心雕龙·物色》篇中记载："然物有恒姿，而思无定检，或率尔造极，或精思愈疏"，这"率尔造极"恰似在说刘伶的文章。《晋书》说刘伶："未尝厝意文翰，惟著《酒德颂》一篇。"好一个"未尝厝意文翰"，这表明刘伶是懒得去写文章，而不是无才。他将天地之状、宇宙之形都付之于酒中了，而不是诗文，故几无文章传世。但从他的《酒德颂》中我们已能窥出他笔锋之流利，表意之清晰，文辞之造境，若是全力作文，刘伶也必是一文章大家。但是这并不值得可惜，因为世人可以用酒来理解刘伶。现在我们对其仅存的一诗一颂进行一个简要的论述，以求让世人看到伯伦文学上的卓越才华。

《北芒客舍诗》

这是刘伶唯一的一首诗歌，存于《艺文类聚》之中。北芒，是山的名称，乃洛阳北御黄河的重要屏障，东汉、魏、晋的王侯公卿多葬于此。刘伶在此寄居，并赋此诗，诗云：

> 泱漭望舒隐，黮黤玄夜阴。寒鸡思天曙，拥翅吹长音。蚊蚋归丰草，枯叶散萧林。陈醴发悴颜，巴歈畅真心，缊被终不晓，斯叹信难任。何以除斯叹，

付之与瑟琴，长笛响中夕，闻此消胸襟。①

——《北芒客舍诗》

诗中蕴含着作者起伏不定的失望与希望，天色是昏暗的，世界漆黑一片，"泱漭望舒隐，黮黮玄夜阴"，月亮已经隐去，没有一丝光亮。这是"兴"之笔法，其象征意义自然是政治的黑暗，是时代的动乱。但是诗人并未与玄夜一起消沉下去，其心中自有雄才壮志。作者以寒鸡自比，吟出"寒鸡思天曙，拥翅吹长音"这一理想。"拥翅"二字，代表作者的能力，他能"吹长音"，能一鸣惊人。但诗文气氛随着思绪又转入低沉，"蚊蚋归丰草，枯叶散萧林"，外部的环境实在太恶劣了，诗人将如何振翅长鸣呢？于是，借酒浇愁又成了刘伶诗的主题，"陈醴发悴颜，巴歈畅真心"，酒能消愁，舞能畅心，作者的心胸又释放了许多自由的空间，瞬间开阔了起来。可是失落感终究难以瞬间抹去，"缊被终不晓，斯叹信难任"，乱麻旧絮之破被覆体是多么难受，心中的忧伤也实在难以忍受，该如何是好呢？无能、无助、无奈，"何以除斯叹"呢？作者想到的方法只有"付之与瑟琴"。只有"长笛响中夕"，才能解我心中的忧愁啊！闲愁，是此诗的主题，抱负是诗人的心志。这里没有一丝放荡任性的痕迹，仿佛不是我们认识的那个刘伯伦了。正如韩格平先生评析此诗："诗文明晰而务实，全无玄虚飘逸之气，与作者生活后期陶兀昏放、崇尚无为的行为截然不同，当为其早期的作品。"② 是不是早期作品不明了，但却是关心社会政治、关心自己命运的一首诗歌。诗之情感忽高忽低，时涨时落，回环往复，一唱三叹，反映了作者是真愁。在这公卿王侯所葬之处，诗人真是想为高贵的生命拼搏一下的，但却最终将此壮心付之于长笛、交之于瑟琴。

结构回环往复、一唱三叹，风格悲沉细腻、萧散自然。诗从夜之玄阴，月之隐匿谈起，细化到寒鸡、蚊蚋，枯叶、陈醴等物象，用这些物象来渲染作者心中的悲愁与无奈，沉郁而又细腻；但这忽起忽落的忧愁，又是作者心中真情的流露，萧散却也自然。这是刘伶唯一的一首诗歌，这里有压抑，也有希望；有悲愁，也有壮志。这是刘伶生活的矛盾，也是其最真实性情的反映。此乃触

---

① 　韩格平：《竹林七贤诗文全集译注》，吉林文史出版社1997年版，第575页。
② 　同上，第576页。

景生情之作，因一切景语皆情语，故此诗处处绘景、处处抒情，让世人情感随思绪任意流动，由泱漭而生，由长笛而止，但是真正能替作者解忧的不是笛声，而是酒。

《酒德颂》

《酒德颂》是刘伶的杰作，后世文人无不赞叹。杜甫说："念昔挥毫端，不独观《酒德》"；元稹言："刘伶称酒德，所称良未多"；黄庭坚也道："伯伦酒德无人敌，太白诗名有古风"。可见，此篇文章的地位与影响着实非同一般。

酒德，什么是酒的品德呢？诗中所言"以天地为一朝，万期为须臾，日月为扃牖，八荒为庭衢；行无辙迹，居无室庐，幕天席地，纵意所如"，就是酒的品德。世界上除了酒，没有任何物品可以使人遗万物、弃浊世、齐天地、一死生，只有酒的醉意可以使人混沌无为，使人真正与世同波，达到《庄子》中的混沌与陆沉之境。酒可全神，故刘伶醉酒才能凝神抱一，无为而性得。故酒之德，是陆沉（方且与世违而心不屑与之俱），是混沌（以合和为貌，合和譬无为），是遗世事、齐生死的一种凝神之至德。只有酒才拥有这种品质，故刘伶嗜酒如命。

颂，是一种文体。刘勰《文心雕龙·颂赞》篇称："颂者，容也，所以美盛德而述形容也。"[1] 即颂为形容，用来赞美一种盛大德行的文体，刘伶此赋亦然。他所赞颂的就是酒，酒才是人生最大的乐趣。故其文言："唯酒是务，焉知其余""无思无虑，其乐陶陶""幕天席地，纵意所如"。有了酒，就有了乐趣，活得才更自在，心情也会更畅快，这是酒的乐趣，也是刘伶想拥有的至乐之境。此篇颂中其实还寄寓着刘伶的齐物思想，"以天地为一朝，万期为须臾，日月为扃牖，八荒为庭衢"，这便是齐物之思，此句亦源自庄子。庄周在《列御寇》篇中曾言："以天地为棺椁，以日月为连璧，星辰为珠玑，万物为赍送。"刘伶能融庄周之言，自铸伟辞，显示了其笔功的强劲。天地也是一朝，万年也是一瞬，日月是门窗，大地为庭院。在刘伶心中泰山只是毫毛，彭祖必为殇子。万物齐一，无大无小，适意足已。除此之外，文章中的另一主题便是对礼法君子的嘲讽，对当世礼法的蔑视。其曰："有贵介公子，缙绅处士，闻吾风声，议其所

---

① 范文澜：《文心雕龙注》，人民文学出版社1958年版，第156页。

以。乃奋袂攘襟，怒目切齿，陈说礼法，是非锋起。先生于是方捧瓮承槽、衔杯漱醪；奋髯箕踞，枕麹藉糟；无思无虑，其乐陶陶。兀然而醉，恍然而醒；静听不闻雷霆之声，熟视不睹泰山之形，不觉寒暑之切肌，利欲之感情。俯观万物，扰扰焉，如江汉之载浮萍；二豪侍侧焉，如蜾蠃之与螟蛉。"与大人先生相比，礼法君子就如江汉之浮萍，就如蜾蠃与螟蛉。这里有讽刺与嘲弄，亦有不屑与鄙视。他对礼法之士是看不惯的，因为其心性高洁，不同流俗，就与大人先生一样"静听不闻雷霆之声，熟视不睹泰山之形"，其心胸阔大，宇宙便瞬间狭隘不堪了。

此篇颂文字不多，却出现了两组对立的意象群。一组是以大人先生为代表的天地、万期、日月、八荒、卮、瓢、榼、壶、罂、槽、杯、醪；另一组是以礼法君子为代表的袂、襟、目、齿、浮萍、二豪、蜾蠃、螟蛉。它们对比着存在，在对比中显示着作者对礼法君子的蔑视和对大人先生的神往。此颂朴质奔放、畅快飘逸，有一种自然脱俗的气质。爱憎分明、心志清楚、真切自然，但不失刘伶守神齐物的玄学宗旨，故将率真旷达看成其文章风格应是正确的。赵番有诗云："伯伦无他文，一颂自不朽"，可见其一篇《酒德颂》，便可孤篇盖全晋了。我们从《晋书》和《世说新语》中看到了刘伶任诞与肆志的一面，而从《酒德颂》中却看到了刘伶醉酒清醒的一面。故金圣叹才会说："从来只说伯伦沉醉，又岂知其得意乃在醒时耶？看其'天地一朝'等，乃在未饮之前；'静听不闻'，乃是既醒之后，则信乎众人皆醉，伯伦独醒耳！"① 好一个众人皆醉，伯伦独醒，仿佛只有刘伶一人看清了这个社会，只有刘伶一人明白了人生真谛。宇宙天地，日月星辰，在刘伶眼中不过一粒尘埃而已，这就是我们的酒仙，看似沉醉，实则清醒。

3. 后世诗词中的"刘伶意象"

刘伶对后世文学影响至深，其天然本性与其《酒德颂》都为后世诗人提供了组成其诗的原始意象。例如荷锸，"荷锸自随刘伯伦"；再如幕天席地，"刘伶席地幕青天"；又如解醒，"五斗解醒刘伯伦"。此类例子确实很多，我们不一一

---

① 韩格平：《竹林七贤诗文全集译注》，吉林文史出版社1997年版，第578页。

列举，这里重点阐述以下四种意象：

刘伶妇

刘伶之妇，劝其戒酒，实则是关心丈夫的一个形象，但在后世诗歌中却成了一个反例，一个累赘。例如：

日暮归饮酒，儿女戏我前。须臾径三酌，据榻已欣然。老妻坐我傍，肴胾已炮煎。大胜刘伶妇，区区为酒钱。①

——张耒《冬日放言二十一首》

小儿不识愁，起坐牵我衣。我欲嗔小儿，老妻劝儿痴。儿痴君更甚，不乐愁何为。还坐愧此言，洗盏当我前。大胜刘伶妇，区区为酒钱。②

——苏轼《小儿》

爱河漂一世，既溺不能止。不如淡生活，吟诗北窗里。肺肝亦何罪，困此毛锥子。不如友麴生，是子差可喜。三杯取径醉，万绪散莫起。奈何刘伶妇，苦语见料理。不如一觉睡，浩然忘彼己。三十六策中，此策信高矣。政使江变酒，誓不涉其涘。尚须学王通，艺黍供祭祀。③

——陈与义《诸公和渊明止酒诗因同赋》

其实，刘伶妇是无罪的，只是后世诗人好酒由性，便借刘伶妇的意象言自己嗜酒的心情，更有夸赞自己妻子对自己放任的自豪。

刘伶坟

刘伶死去后，人们被刘伶的精神打动，想到了及时行乐，想到了世事变迁，更无端引起了他们"人生几何"的沧桑之感。故一系列"刘伶坟"意象便应运而生。例如：

琉璃钟，琥珀浓，小槽酒滴珍珠红。烹龙炮凤玉脂泣，罗帏绣幕围香风。吹龙笛，击鼍鼓；皓齿歌，细腰舞。况是青春日将暮，桃花乱落如红雨。劝君

① 张耒：《张耒集》，中华书局 1990 年版，第 115 页。
② 王文诰：《苏轼诗集》卷十三，中华书局 1982 年，第 631 页。
③ 白敦仁：《陈与义集校笺》卷八，上海古籍出版社 1990 年版，第 223 页。

终日酩酊醉，酒不到刘伶坟上土。①

——李贺《将进酒》

刘伶坟上土，佛殿古崔巍。坐久野僧出，天寒饥雁来。千年醉里魄，一锸死前灰。未尽先生意，空留数字回。②

——吕本中《宿刘固寺佛殿下即刘伶坟也》

酒到刘伶坟，斯人已枯槁。不如营糟丘，吾将此中老。③

——姜特立《压酒》

刘伶墓已成荒冢，上面衰草连连，后世文人的诗句表示着对刘伶的钦佩与深切的哀悼。

刘伶醉

刘伶沉醉，妇劝不听。乘车亦饮，卧倒亦饮，作诗亦饮，赋颂亦饮，刘伶之醉不得不成为后世文人诗词创作的一个意象，例如：

承家居阙下，避世出关东。有酒刘伶醉，无儿伯道穷。新诗吟阁赏，旧业钓台空。雨雪还相访，心怀与我同。④

——徐夤《赠严司直》

天之美禄谁不喜？偏则说刘伶醉，毕卓缚瓮边，李白沉江底。则不如寻个稳便处闲坐地。⑤

——马致远《清江引·野兴》

楼外山光翠不如，楼中美人老耽书。一尊绿酒刘伶醉，几点黄华陶令居。虚旷自疑风月近，孤高应与世尘疏。他时若到丹梯上，当有清谈一起余。⑥

——赵孟頫《寄题保定杜处士晚翠楼》

---

① 王琦：《三家评李长吉歌诗》，中华书局 1960 年版，第 164 页。
② 北京大学古文献研究所：《全宋诗》卷一六一五，北京大学出版社 1996 年版，第 18130 页。
③ 北京大学古文献研究所：《全宋诗》卷二一四四，北京大学出版社 1996 年版，第 24175 页。
④ 彭定求：《全唐诗》七百八卷，中华书局 1960 年版，第 8139 页。
⑤ 隋树森：《全元散曲》，中华书局 1964 年版，第 234 页。
⑥ 赵孟頫：《松雪斋集》，中国书店，海王邨古籍丛刊本，1991 年，卷第五。

131

现在河北省保定市有一种酒，便唤作"刘伶醉"。据说刘伶是在保定徐水县访张华而去世的，故保定人为了纪念刘伶，以其名，命酒名，称徐水所产的这种美酒为"刘伶醉"。是为了悼念这个旷代酒仙，也为了提醒世人酒能全神。

刘伶台

刘伶台，是后世人们为了纪念刘伶所建的一座台，它能成为诗词意象，主要是刘伶人格精神与其诗文魅力所在。例如：

垂钓京江欲白头，江鱼堪钓却西游。刘伶台下稻花晚，韩信庙前枫叶秋。淮月未明先倚槛，海云初起更维舟。河桥有酒无人醉，独上高城望庾楼。①

——许浑《淮阴阻风寄呈楚州韦中丞》

解鞍林下振清埃，怀抱樽前得好开。白发满头心事在，青山当眼故人来。风流自有高贤识，感慨还深漂母哀。读尽深香转萧爽，清吟不到伯伦台。②

——王恽《山阳偶与大继长相遇，自辛亥年相别至今廿八年矣追念畴昔作诗为赠》

谁识斋居托意深，翛然不受一尘侵。半窗晴日闲观易，满座秋风静鼓琴。策马已闻辞樊道，扬舲还喜到淮阴。刘伶台下多春色，行乐应知称素心。③

——刘叔让《送吴素斋还淮安》

思念刘伶，以刘伶台寄酒意，靠刘伶台托素心，也成为历代诗人、词人难以忘却的一个话题。

刘伶去了，带着他任诞混沌的酒性人格，带着他千古传世的《酒德颂》，历史让刘伶的一切都化作了后世诗文中的意象，令人回首，使人伤神。"刘伶善闭关，怀清灭闻见。鼓钟不足欢，荣色岂能眩。韬精日沉饮，谁知非荒宴。颂酒虽短章，深衷自此见。"④ 这是颜延之《五君咏》中咏刘伶的一首，大概最能概括他的一生了吧！

---

① 彭定求：《全唐诗》卷五百三十四，中华书局1960年版，第6095页。
② 王恽：《秋涧集》，摛藻堂四库全书荟要影印本，世界书局1736年版，卷十八，第221页。
③ 沐昂：《沧海遗珠·卷三》，文渊阁四库全书影印本，上海古籍出版社2003年版。
④ 逯钦立：《先秦汉魏晋南北朝诗》，中华书局1983年版，第1235页。

三、山涛的品性与表启

山涛，字巨源，河内怀人也。《晋书·山涛传》记载："涛早孤，居贫，少有器量，介然不群。性好《庄》《老》，每隐身自晦。与嵇康、吕安善，后遇阮籍，便为竹林之交，著忘言之契"。其人能隐，能仕，循性而动、待时而飞、刚正不阿、嫉恶如仇，可谓集隐士与清官为一身者，故山涛成为历代文人崇敬的对象。他们想像山涛那样隐于竹林，他们也想如山涛那样官途畅达。

1. 山公品性

《庄子·德充符》曾刻画过一个叫哀骀它的人物形象，书中言曰：

鲁哀公问于仲尼曰："卫有恶人焉，曰哀骀它。丈夫与之处者，思而不能去也。妇人见之，请于父母曰'与为人妻，宁为夫子妾'者，十数而未止也。未尝有闻其唱者也，常和人而已矣。无君人之位以济乎人之死，无聚禄以望人之腹。又以恶骇天下，和而不唱，知不出乎四域，且而雌雄合乎前。是必有异乎人者也。寡人召而观之，果以恶骇天下。与寡人处，不至以月数，而寡人有意乎其为人也；不至乎期年，而寡人信之。国无宰，寡人传国焉。闷然而后应，氾而若辞。寡人丑乎，卒授之国。无几何也，去寡人而行。寡人恤焉若有亡也，若无与乐是国也。是何人者也？"①

哀骀它貌虽不扬，但无论是男子、妇人，还是君王都愿意和他相处，原因便是德充于心，使人忘其形也。而现实社会中的模型，正是山涛。

顺时而动

山涛可谓明事理、达时变之人，他早已认清曹、马之争必有大乱，于是坚决地选择了归隐。归隐，可不是人人都能做到的，而山涛"性好《庄》《老》"，已然具备了归隐的自身条件。世乱，我隐，这是顺时而动的智慧。《周易·系

---

① 王先谦：《庄子集解》，中华书局1987年版，第51页。

辞》中说："君子藏器于身，待时而动，何不利之有？"① 山涛能在政治大风暴前藏器守朴、归隐竹林，真是上智之人。之后果然爆发高平陵之变，曹爽被诛，何晏、丁谧、毕轨等人均被司马懿残杀，山涛却与嵇、阮等人闲游于竹林，真非常人也。故《世说新语·赏誉》一门才会说他："此人初不肯以谈自居，然不读老庄，时闻其咏，往往与其旨合。"② 这是山涛暗于道合的外在表现，他的"道"自在心中久矣。

　　然而当时局稳定下来的时候，司马师逐渐掌握了国家政权，山涛却出仕了。他不仅可以正心诚意、修己治人，还能够齐家治国平天下。③ 这正如《庄子·缮性》篇中所言："当时命而大行乎天下，则反一无迹；不当时命而大穷乎天下，则深根宁极而待。"④ 山涛顺时而动，抓住了这次机会，一路青云直上。他与宣穆后有中表亲，故因这层关系去见司马师，司马师对他说："吕望欲仕邪？"吕望，的确，山涛真正出仕时已经 48 岁了。其实对于做官，山涛是早有壮志的。史书记载着他与妻子的一段趣事：

　　初，涛布衣家贫，谓妻韩氏曰："忍饥寒，我后当作三公，但不知卿堪公夫人不耳！"⑤

　　其后果然官做得很大，一直做到吏部尚书的高位，不得不令人佩服他的才干。时没，山涛隐而游也；时来，山涛展翅高飞。这是顺时而动的哲学，亦是智人的哲思，故后人均称赞他的识度非同一般。

　　《世说新语·贤媛》篇中记载着这样一段故事：

　　山公与嵇、阮一面，契若金兰。山妻韩氏，觉公与二人异于常交，问公，公曰："我当年可以为友者，唯此二生耳。"妻曰："负羁之妻亦亲观狐、赵，意欲窥之，可乎？"他日，二人来，妻劝公止之宿，具酒肉。夜穿墉以视之，达旦

---

① 周振甫：《周易译注》，中华书局 1991 年版，第 262 页。
② 徐震堮：《世说新语校笺》，中华书局 1984 年版，第 237 页。
③ 可参照本人《论韩国朝鲜朝时期的〈洪范〉学》一文，见《东疆学刊》2017 年第 1 期，第 12 页。
④ 王先谦：《庄子集解》，中华书局 1987 年版，第 136 页。
⑤ 房玄龄：《晋书》第四册，中华书局 1974 年版，第 1228 页。

忘反。公入曰："二人何如？"妻曰："君才致殊不如，正当以识度相友耳。"公曰："伊辈亦常以我度为胜。"①

此段文字刘孝标引《晋阳秋》注云："涛雅素恢达，度量弘远，心存事外，而与时俯仰。尝与阮籍、嵇康诸人著忘言之契。至于群子屯蹇于世，涛独保浩然之度。"② 其识度非比寻常，故王戎目山巨源才会说："如璞玉浑金，人皆钦其宝，莫知名其器。"刘孝标引顾恺之《书赞》注此句为："涛无所标明，淳深渊默，人莫见其际，而其器亦入道。故见者莫能称谓，而服其伟量。"③ 他的识度不仅表现在顺时而动、待时而飞之上，还表现在对时政的预见性。《晋书·山涛传》说："帝尝讲武于宣武场，涛时有疾，诏乘步辇从。因与卢钦论用兵之本，以为不宜去州郡武备，其论甚精，于时咸以涛不学孙、吴而暗与之合。帝称之曰：'天下名言'，而不能用。及永宁之后，屡有变难，寇贼森起，郡国皆以无备不能制，天下遂以大乱，如涛言焉。"④ 这是山涛对战争的预见，也体现出其卓绝的军事天赋，只可惜晋朝统治者不能采用，而终酿大乱。《周易·系辞》曰："安而不忘危，存而不忘亡，治而不忘乱，是以身安而国家可保也"，此乃山涛的深谋远虑。故后来王夷甫才会说出"晻晻为与道合，其深不可测"这样的话语。隐与仕皆顺时而动，其人又以识度游世，可谓得道之人也。

贞慎俭约

"贞慎俭约"一词是《晋书》对山涛的评价，其言曰："及居荣贵，贞慎俭约，虽爵同千乘，而无嫔媵，禄赐俸秩，散之亲故。"⑤ 贫俭，富亦俭，真是清正之人也。"初，居贫，忍饥寒""及居荣贵……散之亲故"，谁愿意把自己的俸禄散发给他人呢？只有清廉的山涛。《世说新语·言语》篇有这样的一段记载：

晋武帝每饷山涛恒少，谢太傅以问子弟，车骑答曰："当由欲者不多，而使

---

① 徐震堮：《世说新语校笺》，中华书局1984年版，第369页。
② 同上。
③ 同上，第231页。
④ 房玄龄：《晋书》第四册，中华书局1974年版，第1227页。
⑤ 同上，第1228页。

与者忘少。"①

好一个"欲者不多，与者忘少"，这却从侧面反映了山涛不贪、不求的廉洁本性。据《晋书·山涛传》记载山涛虽官做到了吏部尚书，等他死后，却留下一番"旧第屋十间，子孙不相容"的场景，由此可见其是真正的"俭约"之人。无论高官显位，无论寄身草莽，山涛永远是山涛，"德"是他一生为人处世的最基本原则。庄子曰："道无以兴乎世，世无以兴乎道，虽圣人不在山林之中，其德隐矣。"② 若能韬藏圣德，混同群生，虽居朝市，无异于山林也。这就是山涛，隐德足以让他跻身于竹林七贤的名士行列之中。当然，山涛的保身之道还是谨慎，慎行使他终生无咎。戴逵《竹林七贤论》记载着山涛慎行的一个例子，其文如下：

鬲令袁毅为政贪浊，赂遗朝廷，以营虚誉。遗山涛丝百斤，众人莫不受，涛不欲为异，乃受之，命内阁悬之梁上，而不用也。后毅事露，案验众官。验吏至涛所，涛于梁上下丝，已数年，尘埃黄黑，封泥如初，以付吏。③

积年尘埃，封印如初，这不仅能看出山涛对袁毅必犯事的预见，更能看出山公的谨慎与周全。山涛不嗜饮酒，至八斗方醉，《晋书·山涛传》言："帝欲试之，乃以酒八斗饮涛，而密益其酒，涛极本量而止。"这并不是说他真的再喝必醉，而是山涛明白醉酒误事的道理。他知酒醉易得罪于人，故在其饮量的范围内止酒，这是慎行的表现，并非真正的"八斗方醉"。他不谄媚于人，也不获罪于人，《晋书》曾言其"晚与尚书和逌文，又与钟会、裴秀并申款昵。以二人局势争权，涛平心处中，各得其所，而俱无恨焉"。能做到"平心处中"却"俱无恨焉"，真不知是何人用何种手段为之。他虽然处世极度谨慎，但却从不阿谀奉承、卑躬屈膝，相反，山涛一直都是清正廉洁，一身正气。他为晋帝选拔人才，唯才是举，公正无私。《世说新语·政事》篇言曰："山司徒前后选，殆周遍百官，举无失才，凡所题目，皆如其言。"因为这是为国家选拔栋梁之

① 徐震堮：《世说新语校笺》，中华书局1984年版，第369页。
② 王先谦：《庄子集解》，中华书局1987年版，第136页。
③ 韩格平：《竹林七贤诗文全集译注》，吉林文史出版社1997年版，第630页。

才，所以，他必须公正、必须廉洁，才可不使人才埋没。无论家庭出身如何（例如嵇绍），无论曾经犯过多大罪过（例如傅祗），无论资历有多低（例如王启），只要有德有才，山涛皆会选用的。为了国家政权，为了后继有人，山涛敢言别人不敢言，敢说别人不敢说。《晋书》记载："帝以齐王攸继景帝后，素又重攸，尝问裴秀曰：'大将军开建未遂，吾但承奉后事耳。故立攸，将归功于兄，何如？'秀以为不可，又以问涛。涛对曰：'废长立少，违礼不祥。国之安危，恒必由之'，太子位于是乃定。太子亲拜谢涛。"① 山涛一直慎行，但遇到国家大业之事，必然直言相谏，陈说利害，真一世忠臣也。其俭、其慎、其正、其忠，汇集成了他贞慎俭约的高尚人格，这是山涛品德卓绝的反映，也是他人格品性的外在表现。

急流勇退

庄子曰："处势不便，未足以逞其能也"，故山涛见机。"见机"一词出现于《世说新语·识鉴》一门之中，其文如下：

张季鹰辟齐王东曹掾，在洛，见秋风起，因思吴中菰菜羹、鲈鱼脍，曰："人生贵得适意尔，何能羁宦数千里以要名爵？"遂命驾便归。俄而齐王败，时人皆谓见机。②

张季鹰并非真的见机，而是适意由性也，但山涛投传而去可真是见机之举：

涛年四十，始为郡主簿、功曹、上计掾。举孝廉，州辟部河南从事。与石鉴共宿，涛夜起蹴鉴曰："今为何等时而眠邪！知太傅卧何意？"鉴曰："宰相三不朝，与尺一令归第，卿何虑也！"涛曰："咄！石生无事马蹄间邪！"投传而去。未二年，果有曹爽之事，遂隐身不交世务。③

——《晋书·山涛传》

在曹、马之争如此激烈的流水之中，山涛极度聪明地堪破时政，投传而去，归隐竹林，避免了何晏等人惨死的下场，真是英明之举。这是他未出仕前的见

---

① 房玄龄：《晋书》第四册，中华书局 1974 年版，第 1224 页。
② 徐震堮：《世说新语校笺》，中华书局 1984 年版，第 217 页。
③ 房玄龄：《晋书》第四册，中华书局 1974 年版，第 1223 页。

机，而到他长久位居高官，地位显赫的晚年时候，他心中的老庄哲思又再次萌发，他却有了真正的归隐之心。

老子言："功遂身退，天之道。"山涛知道春花不长开、富贵不常在，他不想一朝失足落得身名俱灭，他希望像范蠡那样功成之时，全身隐退。既能留下他的丰功伟绩，享受到高官厚禄之福，又能遂了其隐居竹林的心志。于是晚年的山涛只是在做一件事，那就是辞官。例如：

入为侍中，迁尚书。以母老辞职，诏曰："君虽乃心在于色养，然职有上下，旦夕不废医药，且当割情，以隆在公。"①

涛心求退，表疏数十上，久乃见听。除议郎，帝以涛清俭无以供养，特给日契，加赐床帐茵褥。礼秩崇重，时莫为比。②

已敕断章表，使者乃卧加章绶。涛曰："垂没之人，岂可污官府乎!"舆疾归家。③

无数次的辞官，无数次的恳请，山涛终于在太康三年辞官归家，遂了其归隐山林的心愿。然而第二年（太康四年）山涛便离开了人世，时年七十九岁，虽然有些可惜，但是死在自己家中，而不是身没于战争和官场争斗之中，大概山公在地下也可以瞑目了吧。

能顺时而动、待时而飞；能贞慎俭约、刚正不阿；能富而廉洁、急流勇退，这便是山公的品性。他立德、立功、立言，成为后世文人模仿的对象。"竹林潇洒地，应有醉山涛"，此言不虚也。

2. 表文与启事

《隋书·经籍志》"别集类"著录有"晋少傅《山涛集》九卷，梁五卷，录一卷；又一本十卷，齐奉朝请辈津注"。由此可知山涛本是创作了很多作品的，可惜均已亡佚。现在仅存一些启事与表文的残句，但我们仍可从中窥得其文风之一斑。

---

① 房玄龄：《晋书》第四册，中华书局1974年版，第1224页。
② 同上。
③ 同上，第1227页。

表文

刘勰《文心雕龙·章表》中言："表以陈情""表者，标也"。可见，表文是陈说自己情感的一种文体，是对自己想法的标示。但《文心雕龙·章表》篇一开始便说："夫设官分职，高卑联事。天子垂珠以听，诸侯鸣玉以朝，敷奏以言，明诚以功。"可见，此种文体不是用于一般场合的，而是向君主帝王上书陈情的一种特殊文体。刘勰说："章以谢恩，奏以按劾，表以陈情，议以执异。"①因此，我们可知表的主要作用是表达臣子对君主的忠诚和希望的，观山涛《谢久不摄职表》可知其真心告退之良苦用心：

古之王道，正直而已。陛下不可以一老臣为加曲私，臣亦何心屡陈日月？岂如所表，以章典刑。②

文中既言公正无私可以安邦定国，又言自己年老多病真心退官的心愿。感情真挚诚恳，令人感动。由此可知，晚年的山涛已对官场产生了厌倦的心理，他真的想弃官归隐了。于是又一篇表文降临：

臣事天朝三十余年，卒无毫厘以崇大化。陛下私臣无已，猥授三司。臣闻德薄位高，力少任重，上有折足之凶，下有庙门之咎，愿陛下垂累世之恩，乞臣骸骨。③

——《复让司徒表》

此篇表文亦写山涛辞官的真心，他对晋帝的借口是"德薄"，是"无毫厘以崇大化"。他知道政坛一味逐名只会有"折足之凶""庙门之咎"，故他真切地希望归乡隐居。当然，此中亦有山涛谨慎的一面。西晋时期，群臣争权夺利，勾心斗角，山涛不仅自己想要挣脱这潭污水，而且也不希望自己的孩子卷进来。故其《为子淳、允辞召见表》才会说："臣二子尪病，宜绝人事，不敢受诏。"这与当时群臣争夺权位、逐名竞利相比，山涛无疑是聪明了许多。观其表文风格，朴素无华、质木平实，但却情切意浓、言简心诚，与其人格无二。

---

① 范文澜：《文心雕龙注》，人民文学出版社 1958 年版，第 406 页。
② 韩格平：《竹林七贤诗文全集译注》，吉林文史出版社 1997 年版，第 586 页。
③ 同上，第 587 页。

启事

山涛留给后人最多的文章，便是一篇又一篇的启事。《晋书》言："涛所奏甄人物，各为题目，时称《山公启事》。"所谓"启"，刘勰《文心雕龙·奏启》言："启者，开也。高宗也，启乃心沃朕心""敛饬人规，促其音节，辨要轻清，文而不侈，亦启之大略也"。可见，"启"这种文体是启发君王之心，为君王选拔官员、弹劾官员的一种文体。其文须整饬合乎法规，音节须短促，辨义也须轻快，可以有文采但不能浮夸。山涛之启事，大多数是为国家选择人才用的。从他的启事中我们可以看到他选拔人才的标准正是德、才、忠、义、正直这五项。例如"求备一人则难，宜先德业""有德素，父沉滞""议郎杜默德履亦佳"等，这是"德"的标准；再如"雍州刺史郭奕，右卫将军王济，皆忠亮有美才""黄门侍郎和峤最有才""孔颢有才能，果劲不挠"等，这是"才"的标准；又如"羊祜忠笃宽厚""城阳太守石崇、北中郎中司孙尹皆忠笃有文武""城阳太守石崇，忠笃有文武"等，这是"忠"的标准；再如"羊祜秉德尚义""河东太守焦胜，清贞著信义""右君裴楷，通理有才义"等，这是"义"的标准；再如"征南大将军羊祜为人体仪正直""征兆大将军瓘，贞正静一""谅尤质正少华，可以敦教"等，这是选拔人物对"正直"的要求。山涛选才拔异、因才施用，为国家挑选栋梁之材，真可谓尽心尽力、功德无量也。他的启事从来都不任人唯亲，只要是有才干、有德行之人，山涛都会选拔。故公正充实、刚正不阿是他的本性。他选拔的人物，一般都会恰如其位，能在相应的岗位上发挥作用。若君王不听山涛的意见，结果往往不妙。例如他为晋王推荐阮咸，君主没有采纳，而选用了陆亮，结果并不令人满意。其文如下：

> 山司徒前后选，殆周遍百官，举无失才，凡所题目，皆如其言。唯用陆亮，是诏所用，与公意异，争之不从。亮亦寻为贿败。①
>
> ——《世说新语·政事》

刘孝标引《晋诸公赞》注曰："涛以亮将与己异，又恐其协情不允。累启亮可为左丞，初非选官才。世祖不许，涛乃辞疾还家。亮在职，果不能允，坐事

---

① 徐震堮：《世说新语校笺》，中华书局1984年版，第94页。

免官。"这就是晋帝不听山涛选官意见的下场，陆亮终因贿败。可见，山涛不仅能慧眼识英才，而且具有与君王意见不一致的勇气，可敬、可佩。综观其启事，文风质朴自然、通俗流畅、言简意赅，可谓含情达意、公正规矩之文也。山涛没有诗、赋传世，但从这些表文和启事中我们已然看到他质朴无华的文风了。其文品与人品高度一致，这种现象在中国文学史的作家身上其实并不多见。

3. 后世诗文中的"山涛意象"

山涛为人正直，能隐能仕，善进善退，是中国历史上少有的清官。其人格品性与其启事作品都给后人诗歌创作留下了许多意象，以下我们试举三例。

山公启事

启事，是山涛最主要的文体。他"甄拔隐屈，搜访贤才"公正无私，成为后世一心求官的文人心中的引路神，故山公启事自然变成了一种诗歌意象，例如：

山公启事罢，吉甫颂声传。①

——张九龄《奉和吏部崔尚书雨后大明朝堂望南山》

人间只有嵇延祖，最望山公启事来。②

——李商隐《赠宇文中丞》

中散弹琴竟未终，山公启事成何用。③

——吴伟业《鸳湖曲》

人们希望当朝的统治者能像山涛那样发现他们的才华或德行，故而借用山公启事之意象来抒愤。这反映了求官者对当世能有像山涛这样的公正廉吏的渴慕。他们希望公平，希望壮志能酬，希望统治者慧眼识英才，于是"山公启事"便成了一种称扬荐贤举能、知人明鉴的意象了。

抚孤

"抚孤"意象，来源于嵇康临死前将子女托付给山涛的典故。山涛曾举荐嵇

---

① 彭定求：《全唐诗》卷四十九，中华书局 1960 年版，第 597 页。
② 同上，卷五百三十九，第 6178 页。
③ 吴伟业：《吴梅村全集》，上海古籍出版社 1990 年版，第 71 页。

康做官，嵇康却写《与山巨源绝交书》回绝此事，但康临死时，却对自己的孩子说："巨源在，汝不孤矣。"后来，山涛果然不负嵇康所托，屡次举荐嵇绍做官。如《山公启事》中所说："嵇绍贤侔郤缺，宜加旌命，请为秘书郎""绍平简温敏，有文思，又晓音，当成济也。犹宜先作秘书郎"等，后来，嵇绍在山涛的帮助之下一直做到侍中的位置上。故其抚孤也成为一种对友人的最好安慰，文学史上的"抚孤"意象也随之产生：

山涛尚在，嵇绍不孤。君其知我，无恨泉途。呜呼哀哉，伏惟尚飨。①

——《文苑英华》

元伯来相葬，山涛誓抚孤。不知他日事，兼得似君无。②

——元稹《与乐天同葬杓直》

故国遥看云杳杳，新阡何处草萧萧。抚孤未遂山涛志，谁继骚人赋大招。③

——李纲《五十万感涕四首》

山涛犹在，嵇绍不孤。是友情的寄托，也是亲情的超越。后世文人用"抚孤"这一意象来表达对故人的沉痛哀悼之情，以求起到安慰逝者心灵的作用。

识度

山涛处世，常以识度取胜。他循性而动，待时而飞，能进能退，能隐能仕，成为后代人们崇敬的对象。人人都羡慕山公识度的魅力，故将其识度也化作诗歌的一种意象，例如：

汲直非刀笔，山公识宁馨。④

——黄庭坚《和范廉》

庾亮之风流，山涛之识度。⑤

——杨亿《故信州玉山令府君神道表》

---

① 李昉：《文苑英华·卷九百七十九》，文渊阁四库全书影印本，上海古籍出版社2003年版。

② 彭定求：《全唐诗》，中华书局1960年版，卷四百三，第4507页。

③ 北京大学古文献研究所《全宋诗》一五六二，北京大学出版社1996年版，第17734页。

④ 任渊：《黄庭坚诗集注》，中华书局2003年版，第1430页。

⑤ 杨亿：《武夷新集·卷八》，文渊阁四库全书影印本，上海古籍出版社2003年版。

山涛之识量，任恺之忠直。①

——夏竦《议选调》

　　山涛不会因一封《绝交书》而忌恨嵇康，相反，他会把嵇绍抚养成人；山涛不会因妻子韩氏言其不如嵇、阮而生气，因为他知道自己识度非凡；山涛不会因为位居高官而得意忘形，他心中一直有着属于自己的那片清静竹林。这是山公的识度，此非寻常人可比。山涛从忍饥挨饿到吏部尚书，从官位显赫到辞归故里，他实现了他的壮志与抱负，达到了他的"三公"之梦想，也完成了他功遂身退的道家理想目标。他交友不得罪于人，不学道而暗与道合，处世顺时而动，做人游刃有余，其在政界、在学界都是后世文人始终效仿的楷模。但楷模终究是楷模，我们只能仰望，只能兴叹，却永远都无法企及。

---

① 夏竦：《文庄集·卷十三》，文渊阁四库全书影印本，上海古籍出版社 2003 年版。

第四章

阮咸与王戎的生活道路及人格魅力

一、阮咸的无为人生与幽默天性

阮咸，字仲容，陈留尉氏人。其为魏武都太守阮熙之子，步兵校尉阮籍从子，虽为竹林七贤之一，但历来很少受世人关注。原因有二，其一是他无作品传世，其二是他处世无为、不露锋芒。其实，这是一种真正的隐士，故往往容易被人们忽视。下面我们就试着看一下阮咸的无为人生之路。

1. 无为人生

无为，无所作为也。这种哲学并非无为而无不为，它就是无为。昏昏沉沉、混混闷闷，此为道家集虚凝神之法，由无为达到心斋，方可悟道。正如《庄子·应帝王》篇中的混沌氏一样：

南海之帝为儵，北海之帝为忽，中央之帝为浑沌。儵与忽时相遇于浑沌之地，浑沌待之甚善。儵与忽谋报浑沌之德，曰："人皆有七窍以视听食息，此独无有，尝试凿之。"日凿一窍，七日而浑沌死。①

王先谦引简文之言曰："混沌，以合和为貌，合和譬无为。"② 但混沌氏因

---

① 王先谦:《庄子集解》，中华书局1987年版，第75页。
② 同上。

被日凿一窍而死，可见本不该为，"为则败之"。阮咸行为怪诞、弃世遗俗，一生都在无为中探寻着属于自己的道家逍遥之路。

贫而不惫

阮咸一生都是很贫穷的，《晋书》记载："咸与籍居道南，诸阮居道北，北阮富而南阮贫。七月七日，北阮盛晒衣服，皆锦绮粲目，咸以竿挂大布犊鼻于庭。"① 再如《竹林七贤论》云："诸阮前世皆儒学，善居室，唯咸一家尚道弃事，好酒而贫。"② 其居道北，因其贫而晒大布犊鼻，但也正如戴逵《竹林七贤论》所言，虽然贫穷但依旧"尚道"，这就是贫而不惫的至高境界了。庄子在其文章中反复赞扬着这种贫而不惫的高贵品质：

> 庄子衣大布而补之，正緳系履而过魏王。魏王曰："何先生之惫邪？"庄子曰："贫也，非惫也。士有道德不能行，惫也；衣弊履穿，贫也，非惫也。"③

——《山木》

> 子贡曰："嘻！先生何病？"原宪应之曰："宪闻之，无财谓之贫，学而不能行谓之病。今宪，贫也，非病也。"④

——《让王》

由上述材料可知，贫是无财，贫是衣弊履穿，也就是物质上的缺失。但真正有高尚人格魅力的人，是不在乎贫穷的，因为他们精神的火焰一直在燃烧着。在贫穷中依旧坚持自己的理想，才是最可贵的，如颜回，如庄周，如原宪，亦如阮咸。阮咸虽处在贫境之中，但他不慕荣华、不贪富贵，依旧坚持着他自己的无为之道。他不希望自身被世俗所羁绊、为世所累，便选择了痛饮，选择了畅游，以放飞自己的心灵、以使其精神与天地往来。《晋书》载其"任达不拘，与叔父籍为竹林之游，当世礼法者讥其所为"⑤。晋武帝也因其"耽酒浮虚，遂不用"，但这却正合了阮咸的心意。虚，本是道家养神养生之妙诀，也是阮咸无

① 房玄龄：《晋书》第五册，中华书局1974年版，第1362页。
② 韩格平：《竹林七贤诗文全集译注》，吉林文史出版社1997年版，第631页。
③ 王先谦：《庄子集解》，中华书局1987年版，第172页。
④ 同上，第255页。
⑤ 房玄龄：《晋书》第五册，中华书局1974年版，第1362页。

为人生的理想，故阮咸更能"处世不交人世，惟共亲知弦歌酣饮"而遂其心志了。嵇康想养生隐名却因养内忽外而被司马昭所害，阮咸却替他完成了终生的夙愿。嵇康频叹"雅志不得施"，阮咸却能"得意为欢"而终其一生。阮咸虽贫，却能践行其道家之无为人生路，可以说是贫而不悫了。

独顽似鄙

《老子·二十章》云："众人熙熙，如享太牢，如春登台。我独泊兮其未兆，如婴儿之未孩；乘乘兮，若无所归。众人皆有余，而我独若遗。我愚人之心也哉！沌沌兮，俗人昭昭，我独若昏。俗人察察，我独闷闷。澹兮其若海，漂兮若无止。众人皆有以，而我独顽似鄙。我独异于人，而贵食母。"① 此章言世人惑于荣利、迷于美色、怀有雄心，都想有一番作为，而仅有"我"一人昏昏闷闷、"独顽似鄙"、无所作为。何谓独顽似鄙？王弼注曰："无所欲为，闷闷昏昏，若无所识，故曰'顽且鄙'也"②，其实就是一种愚钝无为的自然状态。虽异于人，但却"贵食母"，即可达到守本、明道、抱朴的一种无为状态。这是阮咸追求的一种无为精神，也是他所特有的一种性格。山涛甄拔官吏，举咸典选时称阮咸："真素寡欲，深识清浊，万物不能移也。若在官人之职，必妙绝于时。"刘孝标引戴逵《竹林七贤论》注此句为："山涛之举阮咸，固知上不能用，盖惜旷世之俊，莫识其意故耳。夫以咸之所犯，方外之意；称其清真寡欲，则迹外之意自见耳。"③ 清真寡欲，正是混沌顽鄙给人带来的外在印象，因阮咸不刻意求官，没有积极进取之雄心，而是崇尚虚无、好道弃事，故"诏用陆亮"，而不用阮咸。但后来陆亮因贿而败的事实不仅证明山涛举人的慧眼，更能证明真正被埋没的英才是阮咸。但阮咸就是阮咸，他是甘于被埋没的，因为他志在丰草、心系竹林。贫而不悫与独顽似鄙的性格和生活方式缔造了他的无为人生，使他能在无为的乐园里醉酒、游心。罗宗强先生说他"处世不认真，有酒就喝，有官做做也无妨，故得寿终"④，这真是对阮咸无为人生的最好诠释了。

---

① 楼宇烈：《老子道德经注校释》，中华书局 2008 年版，第 46 页。
② 同上，第 48 页。
③ 徐震堮：《世说新语校笺》，中华书局 1984 年版，第 232 页。
④ 罗宗强：《玄学与魏晋士人心态》，南开大学出版社 2003 年版，第 108 页。

2. 幽默天性

幽默，本是一个外来词，由英文 humorous 一词翻译而来。其能传入中国，归功于林语堂先生。林语堂说此词有广义和狭义两层含义，"广义上说是一切使人发笑的文字，连鄙俗的笑话也算在内。"① 狭义上，幽默表示"心灵的光辉和智慧的丰富""有思想的寄托"②。因此，我们可以将有趣可笑而意味深长的一种含蓄性格称作幽默。

在《论幽默》一文中，林语堂先生对于幽默这种品性给予了高度的认可和评价。他说："幽默本是人生之一部分，所以一国的文化，到了相当程度，必有幽默的文学出现。人之智慧已启，对付各种问题之外，尚有余力，从容出之，遂有幽默——或者一旦聪明起来，对人之智慧本身发生疑惑，处处发现人类的愚笨、矛盾、偏执、自大，幽默也就跟着出现。"③ 归结到一点，林语堂认为"幽默"只是一种从容不迫、达观的态度。

达观与超脱

阮咸似乎是天生就具有幽默品性的，即使他不知什么是幽默。阮咸也似乎没有怨恨、不会发怒，他就是在从容不迫地做着那些荒唐事儿，例如《世说新语·任诞》一门中的这段记载：

> 诸阮皆能饮酒，仲容至宗人间共集，不复用常杯斟酌，以大瓮盛酒，围坐，相向大酌。时有群猪来饮，直接去上，便共饮之。④

其他阮姓之人用酒杯饮酒本来是温文尔雅、闲情适意的一件事情，可阮咸一来，场景瞬间大变。他用大盆盛酒、大酌更饮、和群猪共同畅饮，整个场景换成了人猪同饮同乐的一幅画面。这是一种幽默，是一种达观，也是一种超脱。因为在阮咸心中并不认为猪是低贱的畜生，他和人一样，是自然的生物。阮咸与猪同饮，本来便是其齐物思想的一种践行。看似滑稽可笑的一桩奇事，却蕴

---

① 林语堂：《林语堂散文选集》，百花文艺出版社 1990 年版，第 155 页。
② 同上，第 156 页。
③ 同上，第 146 页。
④ 徐震堮：《世说新语校笺》，中华书局 1984 年版，第 394 页。

含着达观齐物的哲思，这便是幽默。旁人眼中的荒谬，阮咸心中的自然，正如林语堂所言的"幽默的情境是深远超脱"。①

袁宏在《竹林名士传》中记载"咸字仲容，陈留人，籍兄子也。任达不拘，当世皆怪其所为。及与之处，少嗜欲，哀乐至到，过绝于人，然后皆忘其向议。为散骑侍郎。山涛举为吏部，武帝不用。太原郭奕见之心醉，不觉叹服"。看来世人"皆怪其所为"的时候，还是有人"见之心醉，不觉叹服"的。怪诞行为的背后除了有一种达观和超脱的幽默之外，还有一种批判与讽刺的幽默。

批判与讽刺

林语堂先生在《论幽默》一文中说道："愈是空泛的笼统的社会讽刺及人生讽刺，其情调自然愈深远，而愈近于幽默本色。"② 也就是说真正的幽默讽刺仅仅针对社会、人生，而不是针对个人。正如《世说新语·任诞》一门中阮咸的这一事例一样：

阮仲容、步兵居道南，诸阮居道北。北阮皆富，南阮贫。七月七日，北阮盛晒衣，皆纱罗锦绮。仲容以竿挂大布犊鼻裈于中庭。人或怪之，答曰："未能免俗，聊复尔耳。"③

富贵者晒纱罗锦绮，那是因为有钱。你阮咸没钱就别学人家晒衣服了，他却偏偏挂出那古怪难看的大布犊鼻裈，还说出"未能免俗，聊复尔耳"的言语。真的是"未能免俗"吗？绝不是，这是太鄙俗、太傲俗的表现。他不怕别人耻笑，也不畏惧世人的指责，对于异样的眼光和责问，阮咸不仅说得很从容，而且在他内心当中其实就是在对这个荒唐的社会给予一种荒唐的嘲讽而已。阮咸不针对某个人，只是对当时社会嫌贫爱富、虚荣攀比的不正风气进行一下讽刺。阮咸没有愤怒，也没有抱怨，这才是真正的幽默。因为"幽默是冲淡的""不会怒，只会笑"④。正如林语堂所言："好的幽默，都是属于合情合理，其出人意

---

① 林语堂：《林语堂散文选集》，百花文艺出版社 1990 年版，第 153 页。
② 同上，第 157 页。
③ 徐震堮：《世说新语校笺》，中华书局 1984 年版，第 393 页。
④ 林语堂：《林语堂散文选集》，百花文艺出版社 1990 年版，第 153 页。

料，在于言人所不敢言。"① 此种对于社会与人生之讽刺与批判，还有一个关于阮咸追逐鲜卑女的故事：

> 阮仲容先幸姑家鲜卑婢。及居母丧，姑当远移，初云当留婢，既发，定将去。仲容借客驴，着重服自追之，累骑而返，曰："人种不可失!"即遥集母也。②

从"幸"字可知，此女已有身孕。一幅阮咸骑驴追孕妇的画面便出现在了世人的面前，这本身就是具有幽默色彩的场景。因为追赶离人，都是快马加鞭，从没听过用驴来完成这项任务的。然而阮咸不仅能将该婢女追上，并且还与其"累骑而返"，这是什么原因呢？是至情！阮咸早已知道此女走不远，因为她对自己有情，故即使用驴也可赶上，这又是一幅婢女等情郎的动人画面，此中意味真是无穷无尽。但阮咸此举却是发生在母丧之时，这也太荒唐、太惊世骇俗了吧？怪不得会出现"世议纷然""论者甚非之"这种情况呢。然而阮咸才不管这些，母亲已经离开，他不能再失去自己的女人和孩子了，否则就更加对不起去世的母亲了。在这废礼反教行为的背后，其实正埋藏着深层次的至情与至孝，只是俗世之人不能理解而已。这种在众人眼里反教越礼的荒唐行为，在阮咸那里顷刻变为对时代礼教的讽刺、对社会等级的批判，这是一种内敛含蓄的幽默。阮咸只说了一句"人种不可失"，但意义深远、不容小视。这些故事我们看后会撇嘴一笑，而笑完之后却立即开始深刻反省起来。这是阮咸幽默天性的魅力，不得不令我们佩服。

3. 《律议》与《与姑书》

阮咸因崇尚无为人生路而无意于文学创作，因此，在文学上没什么作为，仅作一篇《律议》、一篇《与姑书》，却均已失传。如今，我们所能见到的只有刘孝标注《世说新语·术解》篇时引用《晋诸公赞》中的一段话和刘氏注《世说新语·任诞》篇时引用《阮孚别传》中的一句话，可知其无完整作品存世。

---

① 林语堂：《林语堂散文选集》，百花文艺出版社1990年版，第158页。
② 徐震堮：《世说新语校笺》，中华书局1984年版，第395页。

韩格平先生选取《晋诸公传》中属于《律议》的文字如下：

勖所造声高，高则悲。夫亡国知音哀以思，其民困。今声不合雅，惧非德政中和之音，必是古今尺有长短所致。然金钟磬是魏时杜夔所造。不与勖律相应，音声舒雅而久。不知夔所造时人为之，不足改易。①

可见，阮咸是认为音与政通、声应合雅的，声不可高，中和才是正乐。然而，此文却另有一番隐情。当时荀勖官高势大，其作新律高于魏乐，本是"迎合了司马氏改朝换代的政治要求"②。阮咸不仅立刻听出其音不合雅，而且敢于大胆指出他的错误，并批评其为亡国之音，这正是音乐天赋与非凡胆识的具体展示。《世说新语·术解》篇云：

荀勖善解音声，时论谓之"暗解"，遂调律吕，正雅乐。每至正会，殿庭作乐，自调宫商，无不谐韵。阮咸妙赏，时谓"神解"。每公会作乐，而心谓之不调。既无一言直勖，意忌之，遂出阮为始平太守。后有一田父耕于野，得周时玉尺，便是天下正尺，荀试以校己所治钟鼓、金石、丝竹，皆觉短一黍，于是伏阮神识。③

称阮咸"神解""神识"都是毫无疑议的，因为他的音乐天赋着实不一般。《晋书》说"咸妙解音律"；《竹林七贤论》言其"阮咸善弹琵琶"。据说，我国有一种古老的弹拨乐器就叫作阮咸，亦是因阮咸善弹琵琶而命名的。《石门文字禅·卷二十》记载的《阮咸铭》为："有晋奇逸，制为此器，以姓名之。盖琴之裔，物趣幻假，形因变迁，但余至音，则物陈鲜。"由此可知，阮咸是中国历史上的音乐天才，实不为过也。

而《与姑书》定与阮咸母丧追婢女一事有关，全文早已佚亡，仅留下六个字——"胡婢遂生胡儿"。胡婢即指阮咸喜欢的那个鲜卑族的婢女，胡儿即后来声名显赫的阮孚（阮遥集）。阮咸丧母期间借驴追胡婢，并于其累骑而还，他做了荒唐任诞的行为，还说出"人种不可失"的越礼反教言语，真是怪诞至极。

---

① 韩格平：《竹林七贤诗文全集译注》，吉林文史出版社 1997 年版，第 581 页。
② 同上，第 582 页。
③ 徐震堮：《世说新语校笺》，中华书局 1984 年版，第 379 页。

此书写给其姑母，言胡婢已生下胡儿这一喜事，可见阮咸的兴奋之情。

只可惜阮咸的这两篇文章都已经亡佚，留下一些支离破碎的文字，令后人去遐想。但我们却也能从其无意为文的背后看到他懒散游世、混沌无为、追求道家集虚凝神之境的执着。这就是阮咸，用人生得意、贫而不恧的知足弥补了其文学的不足；用生活达观、独顽似鄙的至乐创造了其精神的极度自由。虽无为，却逍遥快乐。

4. 后世文学中的"阮咸意象"

阮咸一生默默无闻，不追名、不逐利、不贪求富贵，虽然其在文学上造诣不深，但他的无为人生和幽默天性却给后世文人的创作提供了许多原始材料，他的人格精神和风流品性也成为许多诗人诗歌中的意象组成部分。

贫穷

阮咸贫穷，故以木杆挂大布犊鼻裈于庭。但他人穷志不穷，其一生都在坚守自己的无为之愿、老庄之志，故其贫而不恧。其贫穷却不失风流的特性，逐渐形成了一种诗歌意象。例如：

贫似阮咸难免俗，赋如永叔和应稀。回思帝里承欢处，犹着斑斓戏彩衣。①

——文洪《立秋逢七夕和张伯起韵》

却到山阳事事非，谷云溪鸟尚相依。阮咸贫去田园尽，向秀归来父老稀。秋雨几家红稻熟，野塘何处锦鳞肥。年年为献东堂策，长是芦花别钓矶。②

——韦庄《鄠杜旧居二首》

能来驻车辙，不待拆书缄。上客同王粲，贫家似阮咸。清谈对云竹，缓步倚风杉。安得盈杯酒，今朝共尔衔。③

——薛蕙《答士奇》

贫难免俗，却最鄙俗。他在贫穷中带着一身傲气、一脸笑意，在贫穷中依旧可以游世，可以玩世，真是非常之人也。

---

① 文洪：《文氏五家集·卷十三》，文渊阁四库全书影印本，上海古籍出版社2003年版。
② 彭定求：《全唐诗》卷六百九十八，中华书局1960年版，第8038页。
③ 薛蕙：《考功集·卷五》，文渊阁四库全书影印本，上海古籍出版社2003年版。

放达

放达是阮咸幽默天性的表现，他能与猪共饮，能不顾礼法去追胡女，都是他放达傲世的真实反映，故阮咸的放达逐渐也就形成了一种诗歌意象。例如：

五十之年又过三，依然白发照青衫。年来大起山林兴，任达从教笑阮咸。①
——喻良能《元日追次东坡和子由省宿致斋韵》

宜春台下濑，轻棹疾如帆。人物同黄宪，风流似阮咸。寒花犹覆石，飞翠忽沾衫。出峡频回首，苍茫日半衔。②
——郭奎《与黄本和同舟》

仲容能豫流，放达蔑仪度。嘉话至今传，犊鼻挂大布。山公号精鉴，磬折心生慕。累骑追婢归，或亦失贞素。③
——乾隆《阮咸》

竹林名士，最不缺失的就是放达之风。阮籍穷途恸哭，嵇康临刑抚琴，刘伶荷锸而行，阮咸亦有过之而无不及。明代黄浦沆称其"竹林为问风谁嗣，犹自伤心说阮咸"，可见其对阮咸地位的认可。沈约称"仲容年齿不悬，风力粗可，慕季父风尚，景而行之"，但此言似乎并未突出阮咸的个性，也未能概括阮咸无为而有才的一生。还是颜延之说得好，"仲容青云器，实禀生民秀。达音何用深，识微在金奏。郭奕已心醉，山公非虚觏。屡荐不入官，一麾乃出守。"这才是阮咸的本色，青云之器、达音识微，使郭奕心醉、山涛钦佩。阮咸走了，没有引起多少人的注视，但他的无为人格和幽默天性一直在历史的隧道中闪烁着点点星光，永不熄灭。

---

① 北京大学古文献研究所：《全宋诗》卷二三五五，北京大学出版社 1996 年版，第 27043 页。
② 郭奎：《望云集·卷三》，文渊阁四库全书影印本，上海古籍出版社 2003 年版。
③ 乾隆：《御制诗集·二集卷六》，文渊阁四库全书影印本，上海古籍出版社 2003 年版。

二、王戎的官隐生活和诗性精神

王戎，字濬冲，琅琊临沂人，西晋重臣，官至司徒，封安丰县侯。其为魏幽州刺史王雄之孙，晋凉州刺史王浑之子，是竹林七贤年纪最小的一位，也是出身最为显赫的一位（出身于魏晋高门琅琊王氏）。《晋书》记载："幼而颖悟，神彩秀彻"，可见其幼年时便风采非凡。王戎幼年之时与众不同，竟然可以直视炽热的太阳，此事散见于以下文献之中：

视日不眩，裴楷见而目之曰："戎眼灿灿，如岩下电。"①

——《晋书·王戎传》

裴令公目王安丰："眼烂烂如岩下电。"②

——《世说新语·容止》

王戎形状短小，而目甚清照，视日不眩。③

——刘孝标《世说新语》注

王戎眸子洞彻，视日而眼明不亏。④

——《竹林七贤论》

由上述材料可知，此非凡夫俗子，故袁宏称其"幼年神理之称"。实则真正能够体现王戎少年时期言行举止均超过常人的地方，还是他的英雄表现。

刘劭《人物志》为我们很好地诠释了"英雄"二字的概念，其曰："夫草之精秀者为英，兽之特群者为雄；故人之文武茂异，取名于此。是故，聪明秀出，谓之英；胆力过人，谓之雄。"⑤ 可见，聪明者为英，胆量之大为雄，那么王戎是否真是少年英雄呢？《世说新语·雅量》一门中记载着一则王戎不食李的

---

① 房玄龄：《晋书》第四册，中华书局1974年版，第1231页。
② 徐震堮：《世说新语校笺》，中华书局1984年版，第335页。
③ 同上。
④ 韩格平：《竹林七贤诗文全集译注》，吉林文史出版社1997年版，第632页。
⑤ 刘劭：《人物志》，中华书局2009年版，第93页。

故事:

王戎七岁，尝与诸小儿游。看道边李树多子折枝，诸儿竞走取之，唯戎不动。人问之，答曰："树在道边而多子，此必苦李。"取之，信然。①

王戎不动声色，七岁便识路边苦李，可谓自小聪明过人，故王隐《晋书》称他"戎少清明晓悟"，唐房玄龄编撰的《晋书》亦云"戎幼而颖悟，神彩秀彻"。他的聪明气质被竹林七贤之一的阮籍赏识，二人竟结为忘年之交（阮籍比王戎大二十四岁）。《晋书》记载如下：

阮籍与浑为友。戎年十五，随浑在郎舍。戎少籍二十岁，而籍与之交。籍每适浑，俄顷辄去，过视戎，良久然后出。谓浑曰："濬冲清赏，非卿伦也。共卿言，不如共阿戎谈。"②

戴逵《竹林七贤论》亦有类似的一段记载：

初，籍与戎父浑俱为尚书郎，每造浑，坐未安，辄曰："与卿语，不如与阿戎语。"就戎，必日夕而返。籍长戎二十岁，相得如时辈。③

由此可见王戎少年之聪颖真是不同一般，故可算得上"英"的称号了。而王戎之雄，由宣武场观戏一事便可看出：

年六七岁，于宣武场观戏，猛兽在槛中虎吼震地，众皆奔走，戎独立不动，神色自若。魏明帝于阁上见而奇之。④

——《晋书·王戎传》

魏明帝于宣武场上断虎爪牙，纵百姓观之。王戎七岁，亦往看。虎承间攀栏而吼，其声震地，观者无不辟易颠仆，戎湛然不动，了无恐色。⑤

——《世说新语·雅量》

---

① 徐震堮：《世说新语校笺》，中华书局 1984 年版，第 195 页。
② 房玄龄：《晋书》第四册，中华书局 1974 年版，第 1231 页。
③ 韩格平：《竹林七贤诗文全集译注》，吉林文史出版社 1997 年版，第 632 页。
④ 房玄龄：《晋书》第四册，中华书局 1974 年版，第 1231 页。
⑤ 徐震堮：《世说新语校笺》，中华书局 1984 年版，第 196 页。

王戎幼而清秀。魏明帝时，于宣武场上为栏斗虎，使力士逆与之搏，纵人观之。戎年七岁，亦往观焉。虎乘间薄栏而吼，其声震地。观者无不僻易颠仆，戎安然不动。帝于阁上见之，使问姓名而异之。①

——《竹林七贤论》

当他人都战战兢兢唯恐跑不快之时，王戎却"神色自若"，真是胆力超凡，这也配得上"雄"的称号了。刘劭又说："然则英雄多少，能自胜之数也。徒英而不雄，则雄材不服也；徒雄而不英，则智者不归往也。故雄能得雄，不能得英；英能得英，不能得雄。故一人之身，建有英雄，乃能役英与雄。能役英与雄，故能成大业也。"② 王戎少年时便集英、雄为一身，可知其前途不可估量，但王戎却酷好道家哲思，向往老庄意趣，于是他的生活便出现了一种时官时隐、亦官亦隐的现象。

1. 官隐生活

少年英雄的王戎，长大之后却选择了老庄，他不希望被世俗所累，他想要在竹林间畅快逍遥，但他却不愿意与朝中大臣作对，于是官隐生活便成了他自己的一种处世方式。

明道若昧

老子有言曰："上士闻道，勤而行之；中士闻道，若存若亡；下士闻道，大笑之，不笑不足以为道。故建言有之：明道若昧，进道若退，夷道若类。上德若谷，大白若辱，广德若不足，建德若偷，质真若渝。大方无隅，大器晚成，大音希声，大象无形。道隐无名，夫唯道善贷且成。"③ 此为一种辩证逻辑，实指看似不明道的行为，却恰恰是最明道的。王戎本心向道，其又怎会不明道呢？《世说新语·言语》篇中记载："诸名士共至洛水戏，还，乐令问王夷甫曰：'今日戏乐乎？'王曰：'裴仆射善谈名理，混混有雅致；张茂先论史、汉，靡靡可听；我与王安丰说延陵、子房，亦超超玄著。'"这些是王戎的玄谈，但亦可

---

① 韩格平：《竹林七贤诗文全集译注》，吉林文史出版社1997年版，第632页。
② 刘劭：《人物志》，中华书局2009年版，第97页。
③ 楼宇烈：《老子道德经注校释》，中华书局2008年版，第111页。

反映他心中的老庄之志。他不贪求富贵，不受他人钱财，《世说新语·德行》篇载："王戎父浑，有令名，官至凉州刺史。浑薨，所历九郡义故，怀其德惠，相率致赙数百万，戎悉不受。"① 百万之金，王戎不取一厘，可见其人对富贵的鄙视。即使是在最不得已的时候，王戎也不会收受他人的钱财，《世说新语·雅量》一门中说："王戎为侍中，南郡太守刘肇遗筒中笺布五端，戎虽不受，厚报其书。"② 王戎不拿他人钱财，但也不想得罪于人，故回书一封，可却受到了他人的讥讽。《竹林七贤论》言："王戎为侍中，南郡太守刘肇遗筒中笺布五端，戎虽不受，厚报其书。议者金以为讥，世祖患之，乃发口诏曰：'以戎为士，义岂怀私?'议者乃息，戎亦不谢。"③ 王戎无心受金，任人讥笑，任人褒贬，王戎不怒也不谢恩。这是庄子"乘物以游心，托不得已以养中"的境界，常人又岂会知晓。王戎虽身在官场，却明白无为自胜的道理。"钟会伐蜀，过与戎别，问计将安出。戎曰：'道家有言，为而不恃，非成功难，保之难也'。及会败，议者以为知言。"④ 这是王戎的无为之谏，奈何钟会不听，故有此败。当然，说王戎官隐，是因为他即使官做得再大，他的心中也向往着老庄式的逍遥。王戎虽官运亨通，位至司徒，却"并未竭诚政务，而是与时浮沉，政绩平平"。他身在官途、心在竹林的雅志从戴逵《竹林七贤论》中这一段记载便可看出：

王戎简脱，不持仪形，好乘巴白马，虽为三司，率尔私行，巡省田园，不从一人，以手巾插腰。戎故吏多至大官，相逢，戎则下道避之。⑤

《晋书》亦有一段类似的记载，其文如下：

戎以晋室方乱，慕蘧伯玉之为人，与时舒卷，无蹇谔之节。自经典选，未尝进寒素，退虚名，但与时浮沈，户调门选而已。寻拜司徒，虽位总鼎司，而委事僚采。间乘小马，从便门而出游，见者不知其三公也。故吏多至大官，道

---

① 徐震堮：《世说新语校笺》，中华书局 1984 年版，第 13 页。
② 同上，第 13 页。
③ 韩格平：《竹林七贤诗文全集译注》，吉林文史出版社 1997 年版，第 633 页。
④ 房玄龄：《晋书》第四册，中华书局 1974 年版，第 1232 页。
⑤ 韩格平：《竹林七贤诗文全集译注》，吉林文史出版社 1997 年版，第 633 页。

路相遇辄避之。①

与时舒卷，与世浮沉，间乘小马，出门远游，虽为官员，却渴望身游与心游，故戴逵才会说他："晦默于危乱之际，获免忧祸，既明且哲，于是在矣。"若王戎真的一心做官，真心遵守礼法，怎么会有"婚家不通径前"的反教越礼行为呢？《世说新语·任诞》一门中记载此事曰："裴成公妇，王戎女。王戎晨往裴许，不通径前。裴从床南下，女从北下，相对作宾主，了无异色。"② 好一个了无异色，这与阮籍当垆醉酒、阮咸与猪共饮的任诞行为又有何异！因为王戎是鄙弃礼教的，故而他才会怪诞由性，看似把官做得很妥当的王戎，其实是十分明道的。

自晦避嫌

西晋，在王戎为官时期，已是危机四伏，人人想谋利，诸王欲谋反，王戎若继续无为守道，定会受到他人排斥。为了不得罪于人，不获罪于世，他选择了故意败坏名节以存身的策略，韬精保身、自晦避嫌。《世说新语·俭啬》一门对此有以下记载：

王戎俭吝，其从子婚，与一单衣，后更责之。③

司徒王戎既贵且富，区宅、僮牧、膏田、水碓之属，洛下无比。契书鞅掌，每与夫人烛下散筹算计。④

王戎有好李，卖之，恐人得其种，恒钻其核。⑤

王戎女适裴颜，贷钱数万。女归，戎色不说，女遽还钱，乃释然。⑥

然而家中筹算，谁人得见？卖李钻核，谁人会买？这些都是好事者的夸大之辞，未必真实。正如韩格平先生说王戎"多事之秋以此'自晦'，以示与挥金

---

① 房玄龄：《晋书》第四册，中华书局1974年版，第1234页。
② 徐震堮：《世说新语校笺》，中华书局1984年版，第395页。
③ 同上，第465页。
④ 同上，第466页。
⑤ 同上。
⑥ 同上。

如土，比富斗奢的豪门大族有别，原本无可厚非"①。此是以财晦身之举，后世能解王戎心思之人实在少之又少。故戴逵才会说："运有险易，时有昏明。如子之言，则蘧瑗、季札之徒，皆负责矣。自古而观，岂一王戎也哉?"② 其实说王戎吝啬真是误解他了，他是要借着"简要""尚约"之名（《世说新语·赏誉》："裴楷清通，王戎简要""戎尚约，楷清通"）来故意韬精保身、自晦避嫌。所以，王戎才是官隐的高士，不着痕迹，以财晦身。

与道同游

前文已说到王戎为官之时不顾理政，常乘小马从便门出游之事。可知任性、逍遥，才是他的本心。《晋书》言其"慕蘧伯玉之为人，与时舒卷，无蹇谔之节""任率不修威仪，善发谈端"，当然，他敬重的人物自然还是阮籍。《世说新语·简傲》一门中有一段这样的文字：

王戎弱冠诣阮籍，时刘公荣在坐，阮谓王曰："偶有二斗美酒，当与君共饮，彼公荣者无预焉。"二人交觞酬酢，公荣遂不得一杯，而言语谈戏三人无异。或有问之者，阮答曰："胜公荣者，不可不与饮酒；不如公荣者，不可不与饮酒；唯公荣，可不与饮酒。"③

刘孝标注此段为："籍与戎酬酢终日，而公荣不蒙一杯，三人各自得也。戎为物论所先，皆此类也。"可见，自得其意、自得于心，是他们三人共同的乐趣。《晋书》又载"戎每与籍为竹林之游，戎尝后至。籍曰：'俗物已复来败人意'，戎笑曰：'卿辈意亦复易败耳。'"谈笑间，可知王戎这个俗物其实并非俗物也，他是向往竹林之游、向往山林之乐的。正如其着公服、乘轺车经黄公酒垆时谓后车客说的那番言语一样："吾昔与嵇叔夜、阮嗣宗共酣饮于此垆，竹林之游，亦预其末。自嵇生夭、阮公亡以来，便为时所羁绁。今日视此虽近，邈若山河。"他想要"去君之累，除君之忧，而独与道游于大莫之国"④。然而却为时所羁，只能亦官亦隐。但王戎的心灵终究是净洁的，他身在官场，心系竹

---

① 韩格平：《竹林七贤诗文全集译注》，吉林文史出版社 1997 年版，第 606 页。
② 徐震堮：《世说新语校笺》，中华书局 1984 年版，第 466 页。
③ 同上，第 411 页。
④ 王先谦：《庄子集解》，中华书局 1987 年版，第 169 页。

林，是真正的官隐之人。故南宋李纲才会说："万里归来好同隐，竹林今只欠王戎。"之后同时代的刘宰也才会说："竹林已喜王戎近，莲社还堪惠远同。"这就是王戎的晦身晦德品性，同时也是王戎明道若昧、与道同游的官隐生活。

2. 诗性精神

诗性精神一词，引自吾师姜剑云先生《太康文学研究》一书。其在《诗性精神、文学精神新说与太康"文章中兴"原论》一文中明确指出"诗性精神是指出乎原始冲动的、自发的抒发情感的精神。诗性精神亦可称之为抒情精神"①。那么，王戎的诗性精神又体现在什么地方呢？

哀毁骨立

哀毁骨立，这是王戎丧母后的状况。《世说新语·德行》一门记载："王戎、和峤同时遭大丧，具以孝称。王鸡骨支床，和哭泣备礼。武帝谓刘仲雄曰：'卿数省王、和不？闻和哀苦过礼，使人忧之。'仲雄曰：'和峤虽备礼，神气不损；王戎虽不备礼，而哀毁骨立。臣以和峤生孝，王戎死孝。陛下不应忧峤，而应忧戎。'"所谓"骨立者，言其瘠甚，身肉俱消，唯骨立也"②。可知这是原始冲动的情感喷发，故此为王戎诗性精神的直接体现。据《晋书》记载，王戎因母忧去职，其间"性至孝，不拘礼制，饮酒食肉，或观弈棋，而容貌毁悴，杖然后起。裴颁往吊之，谓人曰：'若使一恸能伤人，濬冲不免灭性之讥也。'"③ 这简直就是阮籍丧母行为的再版，但却依旧至诚至恳、情真意切。这里寄寓着王戎对母亲的爱恋、对母亲的依赖，他要的不是礼法，而是真情。所以，王戎才会鸡骨支床，才会哀毁骨立，这是其抒情精神也即诗性精神的第一个表现。

情之所钟

王戎不仅经历了母丧，而且也经历了丧子的痛苦。白发人送黑发人是多么令人伤心、令人悲痛。《世说新语·伤逝》一门中记载了一段王戎之子王绥去世后其与山简的对话：

---

① 姜剑云：《太康文学研究》，中华书局 2003 年版，第 209 页。
② 徐震堮：《世说新语校笺》，中华书局 1984 年版，第 12 页。
③ 房玄龄：《晋书》第四册，中华书局 1974 年版，第 1233 页。

王戎丧儿万子，山简往省之，王悲不自胜。简曰："孩抱中物，何至于此？"王曰："圣人忘情，最下不及情。情之所钟，正在我辈。"简服其言，更为之恸。①

这是至情论的对答，圣人可忘情，下等人不懂何为情，"情之所钟，正在我辈！"多么奔放，又是多么惨烈的回答啊！自己的孩子去世又怎么会不伤心呢？人都是有感情的，"情之所钟，正在我辈"显示出王戎的确是个至情至性之人。这就是原始的、自发的抒情精神，即王戎诗性精神的第二个表现。

卿卿我我

"卿卿我我"一词现在成了一个俗语，表示男女相爱、十分亲昵、情意绵绵。其实，它的出处就是来自王戎的一个典故，《世说新语·惑溺》一门中有文如下：

王安丰妇，常卿安丰。安丰曰："妇人卿婿，于礼为不敬，后勿复尔。"妇曰："亲卿爱卿，是以卿卿；我不卿卿，谁当卿卿？"遂恒听之。②

"卿"字，古代本是上级对下级的一种称呼，即"你"字，妇人若这样称呼自己的丈夫是不合礼教的。王戎本来要批评妻子的，可一听妻子卿卿我我那样温柔，就索性由着她吧，于是"遂恒听之"。可见，王戎对妻子的纵容和放任，当然更体现出其对自己妻子的疼爱与关心。这里说的不是亲情，而是爱情。这种对妻子言语的放任亦是一种自发、原始抒情精神的表露，即是王戎诗性精神的第三个表现。

对母亲的依恋，对儿子的不舍，对妻子的疼爱，都是王戎出乎原始冲动的、自发的抒发情感的精神，是他至情至性的表现，也是其诗性精神的反映。由此可见，王戎的确是一个真性情之人。

3. 品评与劝诫

王戎和阮咸一样，无作品传世。阮咸留给后人的是一些支言碎语，王戎留

---

① 徐震堮：《世说新语校笺》，中华书局 1984 年版，第 349 页。
② 同上，第 492 页。

下的却是一些玄谈、品评与劝诫他人的短语。

王戎评嵇康时说："与嵇康居二十年，未尝见其喜愠之色"；评王祥时说："太保君在正始中，不在能言之流；及与之言，理中情远，将无以德掩其言"；评山涛时说："如璞玉浑金，人皆钦其宝，莫知名其器"；评阮武时说："清伦有鉴识，汉元以来未有此人"；评王衍时说："太尉神姿高彻，如瑶林琼树，自然是风尘外物。"这些都是王戎对人物的评语，但我们却可以看出，他品评人物的出发点均为道家哲思。例如慎言慎行、乘道德以游心、不饰雕琢、浑然天成、风尘外物等。由此可知王戎虽在官途，心依旧置于老庄哲思之中。

除此之外，王戎亦有许多劝诫他人的言语。钟会欲伐蜀，王戎劝道："为而不恃，非成功难，保之难也"；司马繇专断刑赏，王戎劝道："大事之后，宜深远之"；司马冏欲扫除元恶，王戎劝道："若以王就第，不失故爵。委权崇让，此求安之计也。"但他们都没有听王戎的劝诫，后来果然钟会败兵、司马繇获罪、司马冏被斩于阊阖门外。可见，王戎还是很有远识的，从中我们亦可看出他明道若昧、以退为进的存生本色。这是王戎品评人物和劝诫他人的言谈，但也一定程度上反映了王戎明白简约的文思和清正远识的谈风。

4. 王戎所产生的诗歌意象

王戎李

王戎幼年聪颖，因不食路边苦李而出名，于是，后世文人多用"王戎李"这一意象象征人们儿时便聪慧过人或是用此意象描述李子很苦的事实。当然"王戎李"这一意象还有另外一种解释，那就是人言王戎卖李钻核的吝啬，虽然此典并不可信，但后人仅是借用此意象抒情而已，别无他意。例如：

儿时黠慧岂寻常，苦李徒教结道傍。何事季年痼更甚，为财钻核长膏肓。①

——葛胜仲《王戎》

课孙课子业桑麻，最喜无人识故家。八口日支资地力，一头雪色感年华。

---

① 北京大学古文献研究所：《全宋诗》卷一三六八，北京大学出版社 1996 年版，第 15690 页。

甜瓜苦过王戎李，古木枯如博望槎。岂得不谙培植性，又思寻客学餐霞。①

——董嗣杲《题大赛山中人家》

歌舞无端失旧恩，蘸台响屧总消魂。多情只有王戎李，犹带东窗指甲痕。②

——吴绮《客有谈醉李者戏成一绝》

前两首诗一言聪慧，一言苦李，而最后一首诗便真用王戎钻李典故来言人之无事多情、煞费苦心的情绪了。但王戎不食道边李为聪慧，果真卖李钻核也是一种晦行的策略，这两点都是对王戎人格的肯定。我们不可轻易误认为王戎吝啬、小气，否则就真的小看了这位竹林名士了。

王戎舞

此意象来自王戎的一个典故，《世说新语·任诞》篇中记载："王长史、谢仁祖同为王公掾，长史云：'谢掾能作异舞。'谢便起舞，神意甚暇。王公熟视，谓客曰：'使人思安丰。'"可见，王戎是任情不拘、随意起兴的，后世便用"王戎舞"来表示人心情的畅快、胸襟的豁达。例如：

春水望桃花，春洲藉芳杜。琴从绿珠借，酒就文君取。牵马向渭桥，日曝山头脯。山简接䍠倒，王戎如意舞。筝鸣金谷园，笛韵平阳坞。人生一百年，欢笑惟三五。何处觅钱刀，求为洛阳贾。③

——庾信《对酒歌》

今日小园中，桃花数树红。开君一壶酒，细酌对春风。未能扶毕卓，犹足舞王戎。仙人一捧露，判不及杯中。④

——庾信《答王司空饷酒》

微官何事劳趋走，服药闲眠养不才。花里碁盘憎鸟污，枕边书卷讶风开。故人问讯绿同病，芳月相思阻一杯。应笑王戎成俗物，遥持尘尾独徘徊。⑤

——韦应物《假中枉卢二十二书示称卧疾兼讶李二久不访问以诗答书因以

---

① 北京大学古文献研究所：《全宋诗》卷三五七零，北京大学出版社 1996 年版，第 42684 页。
② 吴绮：《林蕙堂全集·卷二十二》，文渊阁四库全书影印本，上海古籍出版社 2003 年版。
③ 逯钦立：《先秦汉魏晋南北朝诗》，中华书局 1983 年版，第 2347 页。
④ 同上，第 2393 页。
⑤ 彭定求：《全唐诗》卷一百九十，中华书局 1960 年版，第 1942 页。

戏李二》

　　唐代著名画家孙立所作《高逸图》，第二位便是王戎。其裸足跌坐、手执如意、轻轻舞动，可知王戎舞是任性不羁、畅快自在的象征，这种意象所传达的精神亦令后世无数文人倾倒。

　　王戎亦随着历史的潮流而去，人们或讥讽他、或夸耀他、或鄙视他、或崇敬他，他还是那个明道若昧、暗自韬晦的王戎。也许只有萧统的一首诗最能恰当地概括王戎之品性了吧——"濬冲殊萧散，薄暮至中台。征神归鉴景，晦行属聚财。嵇生袭玄夜，阮籍变青灰。留连追宴绪，垆下独徘徊。"这是王戎一生的真实写照，萧散任心、官隐晦行、乘物游心、至情至性。

第五章

综 论

一、竹林七贤之关系

以上章节分论了阮籍、嵇康、向秀、刘伶、山涛、阮咸、王戎的人格精神及其对文学方面的影响，但他们七人之间的关系又是怎样的呢？他们的交游情况又是如何的呢？以下我们将试着探讨这两个问题。

1. 竹林之游

之所以称他们七人为竹林七贤，很重要的一个原因便是他们曾在竹林交游。竹林本是隐逸的象征，《世说新语·任诞》篇中记载：

王子猷尝暂寄人空宅住，便令种竹。或问："暂住何烦尔？"王啸咏良久，直指竹曰："何可一日无此君？"①

正是因为竹子能够代表主人的高洁品质，才不可一日无竹。而在竹林中游乐，更是一种遗世脱俗的情操。孙盛《魏氏春秋》云："康寓居河内之山阳县，与之游着，未尝见其喜愠之色。与陈留阮籍、河内山涛、河南向秀、籍兄子咸、琅邪王戎、沛人刘伶相与友善，游于竹林，号为七贤。"类似的记载还有以下两则：

---

① 徐震堮：《世说新语校笺》，中华书局1984年版，第408页。

陈留阮籍、谯国嵇康、河内山涛三人年皆相比，康年少亚之。预此契者，沛国刘伶、陈留阮咸、河内向秀、琅邪王戎。七人常集于竹林之下，肆意酣畅，故世谓竹林七贤。①

——《世说新语·任诞》

盖其胸怀所寄，以高契难期，每思郢质。所与神交者惟陈留阮籍、河内山涛，豫其流者河内向秀、沛国刘伶、籍兄子咸、琅邪王戎，遂为竹林之游，世所谓竹林七贤也。②

——《晋书·嵇康传》

由以上材料可知，七人交游是不争的事实。"七人常集于竹林之下""游于竹林""遂为竹林之游"，这都是他们七人与竹林的缘分。七人同乐、七人共游，是一种群体性、共同性、集团性的存在。但并不是说七人总是同时在竹林出现，即并不是每一次相聚都是七人一个不缺。他们的竹林之游是没有约定性、时间性的，他们随时都可到竹林畅怀，若遇见其他贤士正好一同游乐，遇不到独自逍遥亦未尝不可。正如《世说新语·排调》篇中所记："嵇、阮、山、刘在竹林酣饮，王戎后往，步兵曰：'俗物已复来败人意'，王笑曰：'卿辈意亦复可败邪？'"此处便是嵇、阮、山、刘四人畅饮于竹林的例子，王戎是后来赶到的，而向秀和阮咸却没来，这说明了他们交游的随意性。

下面我们将其他竹林之游的材料简单列举一下：

王濬冲为尚书令，着公服，乘轺车，经黄公酒垆下过。顾谓后车客："吾昔与嵇叔夜、阮嗣宗共酣饮于此垆。竹林之游，亦预其末。自嵇生夭、阮公亡以来，便为时所羁绁。今日视此虽近，邈若山河。"③

——《世说新语·伤逝》

嵇康为竹林之游，预其流者向秀刘伶之徒。④

——《昭明文选》注

---

① 徐震堮：《世说新语校笺》，中华书局1984年版，第390页。
② 房玄龄：《晋书》第五册，中华书局1974年版，第1370页。
③ 徐震堮：《世说新语校笺》，中华书局1984年版，第348页。
④ 萧统：《文选》，中华书局1977年版，第229页。

阮咸，字仲容，籍之兄子也，与籍俱为竹林之游，官止始平太守。①

——《竹林名士传》

父熙，武都太守。咸任达不拘，与叔父籍为竹林之游，当世礼法者讥其所为。②

——《晋书·阮咸传》

与嵇康、吕安善，后遇阮籍，便为竹林之交，著忘言之契。③

——《晋书·山涛传》

身长六尺，容貌甚陋。放情肆志，常以细宇宙齐万物为心。澹默少言，不妄交游，与阮籍、嵇康相遇，欣然神解，携手入林。④

——《晋书·刘伶传》

这些材料或从刘伶入林，或从阮咸之游，或从山涛之交等不同角度反映了竹林之游的真实性和人数不确定性。竹林七贤是一个文士群体，他们都心怀老庄之志，他们都向往隐逸生活，因此，他们会定期或不定期地在竹林相聚。或饮，或啸，或弹，或论，总之，他们是志趣相投、情洁志芳的一群人，因此，竹林七贤总令后人无限钦慕。或妒其能得知音，或羡其能遂心志，或爱其才华横溢，或慕其超尘脱俗。竹林之游，是历史的永恒，也是历史的唯一。

2. 七贤关系分述

竹林七贤之间的关系深浅、关系亲疏，我们很难得知，因为现有的竹林七贤材料实在少得可怜，我们也只能靠这些零散的材料来推测一下七人之间的关系如何了。

首先说阮籍。在竹林七贤之中，阮籍是位主导人物，除了向秀，史书均有他与其他五人单独交往的记载。因其人任性旷达，其文学作品最丰最优，故唐代李京在《重建阮嗣宗庙碑》中称其为"七贤之领袖"，而明代靳於中在《阮

---

① 韩格平：《竹林七贤诗文全集译注》，吉林文史出版社 1997 年版，第 636 页。
② 房玄龄：《晋书》第五册，中华书局 1974 年版，第 1362 页。
③ 同上，第四册，第 1223 页。
④ 同上，第五册，第 1376 页。

嗣宗文集序》中亦称他为"命世大贤"，可见，阮籍在竹林七贤中地位的重要。那么，阮籍跟谁的关系最亲密呢？自然是阮咸！阮咸是阮熙的儿子，即是阮籍的侄子，他们是有血缘关系的，亲密程度自不寻常。阮咸从小就崇拜叔父，和阮籍一同游玩，并加入竹林七贤，而阮籍也认为阮咸和他是同一路人。《晋书》中阮浑（阮籍之子）想要学父亲阮籍之通达，被阮籍劝道："仲容已豫吾此流，汝不得复尔！"戴逵《竹林七贤论》中说："籍之抑浑，盖以浑未识己之所以为达也。"这句话也能从侧面反映出相对于阮浑来讲，阮籍更能接受阮咸加入竹林之游的事实。当然，阮咸是阮籍的侄子，从严格意义上说这不是朋友，而和阮籍真正交心的朋友则是嵇康。《晋百官名》中记载："籍能为青白眼，见凡俗之士，以白眼对之。及喜往，籍不哭，见其白眼，喜不怿而退。康闻之，乃赍酒挟琴而造之，遂相与善。"① 能让阮籍在乱世之中青眼相视的恐怕也只能是嵇康了，"遂相与善"也说明他们后来关系的亲密。其实，历史上的记载根本就没有将他们二人分开过，有阮便有嵇，有嵇便有阮。例如《晋阳秋》说山涛时说"尝与阮籍、嵇康诸人著忘言之契"；《晋书》说刘伶时亦云"与阮籍、嵇康相遇"；《世说新语》言山涛之妻的好奇之心时也说"山公与嵇、阮一面"……后代诗词将嵇阮连在一起的更是比比皆是，此处不再举例。据曾国藩所言，阮籍《咏怀诗·平昼整衣冠》中的"宾客子"说的便是嵇康②；而黄节亦在评《咏怀诗·王子十五年》这首诗时说到此为"吊嵇康也"③。而对于嵇康一死，阮籍便郁郁而亡，更有支道林一年殒而法虔亡、王子敬一月丧而王子猷去的知己同归之巧合，可见，阮籍与嵇康的关系着实非比一般。再之后，阮籍比较厚爱的应是王戎了。王戎虽比阮籍小二十四岁，但阮籍却与其交情甚重。阮籍去拜访王浑（王戎之父），每回都是"俄顷辄去"，而"过视戎"，则"良久然后出"，并与王浑说出"共卿言不如共阿戎谈"这样无拘无束的话语。可见，阮籍对王戎的喜爱。《晋阳秋》记载："戎年十五，随父浑在郎舍，阮籍见而悦焉。每适浑俄顷，辄在戎室久之。乃谓浑：'濬冲清尚，非卿伦也。'"④ 这里的"见而悦

---

① 徐震堮：《世说新语校笺》，中华书局 1984 年版，第 412 页。
② 陈伯君：《阮籍集校注》，中华书局 1987 年版，第 368 页。
③ 黄节：《阮步兵咏怀诗注》，中华书局 2008 年版，第 414 页。
④ 徐震堮：《世说新语校笺》，中华书局 1984 年版，第 411 页。

焉"足以表达阮籍对王戎的喜悦之情。而其与刘伶、山涛的关系,从历史材料来看,则显得相对疏远一些。阮籍和刘伶是酒友,他们因酒相聚、因酒相交、因酒相合,故《文士传》说阮籍"后闻步兵厨中有酒三百石,忻然求为校尉,于是入府舍与刘伶酣饮"。如果说阮籍与刘伶是酒友,那他与山涛可称得上是真正的好友了。真正的朋友,平时不怎么言语,不怎么交往,但却将对方永远放在自己的心中,这就叫作忘言之交。据《晋阳秋》记载:"涛素雅恢达,度量弘远,心存事外,而与时俯仰。尝与阮籍、嵇康诸人著忘言之契。"这些是阮籍与其他五贤的关系,而其与向秀单独交往的材料至今没发现,具体亲疏程度如何,暂不好下结论。

其次,我们看一下嵇康。嵇康是具有亢龙精神之人,他秉性刚烈、气度超凡,其交友的要求自是很高。不过,他最仰慕的还是阮籍。其在《与山巨源绝交书》中写道:"阮嗣宗口不论人过,吾每师之,而未能及。至性过人,与物无伤。"可见,他是从心里将阮籍认作自己的楷模的,故在阮籍丧母之时才会有"赍酒挟琴而造"的一幕场景。历代文人也经常将嵇、阮并提,如"逸兴嵇将阮,交情陈与雷"(白居易《文酒会联句》);如"窃恐阮与嵇,于此未能耳"(黄裳《七贤里》);如"整顿竹篱茅舍,邀嵇阮、谢绝苏张"(彭华《满庭芳·和东坡》)等,嵇阮同时出现的诗句可谓不胜枚举。可见,嵇阮关系之亲密,已得到后世文人的一致认同。之后与嵇康关系比较亲密的应是山涛了。嵇康虽曾作过《与山巨源绝交》一书,可全文未言绝交之意,只借此来述自己"七不堪,二不可"的鄙俗心志,因此,戴明扬先生校此文时说其"惟出于一时之情,非真绝耳"。张云璈则更直接地说"书题本出自后人,今去之",可见,嵇康并非真与山涛绝交。而他临死对其子嵇绍言"山公尚在,汝不孤矣",也足以证明嵇康与山涛关系的不同寻常。他并没有把孩子交于向秀或是王戎等人,而是托付给山涛,这是因为他对山涛的信任。《云仙散记》记载:"嵇康抱琴访山涛,涛醉,欲剖琴,曰:'吾卖东阳旧业以得琴,乞尚书令河轮佩玉截为徽,货所依玉簾巾单,买缩丝为囊,论其价,与武库争先,汝欲剖之,吾从死矣。'"① 抱琴访涛亦表明嵇康对山涛的敬重与依赖。再之后便应是向秀了,嵇康与向秀可算

---

① 戴明扬:《嵇康集校注》,人民文学出版社1962年版,第372页。

是情投意合之友。《晋书》记载："康居贫，尝与向秀共锻于大树之下"，后世文人也将此事引入诗歌之中，出现了向秀佐锻的一种意象。当然，最能体现嵇、向二人关系不同寻常的事件则是对养生问题的答难，嵇康作《养生论》，向秀便为《难养生论》，后嵇康再为《答难养生论》。文思与哲思上的切磋，促进了二人友谊的发展，也促进了中国文学的繁荣。再后来，可以提到的应是王戎了。王戎提到"与嵇康居二十年，未尝见其喜愠之色"，二十年可是个不短的年头，这表明嵇、王二人友谊期限的长久。但长度并不能等同于深度，其与王戎之交比起阮、山、向三人还是要相对淡一些。最后要说的是刘伶，臧荣绪《晋书》称"嵇康为竹林之游，预其流者向秀，刘伶之徒"，的确与之有交往，但他与刘伶之间的关系从现有的材料分析却不甚明朗。透过以上分析，可知嵇康与阮咸的单独交往是项空白，材料有限，实难弥补。

现在我们谈向秀，向秀是个温柔敦厚的学者，他一生默默无闻、容迹于世，故关于他与其他六贤的交往是少之又少的。他与嵇康关系是最亲密的，不仅是《难养生论》，更有《思旧赋》可以为证。此赋思念嵇康、悼念嵇康，感情真挚、内心痛楚，足见其与嵇康之间的真情。《晋书》载："始，秀欲注，嵇康曰：'此书讵复须注，正是妨人作乐耳。'及成，示康曰：'殊复胜不？'又与康论养生，辞难往复，盖欲发康高致也"。从"示康""又与康论"中，便可凸显向秀对嵇康的钦佩。此外，向秀与山涛也是有单独交往记录的。《晋书》谈到向秀时说道："清悟有远识，少为山涛所知"，可见，最先了解向秀的贤士却是山涛，只不过与其深交的是嵇康罢了。我们可从嵇、向二人共同漠视钟会，向秀鼓风、嵇康锻铁，嵇向二人反复答难便可窥得全豹。而向秀与二阮、刘、王四人的单独交往也因材料不足，很难展开论述。

再谈刘伶。刘伶是一位"荷锸狂人"，他幕天席地，唯酒是务，只知与天地同醉，谈他与人交往真是有些难为他了，但我们仍可从一些零星的资料中见到与其相交的一些朋友。例如《竹林七贤论》中言："籍与伶共饮步兵厨中，并醉而死"；再如《晋书》说刘伶"澹默少言，不妄交游，与阮籍、嵇康相遇，欣然神解，携手入林"；《世说新语·排调》篇中亦云："嵇、阮、山、刘在竹林酣饮，王戎后往。步兵曰：'俗物已复来败人意！'王笑曰：'卿辈意亦复可败邪？'"可见，刘伶与阮籍、嵇康、山涛、王戎是有交往的，而对于其与向秀、阮咸的交往，只能在竹林之游的几则材料中寻找了，单独出现的言论记载着实难觅。

　　这时我们要谈一下竹林七贤的尊者，即七贤中年纪最大之人，那便是山涛。山涛对于竹林七贤相聚，乃至竹林之游都有着至关重要的作用，因为其他六人无一没有和山涛相交过，可见，山涛的亲和力非同寻常。《世说新语·贤媛》篇中说："山公与嵇、阮一面，契若金兰。山妻韩氏，觉公与二人异于常交，问公，公曰：'我当年可以为友者，唯此二生耳。'"① 这是山公与阮籍、嵇康二人的单独交往。而相比阮、嵇二人，其应该更喜爱嵇康。《世说新语·政事》篇注引虞预《晋书》说其"好庄、老，与嵇康善"，我们亦可从他举荐嵇康为吏部郎一事窥得一斑。虽然被嵇康拒绝，但仍可看出他对嵇康的器重。之后其受嵇康托孤之重任，屡荐嵇绍为秘书郎，对嵇康之子就像对其亲生孩子一样照顾，足见其与嵇康感情的深厚。《竹林七贤论》中记载："山涛与阮籍、嵇康皆一面，而契若金兰。涛妻韩氏尝以问涛，涛曰：'当年可为友者，唯此二人耳。'妻曰：'负羁之妻，亦观狐、赵，意欲一窥之，可乎？'涛曰：'可也'。二人至，妻劝涛留之宿，具酒食，夜穿牖而窥之。涛入曰：'所见何如君？'妻曰：'君才殊不如也，正当以识度相友。'涛曰：'然，伊辈亦当谓我度胜。'"② 能让自己的妻子"夜穿牖而窥之"，可见，他对嵇康、阮籍二人的感情的确深厚。之后，山涛与阮咸的关系应该也是很亲密的，他的《山公启示》说阮咸"贞素寡欲，深识清浊，万物不能移也。若在官人之职，必妙绝于时"，由此可知其对阮咸很是欣赏与器重。而他识得少年向秀，与刘伶在竹林酣饮并等待迟到的王戎的一些记载也充分说明了山涛的魅力。他虽然官做得很大，但为人清正廉洁、贞慎俭约，赢得了其他六贤共同的敬重，所以说他是竹林七贤的尊者，丝毫不为过也。

　　下面我们谈一下阮咸。阮咸一生无为，虽行为怪诞，但却能真正一心向道，故身贫，心志却极高。与他最亲密的人自是叔父阮籍，《晋书》记载阮咸："父熙，武都太守。咸任达不拘，与叔父籍为竹林之游，当世礼法者讥其所为"；《竹林名士传》曰："阮咸，字仲容，籍之兄子也。与籍俱为竹林之游，官止始

---

① 徐震堮：《世说新语校笺》，中华书局 1984 年版，第 369 页。
② 韩格平：《竹林七贤诗文全集译注》，吉林文史出版社 1997 年版，第 630 页。

"平太守"，可见，他是被阮籍带到竹林里来的。他又是阮籍的侄子，故与阮籍关系自比其他五贤亲密很多。然后，我们可从《晋书》"山涛举咸选典，曰：'阮咸贞寿寡欲，深识清浊，万物不能移'"一事知晓其与山涛是有私交的。至于与嵇、向、刘、王四人的交往，限于材料不足，一时难以寻出他们之间关系的亲疏程度如何。

最后，我们要提及的是竹林七贤中年纪最小的王戎了。王戎应该是最敬重阮籍的，他幼时就和阮籍交谈，并使阮籍"良久然后出"。《世说新语·简傲》篇中有这么一则材料，其文如下：

> 王戎弱冠诣阮籍，时刘公荣在坐，阮谓王曰："偶有二斗美酒，当与君共饮，彼公荣者无预焉。"二人交觞酬酢，公荣遂不得一杯，而言语谈戏三人无异。或有问之者，阮答曰："胜公荣者，不可不与饮酒；不如公荣者，不可不与饮酒；唯公荣，可不与饮酒。"①

这是王戎弱冠之年造访阮籍所发生的一件趣事，但也可知王戎对阮籍是钦慕和喜爱的。《世说新语·伤逝》篇说："王濬冲为尚书令，着公服，乘轺车，经黄公酒垆下过。顾谓后车客：'吾昔与嵇叔夜、阮嗣宗共酣饮于此垆。竹林之游，亦预其末。自嵇生夭、阮公亡以来，便为时所羁绁。今日视此虽近，邈若山河。'"可知他对阮籍、嵇康的哀悼思念之情。而谈到嵇康，虽说感情不如阮籍那样浓厚，但王戎却与其相处得很长。《世说新语·德行》中言王戎"与嵇康居二十年，未尝见其喜愠之色"，这些都是王戎与阮籍、嵇康之间的交往。当然，由《世说新语·排调》篇中"嵇、阮、山、刘在竹林酣饮，王戎后往。步兵曰：'俗物已复来败人意！'王笑曰：'卿辈意亦复可败邪'"，也可得知，王戎和山涛、刘伶是有交往的，只是感情比嵇、阮淡了许多。至于其与向秀、阮咸的单独交往言行，史书材料不足，一时难以探明，有待日后进一步挖掘。

以上分述了竹林七贤个人与其他诸贤的交往情况，从中我们亦可看出七贤中阮籍、嵇康、山涛地位的显著突出，而向秀、刘伶、阮咸、王戎的材料明显少很多，这是历史的原因，和其人格地位并不冲突。总之，竹林七贤是一个卓

---

① 徐震堮：《世说新语校笺》，中华书局1984年版，第411页。

绝不俗、超然独立的群体，他们一次次成为后世文人所效仿的楷模。孙绰所著《道贤论》便以七沙门比竹林七贤，他说："七沙门者，以法祖匹嵇康，以道潜匹刘伶，以法护匹山涛，以法乘匹王戎，以支遁匹向秀，以法兰匹阮籍，以于道邃匹阮咸也。"① 此事《高僧传》亦有记载，但竹林之风潇洒飘逸、遗世弃俗，岂常人可学乎？故沈约的《七贤论》才会说："寰中妙趣，固冥然不睹矣。自嵇阮之外，山向五人，止是风流气度，不为世匠所骇。且人本含情，情性宜有所托，慰悦当年，萧散怀抱，非五人之与，其谁与哉？"② 竹林七贤，是魏晋的魅力，也是历史的风流，令人仰叹，却永远无法企及。

二、竹林七贤与药、酒及音乐之关系

1. 竹林七贤与药

魏晋风流，离不开药。据鲁迅先生研究，服药之风始于何晏（鲁迅《魏晋风度及文章与药及酒之关系》中说何晏是"吃药的祖师"，并说"吃散发源于何晏"）③，《世说新语》中也有对其服药的记载：

何平叔云："服五石散，非唯治病，亦觉神明开朗。"④

——《世说新语·言语》

但是刘孝标却引秦丞相《寒食散论》中的文字言："寒食散之方，虽出汉代，而用之者寡，靡有传焉。魏尚书何晏首获神效，由是大行于世，服者相寻也。"⑤ 由此可知，何晏并非寒食散的发明者，而是服食此散的倡导者。据《世说新语·容止》篇"何平叔美姿仪，面至白。魏明帝疑其傅粉，正夏月，与热

---

① 徐震堮：《世说新语校笺》，中华书局1984年版，第121页。
② 穆克宏：《魏晋南北朝文论全编》，江苏教育出版社2004年版，第222页。
③ 鲁迅：《鲁迅全集》第三卷，人民文学出版社1981年版，第510页。
④ 徐震堮：《世说新语校笺》，中华书局1984年版，第40页。
⑤ 同上。

汤饼。既啖，大汗出，以朱衣自拭，色转皎然"① 来看，何晏并没有搽粉，但这是否是服食之功效尚不知晓。总之，他面色白净得令人嫉妒，这大概就是秦丞相所认为的"首获神效"吧！据葛洪《抱朴子·金丹》篇所言："五石者，丹砂、雄黄、白凡、曾青、慈石也。"徐震堮《世说新语校笺》中说："其药皆金石之类，服后必徐步以消释亡，谓之'行散'。"② 对于服散与行散的状况，《世说新语》一书中也屡有记载，试举三例如下：

初，桓南郡、扬广共说殷荆州，宜夺殷觊南蛮以自树。觊亦即晓其旨。尝因行散，率尔去下舍，便不复还，内外无预知者。意色萧然，远同斗生之无愠。时论以此多之。③

——《德行》

王恭始与王建武甚有情，后遇袁悦之间，遂至疑隙。然每至兴会，故有相思。时恭尝行散至京口射堂，于时清露晨流，新桐初引，恭目之曰："王大故自濯濯。"④

——《赏誉》

桓南郡被召作太子洗马，船泊荻渚，王大服散后已小醉，往看桓。桓为设酒，不能冷饮，频语左右："令温酒来！"桓乃流涕呜咽，王便欲去。桓以手巾掩泪，因谓王曰："犯我家讳，何预卿事！"王叹曰："灵宝故自达。"⑤

——《任诞》

由此可知，服药在魏晋时期已形成一种风气了，但对于竹林七贤有没有影响呢？鲁迅先生在《魏晋风度及文章与药及酒之关系》一文中只说了"嵇康也兼服药"⑥ 这么一句，看来，我们只能从七贤的诗文与史料中来探究他们与药物的关系了。

当然，我们可以确定七贤中嵇康是服药的贤士，《晋书》中说他"常修养性

① 徐震堮：《世说新语校笺》，中华书局1984年版，第333页。
② 同上，第25页。
③ 同上，第25页。
④ 同上，第271页。
⑤ 同上，第409页。
⑥ 鲁迅：《鲁迅全集》第三卷，人民文学出版社1981年版，第510页。

服食之事"，又言"康尝采药游山泽，会其得意，勿焉忘反"。袁宏的《竹林名士传》中记载："王烈服食养性，嵇康甚敬之，随入山。烈尝得石髓，柔滑如饴，即自服半，余半，取以与康，皆凝而为石"，其又言："嵇叔夜尝采药山泽，遇之于山，冬以被发自覆，夏则编草为裳，弹一弦琴而五音和。"由上述材料可知嵇康不仅相信"饵术黄精，令人久寿"，而且是亲自去采药、服食的。嵇康实在太相信服药可以长生这一理论了，他在《养生论》中说出"上药养命，中药养性者，诚知性命之理，因辅养以通也""又呼吸吐纳，服食养身，使形神相亲，表理俱济也""夫服药求汗，或有弗获，而愧情一集，涣然流离"等等言论，并认为服药不可中断，必须持之以恒，方显功效（其《养生论》言："其次自力服药，半年一年，劳而未验；志以厌衰，中路复废。或益之以畎浍，而泄之以尾闾；欲坐望显报者。或抑情忍欲，割弃荣愿，而嗜好常在耳目之前，所希在数十年之后。又恐两失，内怀犹豫，心战于内，物诱于外，交赊相倾，如此复败者。夫至物微妙，可以理知，难以目识，譬犹豫章，生七年然后可觉耳，今以躁竞之心，涉希静之涂；意速而事迟，望近而应远；故莫能相终"）。之后他又答向秀之文，作《答难养生论》，并在此文中说道："上药希寡，艰而难致""流泉甘醴，琼蕊玉英，金丹石菌，紫芝黄精，皆众灵含英，独发奇生""孰云五谷为最，而上药无益哉？"这是嵇康对上药的重视，他一直认为服食可养生延寿，即使在嵇康的诗歌之中，亦有对其服药这一信念的反映。试举两例如下：

遥望山上松，隆谷郁青葱。自遇一何高，独立迥无双。愿想游其下，蹊路绝不通。王乔弃我去，乘云驾六龙。飘飖戏玄圃，黄老路相逢。授我自然道，旷若发童蒙。采药钟山隅，服食改姿容。蝉蜕弃秽累，结友家板桐。临觞奏九韶，雅歌何邕邕？长与俗人别，谁能睹其踪？①

——《游仙诗》

思与王乔，乘云游八极。思与王乔，乘云游八极。凌厉五岳，忽行万亿。授我神药，自生羽翼。呼吸太和，练形易色。歌以言之，思行游八极。②

——《秋胡行七首·其六》

① 戴明扬：《嵇康集校注》，人民文学出版社 1962 年版，第 39 页。
② 韩格平：《竹林七贤诗文全集译注》，吉林文史出版社 1997 年版，第 319 页。

我们可以看出嵇康信药，也信仙。即他认为人服药养生后便可长寿，亦可成仙。但"上获千余岁，下可数百年"只是他的理想，他自己却也夭折早逝，令人伤痛。相对于嵇康对服药的坚定，阮籍却很矛盾。

阮籍将服药之事升华到了养生、成仙的高度上来，但他自己却始终犹豫不决、徘徊不定。他想要信药、信仙，却又总觉得这些很缥缈，于是徘徊于信于不信之间成了阮籍对药与仙的看法。例如他有不信药、不信仙的心迹：

天网弥四野，六翮掩不舒。随波纷纶客，泛泛若浮凫。生命无期度，朝夕有不虞。列仙停修龄，养志在冲虚。飘飘云日间，邈与世路殊。荣名非己宝，声色焉足娱。采药无旋返，神仙志不符。逼此良可惑，令我久踟躇。①

——《咏怀诗·其四十一》

鸣鸠嬉庭树，焦明游浮云。焉见孤翔鸟，翩翩无匹群。死生自然理，消散何缤纷。②

——《咏怀诗·其四十八》

人言愿延年，延年欲焉之？黄鹄呼子安，千秋未可期。独坐山岩中，恻怆怀所思。王子一何好！猗靡相携持。悦怿犹今辰，计校在一时。置此明朝事，日夕将见欺。③

——《咏怀诗·其五十五》

由此可见，阮籍是认为采药无返、神仙不符的。"死生自然理""延年欲焉之"，也证明在阮籍的心中生命长短是自然之理，即使长寿又有何用呢？这是他不信服食、不信神仙、不在意长寿的表现。但是阮籍的心灵是矛盾的，他不愿与浊世同波，便又开始羡慕起神仙来：

昔年十四五，志尚好书诗。被褐怀珠玉，颜闵相与期。开轩临四野，登高望所思。丘墓蔽山冈，万代同一时。千秋万岁后，荣名安所之！乃悟羡门子，

---

① 黄节：《阮步兵咏怀诗注》，人民文学出版社 1984 年版，第 51 页。
② 同上，第 59 页。
③ 同上，第 67 页。

嗷嗷令自嗤。①

——《咏怀诗·其十五》

　　夏后乘云舆，夸父为邓林。存亡从变化，日月有浮沉。凤皇鸣参差，伶伦发其音。王子好箫管，世世相追寻。谁言不可见，青鸟明我心。②

——《咏怀诗·其二十二》

　　昔有神仙士，乃处射山阿。乘云御飞龙，嘘唏叽琼华。可闻不可见，慷慨叹咨嗟。自伤非俦类，愁苦来相加。下学而上达，忽忽将如何！③

——《咏怀诗·其七十八》

　　这些诗句又表明阮籍向往羡门子，想追随王子乔得道成仙的心态，而此时的他却又说"谁言不可见""昔有神仙士"了。从以上两类不同的材料中我们可以窥探出阮籍复杂的心态，他一方面认为服药成仙之事纯属虚幻不可信，另一方面又觉得神仙是真的存在的，他很向往钦慕。这是阮籍的犹疑和徘徊，故阮籍对于药与仙是处于信与不信之间的。

　　下面我们分析一下向秀对于药的看法。向秀虽然对《庄子》研究很深，曾"发明奇趣，振起玄风"，但他是不信药的，故而才与嵇康互相驳难起来。他在《难养生论》中说："有生则有情，称情则自然。"他认为生命是自然之事，不可用药物强加。故反问嵇康："导养得理以尽性命，上获千余岁，下可数百年，未尽善也。若信可然，此人何在？"他根本不相信人能服药长生这种说法，他的观点是"天命有限，非物所加耳"。他说："若性命以巧拙为长短，则圣人穷理尽性宜享遐期。而尧舜禹汤、文武周孔，上获百年，下者七十，岂复疏于导养耶？"这是对药物养生提出的怀疑，向秀认为"耆寿耇老，此自特受一气，犹木之有松柏，非导养之所致"。他也不承认"上药养命，中药养性"的说法，而是认为五谷才是养生之物，故其有论如下：

　　神农唱粒食之始，后稷纂播植之业，鸟兽以之飞走，生民以之视息，周孔以之穷神，颜冉以之树德。贤圣珍其业，历百代而不废。今一旦云五谷非养生

---

①　黄节：《阮步兵咏怀诗注》，人民文学出版社1984年版，第21页。
②　同上，第29页。
③　同上，第94页。

之宜，肴醴非便性之物，则"亦有和羹……黄耈无疆""为此春酒，以介眉寿"，皆虚言也！博硕肥盾，上帝是飨，黍稷惟馨，实降神祇？且犹重之，而况于人乎？肴粮入体，不逾旬而充，此自然之符，宜生之验也。①

——《难养生论》

向秀顺应自然，认为"天命有限，非物所加"，所以，他说五谷之充实人之腹、快乐的享受充实人之心灵才是最实际、最可靠的。可见，向秀虽然温柔不显、默默无闻，但却是很务实的。他不信药，也不信仙。

我们看一下清正廉吏山涛和少年英雄王戎是怎样对待药物的。《晋书》记载山涛"入为侍中，迁尚书，以母老辞职。诏曰：'君虽乃心在色养，然职有上下，旦夕不废医药，且当割情，以隆在公'"。由君王诏书之"旦夕不废医药"可知山涛是在家中用药物孝敬母亲的。药物，对于山涛来说只是一种救病治人的工具，而别无延年益寿、求道成仙之效。因此，山涛是不信奉服食养身之说的，他只是把药物当作药物来用，别无他途。而王戎却不一样了，王戎是用药保身逃命的。《晋书》记载：

既而河间王颙遣使就说成都王颖，将诛齐王冏。檄书至，冏谓戎曰："孙秀作逆，天子幽逼。孤纠合义兵，扫除元恶，臣子之节，信著神明。二王听谗，造构大难，当赖忠谋，以和不协。卿其善为我筹之。"戎曰："公首举义众，匡定大业，开辟以来，未始有也。然论功报尝，不及有劳，朝野失望，人怀贰志。今二王带甲百万，其锋不可当，若以王就第，不失故爵。委权崇让，此求安之计也。"同谋臣葛旟怒曰："汉魏以来，王公就第，宁有得保妻子乎！议者可斩。"于是百官震悚，戎伪药发堕厕，得不及祸。②

王戎借助于药物发作逃了一命，是伪服药，他仅仅将药作为一种避祸的工具而已，而他是否真正信奉服食，实在不得而知。

至于刘伶和阮咸似乎和药没有什么关系，他们两人只认识酒，而不认识药。若嵇康认为"上药养命、中药养性"的话，那么，刘伶便是以酒养神，阮咸亦

---

① 韩格平：《竹林七贤诗文全集译注》，吉林文史出版社 1997 年版，第 567 页。
② 房玄龄：《晋书》第四册，中华书局 1974 年版，第 1234 页。

177

是用酒求道了。可见，二人是以酒为药的，在他们的心中，酒的功用和药一样，药能长生，酒能长醉。醉生梦死，便可达到庄周"方生方死，方死方生"的境界。

综上所述，竹林七贤真正坚定信奉服药之事的仅有嵇康一人，而坚决反对药物养生的也只有向秀一人。阮籍是在信与不信间徘徊，山涛是以药救病，王戎是以药逃命，刘伶、阮咸是以酒为药的。他们虽共在竹林相聚，但因其是七个富有个性的独立体，故对于药物的看法不一致，这属于正常现象，并不奇怪。

2. 竹林七贤与酒

魏晋，它能成为一个风流的时代，绝不能缺少一样东西，那就是酒！张翰说"使我有身后名，不如即时一杯酒"；毕卓说"一手持蟹螯，一手持酒杯，拍浮酒池中，便足了一生"；王恭说"名士不必须奇才，但使常得无事，痛饮酒，熟读《离骚》，便可称名士"。他们的生活离不开酒，有了酒，他们才能纵情肆志、任性不羁。

此外，还有一些魏晋士人饮酒的例子，我们也可试着窥测一下酒在他们生活中的地位和影响，其文如下：

太元末，长星见，孝武心甚恶之。夜，华林园中饮酒，举杯属星云："长星！劝尔一杯酒，自古何时有万岁天子！"[1]

——《世说新语·雅量》

子敬与子猷书，道："兄伯萧索寡会，遇酒则酣畅忘反，乃自可矜。"[2]

——《世说新语·赏誉》

周伯仁风德雅重，深达危乱。过江积年，恒大饮酒，尝经三日不醒。时人谓之"三日仆射"。[3]

——《世说新语·任诞》

由此可见，饮酒已在魏晋形成了一种风气，竹林七贤也无一例外地受着它

---

[1] 徐震堮：《世说新语校笺》，中华书局1984年版，第211页。
[2] 同上，第270页。
[3] 同上，第399页。

的影响。鲁迅对于竹林七贤的饮酒，只在《魏晋风度及文章与药及酒之关系》中提到"正始名士服药，竹林名士饮酒""嵇康也兼服药，阮籍则是专喝酒的代表。但嵇康也饮酒，刘伶也是这里面的一个"① 这么两句。先生是明白七贤饮酒之道的，只是没有展开详说，现在我们便认真地、逐一地分析一下竹林七贤和酒的关系吧！

清代郎延极在其《胜饮编》中指出："竹林七贤唯刘伯伦乃神于酒者，其次当推二阮，若嵇、向便不可以酒目之，山、王更无论矣。"这话并不完全正确，因为七贤是人人都可以酒论之的，只是"神于酒者"的人物却真是非刘伶不可了。有关刘伶的所有史料及其诗文的记载就没有不谈到酒的，仿佛他就是为酒而生的。《晋书》记载他"常乘鹿车，携一壶酒，使人荷锸而随之，谓曰：'死便埋我'，其遗形骸如此"；《世说新语·任诞》篇中说"刘伶恒纵酒放达，或脱衣裸形在屋中，人见讥之，伶曰：'我以天地为栋宇，屋室为裈衣，诸君何为入我裈中'"；《竹林七贤论》亦云"籍与伶共饮步兵厨中，并醉而死"。当然，最能凸显刘伶嗜酒如命的自是下面这段文字了：

> 刘伶病酒，渴甚，从妇求酒。妇捐酒毁器，涕泣谏曰："君饮太过，非摄生之道，必宜断之！"伶曰："甚善。我不能自禁，唯当祝鬼神自誓断之耳！便可具酒肉。"妇曰："敬闻命。"供酒肉于神前，请伶祝示。伶跪而祝曰："天生刘伶，以酒为名，一饮一斛，五斗解酲。妇人之言，慎不可听！"便引酒进肉，隗然已醉矣。②
>
> ——《世说新语·任诞》

好一个"天生刘伶，以酒为名"，他就是随酒而生、为酒而存、伴酒而去的，故人谓其"酒仙"实不为过也。他的《北芒客舍诗》说："陈醴发悴颜，巴歈畅真心。"他的《酒德颂》说："止则操卮执觚，动则挈榼提壶，唯酒是务，焉知其余。"但刘伶不是胡乱喝酒、烂醉如泥的酒鬼，他是真正解酒、纵意所如的酒仙。他认为酒是有德的，其德便是"以天地为一朝，万期为须臾，日

---

① 鲁迅：《鲁迅全集》第三卷，人民文学出版社 1981 年版，第 510 页。
② 徐震堮：《世说新语校笺》，中华书局 1984 年版，第 391 页。

月为扃牖，八荒为庭衢"的大气；其德就是"奋髯箕踞，枕麴籍糟，无思无虑，其乐陶陶"的自在；其德亦是"兀然而醉，慌尔而醒，静听不闻雷霆之声，熟视不见太山之形"的酒脱。酒之德，在刘伶眼中是一种道家凝神集虚、遗世弃俗的逍遥。庄子在《达生》篇告诉世人醉者不死，刘伶亦以自己的实践告诉世人酒可全神。因为酒有麻醉神经的作用，人饮酒后便会与天地同在、与日月齐光，再也不受外物的干扰，全心凝聚在酒的快意之中。所以，刘伶卧时饮酒，走时带酒，作诗有酒，赋颂赞酒，他是竹林七贤饮酒的代表，也是中国历史上真正的酒仙。

其次，以酒为生的要算阮咸了。酒，在阮咸这里成了无为的象征，阮咸的无为人生中除了琵琶，就只有酒了。《晋书》记载阮咸"耽酒浮虚""惟共亲知弦歌酬宴而已"；《竹林七贤论》言其"尚道弃事，好酒而贫"；《竹林名士传》亦云其"解音，好酒以卒"。当然，最能说明阮咸好酒的例子是这样的一段文字：

> 诸阮皆能饮酒，仲容至宗人间共集，不复用常杯斟酌，以大瓮盛酒，围坐，相向大酌。时有群猪来饮，直接去上，便共饮之。①

他以大瓮盛酒，与人围坐大酌，并与群猪共饮，看似荒诞不羁，却反映出阮咸潇洒任性、不拘小节的性格和他齐物自在的老庄心志。阮咸是离不开酒的，如果酒对于刘伶来说是生活全部的话，那它对于阮咸来说就是生活的一半。因为从阮咸的风流记载中我们可以清楚地看到，酒与音乐是他人生的两大支柱。阮咸一生怪诞任性、弃世傲俗，但他却是好酒爱酒的，因为在阮咸心中，酒能使人忘记自己，令人达到心斋坐忘的无为境界，所以，阮咸一生离不开酒，"好酒以卒"。

再次，七贤中能豪饮的要算阮籍了。《晋书》记载阮籍"嗜酒能啸""酣饮为常"，《世说新语·任诞》篇中亦载："阮籍当葬母，蒸一肥豚，饮酒二斗，然后临诀，直言：'穷矣！'都得一号，因吐血，废顿良久。"《竹林七贤论》亦云："阮籍以步兵厨中有美酒，求为步兵校尉。"阮籍天生嗜酒，母丧饮酒，为

---

① 徐震堮：《世说新语校笺》，中华书局1984年版，第394页。

酒而求官,可见,他对酒的钟情程度是何等深厚。对于阮籍醉酒此处还有一则有趣的典故,其文如下:

> 阮公邻家妇,有美色,当垆酤酒。阮与王安丰常从妇饮酒。阮醉,便眠其妇侧。夫始殊疑之,伺察,终无他意。①

——《世说新语·任诞》

这些都是阮籍达而无检、自在畅饮的例子,但阮籍却并不总是能够像刘伶、阮咸那样痛快地饮、放肆地喝的。阮籍是个在材与不材间周旋的贤士,故他有时会把酒当作一种工具、一种手段,去拒婚、去躲祸、去避事。《晋书》记载:"文帝初欲为武帝求婚于籍,籍醉六十日,不得言而止""钟会数以时事问之,欲因其可否而致之罪,皆以酣醉获免""会帝让九锡,公卿将劝进,使籍为其辞。籍沈醉忘作"。这些都是阮籍借酒挡事儿的例证,可见,他有时就是把酒作为一种工具来看待的。阮籍四言《咏怀诗·其三》言"临觞拊鹰,对食忘餐",这是借酒消愁;五言《咏怀诗·其三十四》言"临觞多哀楚,思我故时人",这是以酒解忧。酒在此时就是一种手段,或拒婚、或躲避、或避事、或消愁、或解忧,故阮籍的心情是沉重的,他饮酒是有原因的。这一点与刘伶、阮咸以酒全神、以酒度日不同,这是阮籍自己对酒的理解。他饮酒,也嗜酒,但他是他,酒是酒,阮籍分得很清楚。故阮籍爱酒,用酒为其服务,但不以酒为生。

再之后七贤中能饮酒的应该是王戎了。但王戎此人很少独自饮酒,他总是寻觅着自己的酒友。《世说新语·简傲》一门中记载:"王戎弱冠诣阮籍,时刘公荣在坐,阮谓王曰:'偶有二斗美酒,当与君共饮,彼公荣者无预焉。'二人交觞酬酢,公荣遂不得一杯,而言语谈戏三人无异。或有问之者,阮答曰:'胜公荣者,不可不与饮酒;不如公荣者,不可不与饮酒;唯公荣,可不与饮酒。'"可见,王戎与阮籍交觞酬酢共分二斗美酒时的兴奋。《世说新语·伤逝》篇言:"王浚冲为尚书令,着公服,乘轺车,经黄公酒垆下过。顾谓后车客:'吾昔与嵇叔夜、阮嗣宗共酣饮于此垆。竹林之游,亦预其末。自嵇生夭、阮公亡以来,便为时所羁绁。今日视此虽近,邈若山河。'"此材料是在回忆王戎与阮籍、嵇

---

① 徐震堮:《世说新语校笺》,中华书局1984年版,第393页。

康二位朋友共饮时的快乐，依旧是与友人一同酣饮的。但他也有一次独饮的记录，却注定是痛苦不堪的。《晋书》载王戎丧母之时"不拘礼制，饮酒食肉，或观弈棋，而容貌毁悴，杖然后起"，这与阮籍丧母时的举止类似，但王戎的确是"死孝"，他此时饮酒必定也是极其悲痛的。

我们再谈一下山涛与向秀。山涛亦饮酒，但却很有节制，人称"八斗方醉"。《晋书》记载："涛饮酒八斗方醉，帝欲试之，乃以酒八斗饮涛，而密益其酒，涛极本量而止。"并非山涛不能再饮，而是他知道醉酒误事的道理。无论是与君王、官员还是属下，醉酒之后难免口无遮拦，说错话、做错事，那可是追悔不及的。山涛有着循性而动、待时而飞的性格，他做事情是极其谨慎的，故饮酒亦有分寸。但《云仙散记》中却记载着一则山涛醉酒的故事，其文如下：

> 嵇康抱琴访山涛，涛醉，欲剖琴，曰："吾卖东阳旧业以得琴，乞尚书令河轮佩玉截为徽，货所依玉簾巾单，买缩丝为囊，论其价，与武库争先，汝欲剖之，吾从死矣。"①

可见，山涛醉后还真是可怕，竟想着剖嵇康之琴，还是饮八斗则止为妙。《世说新语·排调》篇云："嵇、阮、山、刘在竹林酣饮，王戎后往。"这足以证明山涛也是经常举杯小饮的，但是此人喝酒有度，即使与君王饮也能到量即止，这一点不得不让人佩服。至于向秀，应该是不善饮酒的，因为史书并未记载他与酒有关的任何事迹。只有沈约的《七贤论》说到"子期又是饮客"，但这不足以证明他嗜酒爱酒，只能说他饮过酒罢了。当然，向秀在《难养生论》中反驳嵇康时说："今一旦云五谷非养生之宜，肴醴非便性之物，则'亦有和羹……黄耇无疆''为此春酒，以介眉寿'，皆虚言也！"可见，他并不反对"肴醴""春酒"，而且认为饮酒亦是顺应自然的一种表现。

最后，我们要谈一下嵇康了，之所以将嵇康排在饮酒之末，是因为他不仅不嗜酒，他还痛恨酒，认为酒就是毒药。其在《与山巨源绝交书》中写道："阮嗣宗口不论人过，吾每师之，而未能及。至性过人，与物无伤，唯饮酒过差耳。"在《养生论》中说："滋味煎其府藏，醴醪鬻其肠胃。"在《答难养生论》

---

① 戴明扬：《嵇康集校注》，人民文学出版社1962年版，第372页。

中说："是以古之人知酒肉为甘鸩，弃之如遗。"除此之外，嵇康还有许多指出饮酒有害的文字，我们再列举三处，其文如下：

酒色乃身之雠也，莫能弃之。由此言之，礼禁虽小不犯，身雠虽大不弃。然使左手据天下之图，右手旋害其身，虽愚夫不为。明天下之轻于其身，酒色之轻于天下……肴馔旨酒。而不知皆淖溺筋腴，易糜速腐。初虽甘香，入身腐臭，竭辱精神，染污六府。郁秽气蒸，自生灾蠹。饕淫所阶，百疾所附。味之者口爽，服之者短祚……以恬澹为至味，则酒色不足钦也。①

——《答难养生论》

若夫郑声，是音声之至妙，妙音感人，犹美色惑志，耽盘荒酒，易以丧业。自非至人，孰能御之？②

——《声无哀乐论》

不须离楼，强劝人酒。不饮自已，若人来劝，已辄当为持之，勿诮勿逆也。见醉熏熏便止，慎不当至困醉，不能自裁也。③

——《家诫》

嵇康之文对酒的不满实在很多，此处暂不一一列举。由以上材料我们已知嵇康不仅以酒为己之仇敌，而且言酒品尝时"甘香"，入身后"腐臭"，它只是一种"竭辱精神，染污六府"的液体，有百害而无一利。因此，黄庭坚才会说道"酒中无诤真三昧，便觉嵇康输一筹"。但是他自己的行为与他写的诗歌又都离不开酒，可知，嵇康虽认为饮酒有害却也难以抵制它的诱惑和魅力。《世说新语·容止》一门中记载："嵇康身长七尺八寸，风姿特秀。见者叹曰：'萧萧肃肃，爽朗清举。'或云：'肃肃如松下风，高而徐引。'山公曰：'嵇叔夜之为人也，岩岩若孤松之独立；其醉也，傀俄若玉山之将崩。'"可见，他醉酒时更加神采奕奕；《晋书》在谈到阮籍丧母之时，嵇康亦是"赍酒挟琴造焉"，这是他在用美酒来为阮籍之母送行；《晋抄》中言其"为性好酒，傲然之纵，与山涛阮

---

① 戴明扬：《嵇康集校注》，人民文学出版社 1962 年版，第 176 页。
② 同上，第 224 页。
③ 同上，第 323 页。

籍无日不兴"①，这是他饮酒以尽兴的洒脱。嵇康生活中处处有酒，他的诗歌也离不开酒：

旨酒盈尊，莫与交欢。琴瑟在御，谁与鼓弹?②

——《兄秀才公穆入军赠诗十九首》

酒中念幽人，守故弥终始。但当体七弦，寄心在知己。③

——《酒会诗》

重酎至清，渊凝冰洁，滋液兼备，芬芳澄澈。④

——《酒赋》

我们从嵇康诗题《酒会诗》《酒赋》中也可略窥出其对酒还是很在意的。这就是嵇康养生的矛盾了，他明知酒为毒药却偏偏饮酒，他在文中反复说酒的害处，却在诗中需要酒来浇其块垒。这就是酒的魅力了，即使你嵇康再怎么认为酒为毒药，它还是令你欲弃不舍、欲罢不能。

综上所述，竹林七贤中刘伶最能饮酒、以酒为生；阮咸将酒视作无为之象征，一生除了音乐便是饮酒；阮籍虽嗜酒如命，却常常用酒为他服务、避祸躲事；王戎、山涛、向秀能饮能止，对酒没有太大的偏见，也没有太大的兴致；只有嵇康一人恨酒却又爱酒，明知酒为臭腐却又离不开酒。所以，竹林七贤都是饮客，他们虽对酒的理解各自不同，但却能在竹林酣饮、共同游乐，这就足够了。饮酒不是为了醉得一塌糊涂，而是为了尽兴，为了足意，为了以酒全神。

3. 竹林七贤与音乐

魏晋士人风流才茂、能文能武，许多名士对音乐都有着极大的兴趣和天赋。生活不是无声无息的，人类的精神世界离不开音乐。在魏晋风流的故事里，清歌曼舞、弹琴弄笛，早已成了一种社会风气。从野入朝、从上至下，都弥散着音乐的气息。《世说新语》这本集子里载有太多音乐与士人的故事了，我们仅举

① 戴明扬：《嵇康集校注》，人民文学出版社 1962 年版，第 360 页。
② 同上，第 17 页。
③ 同上，第 73 页。
④ 同上，第 328 页。

三例以窥全豹之一斑：

桓子野每闻清歌，辄唤："奈何！"谢公闻之，曰："子野可谓一往有深情。"①

——《任诞》

王子猷出都，尚在渚下。旧闻桓子野善吹笛，而不相识。遇桓于岸上过，王在船中，客有识之者云："是桓子野。"王便令人与相闻，云："闻君善吹笛，试为我一奏。"桓时已贵显，素闻王名，即便回下车，踞胡床，为作三调。弄毕，便上车去。客主不交一言。②

——《任诞》

王子猷、子敬俱病笃，而子敬先亡。子猷问左右："何以都不闻消息？此已丧矣！"语时了不悲。便索舆奔丧，都不哭。子敬素好琴，便径入坐灵床上，取子敬琴弹，弦既不调，掷地云："子敬！子敬！人琴俱亡。"因恸绝良久。月余亦卒。③

——《伤逝》

歌、笛、琴均能代表魏晋名士对音乐的喜好，此阵清风顷刻飘进竹林，七贤来了，他们或啸歌，或弹琴，或闻笛，或轻舞，或作琴谱，或为律议，似乎有了七贤对音乐的贡献，整个魏晋社会才风流了起来。

竹林七贤中堪称音乐家的有三位，我们先说阮咸。《晋书》记载："咸妙解音律，善弹琵琶。虽处世不交人事，惟共亲知弦歌酣宴而已""荀勖每与咸论音律，自以为远不及也"；《竹林七贤论》云："阮咸善弹琵琶"；《竹林名士传》则说其："解音，好酒以卒"。这些材料都说明阮咸对音律的擅长，尤其对琵琶是情有独钟。而对于阮咸之神解音律，《世说新语·术解》篇中有一段精彩的描述，其文如下：

荀勖善解音声，时论谓之"暗解"，遂调律吕，正雅乐。每至正会，殿庭作

---

① 徐震堮：《世说新语校笺》，中华书局 1984 年版，第 406 页。
② 同上，第 408 页。
③ 同上，第 353 页。

乐，自调宫商，无不谐韵。阮咸妙赏，时谓"神解"。每公会作乐，而心谓之不调。既无一言直勖，意忌之，遂出阮为始平太守。后有一田父耕于野，得周时玉尺，便是天下正尺，荀试以校己所治钟鼓、金石、丝竹，皆觉短一黍，于是伏阮神识。①

被称作"神解""神识"的阮咸对音律有理论的创作，即《律议》一文。此文认为声音当平和，不应过于高亢，所谓"高则悲"也；其次，阮咸以为声音是与政治相通的，故"亡国之音哀以思，其民困"也；最后，他提出音当合雅，并认为荀勖所造新声之所以高亢是由古今律尺的长短不同所造。这是其理论之作，亦是他傲视权贵大胆直言的果敢行为。后来有一种特别纯正古老的弹拨乐器就叫作"阮咸"，据说便是以阮咸加工改造过的琵琶命名的。宋代僧慧洪作《石门文字禅》有《阮咸铭》一文，并言"有晋奇逸，造为此器，以姓名之，盖琴之裔。物趣幻假，形因变迁，但余至音，则无陈鲜"。这也是说阮咸之器名是以阮咸之人名而来的，而阮咸至今已发展为包括大阮、中阮、小阮、高音阮、倍大阮等同一种类不同名称的各种乐器了，这都是阮咸的功劳。颜延之《五君咏》评价阮咸为"达音何用深，识微在金奏"，便是对阮咸音乐天赋的肯定。

其次，我们谈论第二位音乐家——嵇康。《晋书》言其"弹琴咏诗，自足于怀"；戴逵《竹林七贤论》说道："嵇康临死，顾视日影，索琴弹之，曰：'袁孝尼尝从吾学《广陵散》，吾每靳，固不与。《广陵散》于是绝矣'"；向秀《思旧赋》亦云："嵇博综技艺，于丝竹特妙，临当就命，顾视日影，索琴而弹之"。可见，嵇康是当时的操琴名手，据说他还作了琴曲《风入松》。当然，他的《长清》《短清》《长侧》《短侧》四首琴曲也很有名，被称作"嵇氏四弄"，与蔡邕的"蔡氏五弄"合称作"九弄"，并被隋炀帝作为取士的条件之一。他的诗歌中也处处都有"琴"的存在，例如：

习习谷风，吹我素琴。咬咬黄鸟，顾俦弄音。②

——《兄秀才公穆入军赠诗十九首·其十三》

---

① 徐震堮：《世说新语校笺》，中华书局1984年版，第379页。
② 戴明扬：《嵇康集校注》，人民文学出版社1962年版，第13页。

旨酒盈尊，莫与交欢。琴瑟在御，谁与鼓弹？①

——《兄秀才公穆入军赠诗十九首·其十六》

琴诗自乐，远游可珍。含道独往，弃智遗身。②

——《兄秀才公穆入军赠诗十九首·其十七》

结友集灵岳，弹琴登清歌。有能从此者，古人何足多？③

——《答二郭三首》

素琴挥雅操，清声随风起。斯会岂不乐？恨无东野子。④

——《酒会诗》

徘徊戏灵岳，弹琴咏泰真。沧水澡五藏，变化忽若神。⑤

——《五言诗三首·其三》

　　他说"众器之中，琴德最优"，并为琴作《琴赞》《琴赋》二文，可知嵇康对琴的喜好程度不同一般。当然，嵇康也有对音乐的理论创作，一为《琴赋》，一为《声无哀乐论》。《琴赋》所论首先认为琴可养神导气、宣情肆志，他说依次排列琴之所适宜的曲子，便可起到"更长迭奏，声若自然，流楚窈窕，惩躁雪烦"的一种作用。其次，此文极力重视环境的价值，并认为只有在"椅梧之所生兮，托峻岳之崇冈。披重壤以诞载兮，参辰极而高骧"这样的环境中才能缔造出"含天地之醇和，吸日月之休光"的雅琴。最后便是对琴德的颂赞。刘伶认为酒有德，嵇康认为琴亦有德。所谓琴德便是"悟时俗之多累，仰箕山之余辉"，便是"齐万物兮超自得，委性命兮任去留"，便是"怡养悦愉，淑穆玄真，恬虚乐古，弃事遗身"，即老庄凝神集虚、舒放自在、怡志守神的一种逍遥境界。而嵇康最有影响力的音乐理论作品则是《声无哀乐论》，此文一出，便立即给了中国文学史、哲学史、音乐史一个重重的冲击。据《世说新语·文学》篇记载"旧云，王丞相过江左，止道声无哀乐、养生、言尽意三理而已"，可见，嵇康声无哀乐之论的影响深度。那么，声音到底有没有哀乐呢？音乐界的

---

① 戴明扬：《嵇康集校注》，人民文学出版社 1962 年版，第 17 页。

② 同上，第 19 页。

③ 同上，第 64 页。

④ 同上，第 72 页。

⑤ 韩格平：《竹林七贤诗文全集译注》，吉林文史出版社 1997 年版，第 352 页。

大家依然在争辩着这个问题，而此问题的发端便是嵇康的《声无哀乐论》。嵇康认为哀乐发于人心，与声音无关，声与心，殊途异轨，毫不相干。故他在文中说："声音自当以善恶为主，则无关于哀乐；哀乐自当以情感而后发，则无系于声音。"而嵇康对于声音的要求只有"平和"二字，他认为声音以和为体，因此，他才会说："托于和声，配而长之，诚动于言，心感于和，风俗一成，因而名之。"但嵇康的境界是很高的，他说声无哀乐，并不只言声音有猛静、有善恶，而不关乎哀乐。他是循音之本，让一切都归于自然，即庄子游于濠梁之上的意达，而不是表面上的语传。"天地生于自然，万物生于天地"①，那么一切都是归于自然的，故嵇康才会在文中说道："音声之作，其犹臭味在于天地之间。其善与不善，虽遭遇浊乱，其体自若而不变也，岂以爱憎易操、哀乐改度哉？"哀乐出于人心，声音本于自然，这是嵇康对音乐发出的新论，可谓惊世骇俗。

下面我们看第三位音乐家——阮籍。《晋书》记载阮籍"博览群籍，尤好《庄》《老》，嗜酒能啸，善弹琴"；《竹林七贤论》中亦载"阮籍字嗣宗，性乐酒，善啸，声闻数百步"；《世说新语·简傲》篇头一条便说："晋文王功德盛大，坐席严敬，拟于王者，唯阮籍在坐，箕踞啸歌，酣放自若。"当然，最能反映阮籍长啸的事件便是苏门山访孙登的故事了：

> 时苏门山中忽悠真人在焉，籍亲往寻。其人拥膝岩巅，遂登岭从之，箕坐相对。籍乃商略终古以问之，伦然不应。籍应对之长啸。有间，彼乃昕然笑曰："可更作。"籍乃为啸。意尽，退还半岭。岭巅犹然有声，若数部鼓吹。顾瞻，乃向人之啸也。②

——《竹林七贤论》

阮籍以啸博得孙登先生一笑，是因为他能啸、他善啸。所以，他在《咏怀诗》中才频频提到"啸"字，例如"啸歌伤怀，独寐寤言"（四言《咏怀诗·其三》），再如"啸歌长吟，谁能秉志"（四言《咏怀诗·其四》）等。这种啸的

---

① 陈伯君：《阮籍集校注》，中华书局1987年版，第138页。

② 韩格平：《竹林七贤诗文全集译注》，吉林文史出版社1997年版，第628页。

气度、啸的风流对后世影响十分深远，我们可以从《世说新语》中看到此种啸风的盛行：

　　周仆射雍容好仪形。诣王公，初下车，隐数人，王公含笑看之。既坐，傲然啸咏。王公曰："卿欲希嵇、阮邪？"答曰："何敢近舍明公，远希嵇、阮！"①

——《言语》

　　桓玄尝登江陵城南楼云："我今欲为王孝伯作诔。"因吟啸良久，随而下笔。一坐之间，诔以之成。②

——《文学》

　　谢太傅盘桓东山时，与孙兴公诸人泛海戏。风起浪涌，孙、王诸人色并遽，便唱使还。太傅神情方王，吟啸不言。舟人以公貌闲意说，犹去不止。既风转急，浪猛，诸人皆喧动不坐。公徐云："如此，将无归！"众人即承响而回。于是审其量，足以镇安朝野。③

——《雅量》

　　王子猷尝暂寄人空宅住，便令种竹。或问："暂住何烦尔？"王啸咏良久，直指竹曰："何可一日无此君？"④

——《任诞》

　　谢万北征，常以啸咏自高，未尝抚慰众士。谢公甚器爱万，而审其必败，乃俱行，从容谓万曰："汝为元帅宜数唤诸将宴会，以说众心。"万从之。因召集诸将，都无所说，直以如意指四坐云："诸君皆是劲卒。"诸将甚愤恨之。谢公欲深着恩信，自队主将帅以下，无不身造，厚相逊谢。及万事败，军中因欲除之。复云："当为隐士。"故幸而得免。⑤

——《简傲》

　　当然，除了这些，后代陶渊明"登东皋以舒啸"、苏东坡"何妨吟啸且徐

---

① 徐震堮：《世说新语校笺》，中华书局1984年版，第56页。
② 同上，第149页。
③ 同上，第206页。
④ 同上，第408页。
⑤ 同上，第415页。

行"都是得自于阮籍"啸"的自在洒脱。啸,已然成为一种文化精神,它代表心中积郁之情的喷发,象征着畅快自在、逍遥无羁的一种自由和任性。阮籍爱啸,能啸,善啸,成了中国历史上风流的啸者。故阮籍之啸能够成为引领一个时代风尚的标志,两晋士人只能模仿,只能跟风,却永远也无法超越。除了爱啸,阮籍也爱弹琴,他在《咏怀诗》中亦多次提及他弹奏琴曲时的场景:

夜中不能寐,起坐弹鸣琴。薄帷鉴明月,清风吹我襟。[①]

——《咏怀诗·其一》

青云蔽前庭,素琴凄我心。崇山有鸣鹤,岂可相追寻。[②]

——《咏怀诗·其四十七》

顾谢西王母,吾将从此逝。岂与蓬户士,弹琴诵言誓。[③]

——《咏怀诗·其五十八》

除了善啸,能弹琴之外,阮籍亦有关于音乐的理论创作,其名为《乐论》。首先,阮籍认为音乐是政治的一种手段,它可以起到正风俗的作用,故他才会在文中说音乐有"入于心,沦于气,心气和洽,则风俗齐一"的功效。其次,阮籍亦认为音乐可感化人的内心世界,真正的音乐能使人快乐,所以,他在文中写道:"礼定其象,乐平其心;礼治其外,乐化其内",而且阮籍还给音乐下了一个定义:"乐者,使人精神平和,豪气不入,天地交泰,远物来集,故谓之乐也。"最后,他亦将音乐的作用拔到道家至高的境界之上,认为音乐可以集虚。他说:"夫乐者,天地之体,万物之性也",只要乐合体得性,便可"刑赏不用而民自安",只要乐能平淡中和,便可实现"不烦则阴阳自通,元味则百物自乐,日迁善成化而不自知,风俗移易而同于是乐"的境界,这是"自然之道,乐之所始也"。因为阮咸、嵇康、阮籍各自在音乐上都有自己的独门绝技,又都有关于音乐的理论创作,并均对后世产生了深远的影响,所以称他们三位是七贤中的音乐家,是没有什么问题的。

再之后,我们谈一下王戎和山涛。王戎肯定是懂音乐的,但他不能啸歌,

---

① 黄节:《阮步兵咏怀诗注》,人民文学出版社1984年版,第1页。

② 同上,第58页。

③ 同上,第70页。

不会弹琴，也不懂琵琶，他擅长的是随性而舞。《世说新语·任诞》篇中记载："王长史、谢仁祖同为王公掾，长史云：'谢掾能作异舞。'谢便起舞，神意甚暇。王公熟视，谓客曰：'使人思安丰。'"① 之所以王恭睹谢掾异舞令人思念王戎，正是因为王戎亦能舞蹈，这是王戎通任、随性的表现。至于他对音乐造诣有多深，不得而知。而山涛可就对音乐无所谓了，他虽能因"有文思，又晓音"的理由举荐嵇绍，但他自己却对音乐非常淡漠。《云仙散记》说："康抱琴访山涛，涛醉，欲剖琴"，由山公欲剖琴这一举动可知他并不爱护乐器，对音乐也并不在意。至于音乐上的成就，从目前的材料看，还难以发现。

最后，我们要谈的就是向秀和刘伶了。他们二人不是音乐大家，但却是欣赏音乐的知音。有弹琴者，必有听琴者；有善啸人，必有解啸人，故音乐艺术是不能缺少知音的。向秀彷徨于山阳旧庐之外，闻笛而叹、援翰写心，"听鸣笛之慷慨兮，妙生绝而复寻"，他是最解笛声的知音。刘伶寄居于北邙山，听琴而消忧，闻瑟而解愁，"何以除斯叹，付之与琴瑟"，虽然幽远的琴瑟之声似乎与他毫不相干，但也却成为此种音乐遥远的知音，即由音解愁，自己做了自己的知音。

阮咸是琵琶大家，嵇康是操琴名手，阮籍是长啸狂客，王戎是轻舞英豪，山涛能因晓音而荐官，向秀能因闻笛而作赋，刘伶能因听琴而解忧，他们都与音乐有着不解之缘，是识音赏音的一群名士。在那动荡的乱世，一切都是那样喧嚣、那样浮躁，突然，竹林里飘来了阵阵清音，这个世界仿佛突然宁静了许多。

三、后世文学中的"竹林""七贤"与"竹林七贤意象"

竹林七贤啸傲山林，游刃一世，他们的高风亮节，他们的言行举止，他们的诗赋文章都对后世产生了深远的影响。历代文人对他们的精神，他们的风姿，乃至他们相会的竹林都吟咏不停，于是，后世文人作品中便出现了许多有关竹

① 徐震堮：《世说新语校笺》，中华书局 1984 年版，第 400 页。

林七贤的意象，他们寄托着作者的理想，也诠释着作者的心志。下面，我们便对这些意象进行逐一地分析。

1. 竹林意象

竹林，是七贤聚会的场所，他们七人常在此酣歌畅饮、赋诗弹琴、逍遥快活。北魏著名地理学家郦道元在其《水经注》中云："长泉又迳七贤祠东，左右筠篁列植，冬夏不变贞萋。魏步兵校尉陈留阮籍、中散大夫谯国嵇康、晋司徒河内山涛、司徒琅琊王戎、黄门郎河内向秀、建威参军沛国刘伶、始平太守阮咸等，同居山阳，结自得之游，时人号之为竹林七贤。"① 可见，当时修竹繁密茂盛、冬夏不衰的场景。其他记载七贤之竹林存在的材料实在太多，我们简单列举一些：

白鹿山东南二十五里，有嵇公故居，以居时有遗竹也。②

——《述征记》

山阳县城东北二十里，魏中散大夫嵇康园宅，今悉为田墟，而父老犹谓嵇公竹林地，以时有遗竹焉。③

——《艺文类聚》

嵇康即晋之七贤也，今有竹林尚存，并锻灶之所宛在。④

——《怀州河内县》

七贤竹林，今在怀州修武县。初若欲避世远祸者，然反以此得名。⑤

——《避暑录话》

竹林今人皆谓在辉县，盖因彼有山阳镇耳。不知辉之山阳，乃金割修武重泉村所置，非汉晋山阳县。⑥

——《吴志》

---

① 戴明扬：《嵇康集校注》，人民文学出版社1962年版，第373页。
② 同上。
③ 同上，第373页。
④ 同上，第375页。
⑤ 同上，第376页。
⑥ 同上，第378页。

由上述材料可知，七贤相会的竹林在嵇康的故居山阳，即今河南修武一带。但在历代文人的诗词之中，竹林不单单指地名，它被后世作者寄寓着不同的含义。

宴会场所

竹林七贤在竹林中酣饮游宴、任性游心，故竹林成为朋友欢聚、游宴的场所是一种必然现象。例如：

独酌一樽酒，高咏七哀诗。何言蒿里别，非复竹林期。阶荒郑公草，户閟董生帷。人随暮槿落，客共晚莺悲。年鬓两如此，伤心讵几时。①

——江总《在陈旦解酲共哭顾舍人诗》

刘伶正捉酒，中散欲弹琴。但使逢秋菊，何须就竹林。②

——庾信《暮秋野兴赋得倾壶酒诗》

浮生知几日，无状逐空名。不如多酿酒，时向竹林倾。③

——王绩《独酌》

江总、庾信等诗人都是借用七贤聚会之"竹林"来写自己与朋友幽会、宴游的快乐，竹林是酒乡，也是友人相聚的乐园，宴会场所是它的第一层意象含义。

隐逸之地

竹林七贤都好老、庄之学，他们在曹、马之争最激烈的时候，果断远离朝政，一同走进了竹林。在竹林中，他们谈玄论道、饮酒赋诗、安享闲静遗世的生活，因此，竹林被后世文人视作隐逸之地，无可厚非。例如：

我住青门外，家临素浐滨。遥瞻丹凤阙，斜望黑龙津。荒衢通猎骑，穷巷抵樵轮。时有桃源客，来访竹林人。④

——骆宾王《畴昔篇》

---

① 逯钦立：《先秦汉魏晋南北朝诗》，中华书局 1983 年版，第 2588 页。
② 同上，第 2405 页。
③ 彭定求：《全唐诗》卷三十七，中华书局 1960 年版，第 485 页。
④ 同上，第 836 页。

篱落能相近，渔樵偶复同。苔封三径绝，溪向数家通。犬吠寒烟里，鸦鸣夕照中。时因杖藜次，相访竹林东。①

——刘长卿《赠西邻卢少府》

诏下搜岩野，高人入竹林。长因抗疏日，便作去官心。清俸供僧尽，沧洲寄迹深。东门有归路，徒自弃华簪。②

——林宽《送惠补阙》

骆宾王以竹林人对桃源客；刘长卿在"犬吠寒烟"之中寻觅守静；惠补阙淡泊名利、弃官归隐，这些都是对竹林隐逸内涵的践行。竹林本是七贤隐逸避世之处，这一意象被赋予隐逸之地的内涵也是有一定道理的。

兄弟情深

竹林七贤共游于竹林，共同遗世弃俗、怡养精神。刘伶与阮籍并醉于步兵厨中，阮籍与王戎共分二斗美酒，王戎与嵇康相处二十余年，嵇康与向秀一同山阳锻铁，向秀少为山涛所识，山涛力荐阮咸入官……他们七人关系相厚，可谓互为知音、同是知己。因此，竹林意象又常被用来指朋友友谊的珍贵与兄弟感情的深厚。例如：

衡门寥落岁阴穷，露湿莓苔叶厌风。闻道今宵阮家会，竹林明月七人同。③

——武元衡《闻严秘书与正字及诸客夜会因寄》

求田何处是生涯。双鬓已先华。随分夏凉冬暖，赏心秋月春花。吾年如此，愁来问酒，困后呼茶。结社竹林诗老，卜邻江上渔家。④

——陈三聘《又》

苒苒秋风吹我衣，留连清胜夜忘归。眉横云外新蟾上，雪落林梢白鹭飞。⑤

——彭汝砺《晚行竹林兄弟相率赋诗》

用"竹林"意象借指七人心心相印、兄弟共同欢乐的真情。这是英雄惜英

---

① 彭定求：《全唐诗》卷三十七，卷一百四十七，中华书局1960年版，第1499页。
② 同上，卷六百六，第7004页
③ 同上，卷三百七十，第3577页。
④ 唐圭璋：《全宋词》，中华书局1965年版，第2022页。
⑤ 北京大学古文献研究所：《全宋诗》卷九百，北京大学出版社1996年版，第10537页。

雄，也是知音重知音。此种异姓兄弟感情都赋予"竹林意象"之中，很贴切，也很温馨。"竹林意象"在后代文人作品中扮演着重要的角色，能传诗人的意旨，亦能浇词人之块垒，这便是其所拥有的功效了。

2. 七贤意象

七贤指竹林七贤中的七位名士，但当它成为一种文学意象之时，就不单单指这七个人了，它也被后世文人赋予了一些新的涵义。

畅游的标志

竹林之游，是七贤的共同活动。他们逍遥无累、任性不羁、畅快游心，故"七贤意象"首先成为一个畅游的标志。例如：

圆月出山头，七贤林下游。梢梢寒叶坠，滟滟月波流。凫鹄共思晓，菰蒲相与秋。明当此中别，一为望汀洲。①

——卢纶《秋夜同畅当宿潭上西亭》

森森烟玉太行秋，七子徜徉结胜游。笑杀阿戎真俗物，出山能几执牙筹。魏晋清谈倡若徒，永嘉东播洛为墟。大书不削阳秋笔，更着丹青诧隐居。②

——王恽《竹林七贤图》

长生境上仙，仁寿乡中叟。七贤林下客，九老会中俦。绀发青眸，适兴娱诗酒，忘情狎鹭鸥。拣林泉胜处遨游，乐桑榆晚景优游。③

——沈禧《一枝花·七月初六日为施以和寿》

七贤在林下游乐，任情任性，这是身游与心游的完美结合。他们能与知己同游，也可独自逍遥快乐，那样一种无拘的闲适的纵意的畅游，真是自在。

风流的象征

七贤是魏晋风度的代表，他们的容止、言行、诗文，都是魏晋文士模仿的对象，故"七贤意象"成为后世文学中风流的象征，是一种自然而然的现象。例如：

---

① 彭定求：《全唐诗》卷二百七十九，中华书局 1960 年版，第 3174 页。
② 王恽：《秋涧集·卷二十七》，文渊阁四库全书影印本，上海古籍出版社 2003 年版。
③ 隋树森：《全元散曲》，中华书局 1964 年版，第 1000 页。

岳岳冠盖彦，英英文字雄。琼音独听时，尘韵固不同。春云生纸上，秋涛起胸中。时吟五君咏，再举七子风。何幸松桂侣，见知勤苦功。愿将黄鹤翅，一借飞云空。①

——孟郊《上包祭酒》

七子高风拂混茫，丹青遗影尚琳琅。山王偶尔兼荣遇，不得延年赠短章。②

——宋庠《偶观竹林七贤画像》

竹林深处敞轩楹，分我西园一半清。苍玉几番披夏箨，老龙长此战秋声。寒侵虚幌诗增爽，绿浸疏棂醉不醒。应许七贤追盛集，烦君书入鄙夫名。③

——王之道《题元发弟竹轩》

七贤高风，流传至今。"七贤意象"是风流的象征，也是后人追慕高洁人格精神的情感流露。那个时代虽然已经模糊了许多，但七贤风流的形象却永远驻足于历史长河之中，并且越来越清楚了起来。

自由的寄托

竹林七贤不受政治的羁绊，毅然走向了竹林。阮籍穷途歌哭，嵇康园中锻铁，刘伶荷锸而行，王戎乘马出游，阮咸与群猪共饮，向秀与吕安自在灌园，山涛由妻子偷窥嵇阮。他们不仅自己由性，也任凭他人随性，于是"七贤意象"就在不知不觉中成为自由的寄托。例如：

自填曲子，自歌之、岂是行家官样。眼瞎背驼方引去，羞杀陈抟种放。摺起残编，寄声太乙，不必烦藜杖。陈人束阁，让他来者居上。

安乐值几多钱，且幅巾绦褐，准云台象。长扇矮壶山南北，忘却晓随天仗。六逸七贤，五更三老，元不论资望。香山误矢，渔翁何减为相。④

——刘克庄《念奴娇》

---

① 彭定求：《全唐诗》卷三百七十七，中华书局1960年版，第4229页。
② 北京大学古文献研究所：《全宋诗》卷二百，北京大学出版社1996年版，第2288页。
③ 同上，卷一八一五，第20203页。
④ 唐圭璋：《全宋词》，中华书局1965年版，第2606页。

七贤林下共忘机，更有新诗为发挥。竹叶一尊添逸兴，熏风吹散脸红微。①

——王十朋《次韵万乔年李唐英二绝》

种来三世远，一片绿猗猗。节直清自见，心虚高不知。宁求千亩富，足与七贤期。要得龙孙茂，封培无已时。②

——陈著《题东堂竹》

他们独自出游、共同忘机，在精神的世界里自在翱翔。能遗世、能弃俗，无名无利、忘富忘贫，只有心真正自由了，他们才能实现道家至乐的理想。于是，"七贤意象"被后人用作自由的寄托，也是不错的。这些是"七贤意象"带给我们的不同寓意，或标志畅游，或象征风流、或寄托自由，总之"七贤意象"是在表现一种无拘无束、任性不羁的自在，这便是它的涵义所在。

3. 竹林七贤意象

竹林七贤已然成为历史的永恒，后世文人不断以"竹林七贤"为题抒写着自己的心曲，寄托着自己的理想，当然，它也很快成为人们借以传情述志的一种意象。下面，我们便对竹林七贤这一整体意象作一简单地阐述。

醉酒酣饮

竹林七贤中刘伶以酒为生，阮咸一生离不开酒，阮籍嗜酒如命，王戎、山涛、向秀、嵇康也皆能饮酒，他们七人常在竹林畅饮，谈玄论道，故用竹林七贤这一意象表达作者醉酒酣饮时的心情就不可避免了。例如：

明月不解饮，何事解照琉璃钟。金波荡漾使我惜不彻，一酌万事逃心胸。良时忍自弃，圣代真难逢。生平不知耕与战，唯知猛饮大笑吟清风。竹林七子岂足数，渊明五柳方途穷。一身不为万乘屈，傲笑严陵垂钓翁。明朝官满，归去来兮。但愿月轮不缺，樽酒不空。吾君万岁坐法宫，四海长静无兵戎。③

——郭祥正《月下独酌二首·其二》

---

① 北京大学古文献研究所：《全宋诗》卷二零一七，北京大学出版社 1996 年版，第 22609 页。

② 同上，卷三三六三，第 40157 页。

③ 同上，卷七五一，第 8759 页。

竹林群饮日醺醺，放达宁知礼检身。司马氏亡缘底事，七君犹号晋贤人。①

——徐有贞《题竹林七贤图》

中原胜地衣冠薮，魏晋风流动人口。竹林有客称七贤，千古闲情一杯酒。应从晚岁看水雪，不向京尘醉花柳。霜枝入籁助萧骚，风籁鸣弦和清浏。官曹懒入步兵厨，琴调谁传广陵手。提防不为此曹设，极目颓波正东走。魏国江山晋版图，林泉旧迹空回首。山公雅论终无用，余子纷纷竟安咨。新亭酒泪复何人，将相徒悬印如斗。丹青点染半形似，遗像犹烦辨谁某。长歌吊古意茫然，九原有作君知否。②

——李东阳《竹林七贤图》

这些作品，或以"竹林七子"为名，或以"竹林七贤图"为题，但其都是在写竹林七贤对饮酒的沉醉，他们的生活离不开酒，醉酒酣饮是"竹林七贤"这一意象的第一个表现。

高洁心志

竹林七贤清雅傲世、赏静避俗，他们都是高逸之士的代表。嵇康逃官于河东，阮籍醉酒以拒婚，山涛贞慎俭约，王戎韬精养晦，刘伶、阮咸、向秀容迹于世。他们不追慕富贵、不贪求功名，所以，"竹林七贤"这一意象总被用来表现人的高洁心志。例如：

清谈何补晋江山？谁与中原了岁寒。惟有白云三四片，飞来自向古琅玕。③

——郑思肖《竹林七贤图》

赏静偏怜竹，宜人况一林。诸贤同逸趣，千载有遗音。避俗来深谷，披衣卧绿阴。玉人三四辈，风箨短长吟。翠入刘伶酒，声随叔夜琴。溪干唐六逸，先后许论心。④

——林希逸《竹林七贤》

---

① 徐有贞：《武功集·卷二》，文渊阁四库全书影印本，上海古籍出版社2003年版。
② 李东阳：《怀麓堂集·卷九》，文渊阁四库全书影印本，上海古籍出版社2003年版。
③ 北京大学古文献研究所：《全宋诗》卷三六二四，北京大学出版社1996年版，第23393页。
④ 林希逸：《竹溪鬳斋十一稿续集·卷十七》，文渊阁四库全书影印本，一一八五册，上海古籍出版社2003年版，第723页。

叔夜致憎因傲物，嗣宗白眼视人间。虽逃于酒终扬己，怎似刘伶善闭关。①

        ——哲鲁马丁《题钱玉潭〈竹林七贤图〉》

这些诗歌常以"竹林七贤"直接入题，来表现作者与七贤一致的独立人格和旷达气质。无论世界多么昏暗，时代多么动乱，但那片竹林却永远都是清静的，所以，用"竹林七贤意象"来表现作者的高洁心志真是再适合不过了。

钦慕欣赏

"竹林七贤意象"还有一种文学中的运用，它在字句上只表现后代作者对竹林七贤的钦慕和欣赏。但是如果我们认真思索，除了赏慕之外，亦有一些其他感情从侧面慢慢流出。例如：

三对一乃独，籍始咸以终。荷插事以远，挥弦亦何穷。感此闻笛友，嗤彼障篓翁。笔端有启事，犹累吾山公。②

        ——吴暾《题钱玉潭〈竹林七贤图〉》

昔人好沈酣，人事不复理。但进杯中物，应世聊尔尔。悠悠天地间，愉乐本无愧。诸贤各有心，流俗毋轻议。③

        ——钱选《题竹林七贤图》

汉武穷兵榷酒酤，糜毂渐多非法古。后王踵习以为常，藉酒丰财成典故。岁增月办程序严，亿兆门门为酒户。贤愚中酒得愆尤，论法从轻归过误。居官嗜酒日醺酣，田亩衔杯废农务。竹林七贤称达士，开元八仙争效慕。士风放旷亦如是，四海巫风了晨暮。一篇酒诰谁复读，子醉父前从哕吐。今年秋旱人绝粮，酒禁申明严律度。④

    ——胡祇遹《至元壬午秋旱米涌贵人绝食禁糜黍作酒因以除酒课焉喜为之赋诗》

看似只描述竹林七贤的放达，仿佛作者作诗仅仅是为了表达一些钦慕欣赏

---

① 卞永誉：《式古堂书画汇考·卷四十七》，文渊阁四库全书影印本，上海古籍出版社2003年版。

② 同上。

③ 顾嗣立：《元诗选·二集》，中华书局1987年版，第88页。

④ 胡祇遹：《紫山大全集·卷四》，文渊阁四库全书影印本，上海古籍出版社2003年版。

之情，实则诗人是借竹林七贤的高蹈出尘、任情放旷来抒发自己希望成为竹林七贤那样不受羁绊、潇洒自在的风流名士的心愿。无论是醉酒酣饮，还是高洁心志，或是钦慕欣赏，都是"竹林七贤意象"带给后世文人的一种精神期待。七贤虽离诗人们很遥远，但他们的心却紧密联系在了一起。他们共同傲世、共同鄙俗、共同畅饮、共同逍遥，后世文人运用"竹林""七贤"和"竹林七贤"意象的同时，已然感觉到风流的不仅仅是七贤，还有他们自己，这就够了。

　　竹林七贤是一千多年前风流名士的代表，他们远离尘嚣、走进竹林、遗弃浊世、选择逍遥。多少看似任诞不羁、狂傲放荡的事情，在七贤的身上却表现得那么自然、那么合情合理。因为他们心无牵挂、无系无累，只是因为不合时宜，所以成为俗人眼中的异类，但后人却都是钦慕欣赏着他们的精神、争相模仿着他们的行为。这是一个名士群体，他们引领了魏晋时代的风流时尚。阮籍留下了那兴寄无端、厥旨渊放的《咏怀诗》，嵇康带走了美妙动听的琴曲《广陵散》，向秀发明奇趣、振起玄风的《庄子注》被窃取，刘伶以酒全神的酒德依然存在，山涛待时而飞、贞慎俭约的品质影响深远，阮咸未能免俗、与猪共饮的狂荡招来非议，王戎以财晦身、韬精养形的苦心被人误解。他们似乎不属于那个时代，但也并不属于任何时代。他们太独特了，每个人都才华横溢，每个人都超凡脱俗，只因他们心系庄、老，故能不约而同地走入竹林。清风常在，绿水长流，竹林七贤的人格精神、放诞言行、诗赋文章都成了中华文明的一块瑰宝、一片圣地、一种华夏儿女特有的民族精神。他们是历史的天空中最绚丽的一道彩虹，历史因为拥有他们而骄傲、自豪。但生命有限、岁月无情，七贤都已离我们而去，我们只能仰望、只能叹服、只能欣赏，却永远都无法企及。这是时代的悲哀，也是时代的公正，因为历史只允许有一个"竹林七贤"。

参考文献

一、古代典籍部分

[1] 严可均：《全上古三代秦汉三国六朝文》，中华书局 1958 年版。

[2] 逯钦立：《先秦汉魏晋南北朝诗》，中华书局 1983 年版。

[3] 朱熹：《周易本义》，上海古籍出版社 2002 年版。

[4] 高亨：《周易古经今注》，中华书局 1984 年版。

[5] 楼宇烈：《老子道德经注校释》，中华书局 2008 年版。

[6] 杨伯峻：《列子集释》，中华书局 1979 年版。

[7] 王先谦：《庄子集解》，中华书局 1987 年版。

[8] 郭庆藩：《庄子集释》，中华书局 1961 年版。

[9] 张觉：《韩非子全译》，贵州人民出版社 1992 年版。

[10] 王叔岷：《列仙传校笺》，中华书局 2007 年版。

[11] 张溥：《汉魏六朝百三家集题辞注》，商务印书馆 1961 年版。

[12] 陈寿：《三国志》，中华书局 1971 年版。

[13] 陈伯君：《阮籍集校注》，中华书局 1987 年版。

[14] 黄节：《阮步兵咏怀诗注》，人民文学出版社 1984 年版。

[15] 李志均：《阮籍集》，上海古籍出版社 1978 年版。

[16] 戴明扬：《嵇康集校注》，人民文学出版社 1962 年版。

[17] 韩格平：《竹林七贤诗文全集译注》，吉林文史出版社 1997 年版。

［18］房玄龄:《晋书》,中华书局 1974 年版。

［19］刘劭:《人物志》,中华书局 2009 年版。

［20］徐震堮:《世说新语校笺》,中华书局 1984 年版。

［21］萧统:《文选》,中华书局 1977 年版。

［22］范文澜:《文心雕龙注》,人民文学出版社 1958 年版。

［23］曹旭:《诗品集注》,上海古籍出版社 1994 年版。

［24］周振甫:《诗品译注》,中华书局 1998 年版。

［25］胡之骥:《江文通集汇注》,中华书局 1984 年版。

［26］吴兆宜:《玉台新咏笺注》,中华书局 2004 年版。

［27］郁沅:《魏晋南北朝文论选》,人民文学出版社 1999 年版。

［28］彭定求:《全唐诗》,中华书局 1960 年版。

［29］王琦:《三家评李长吉歌诗》,中华书局 1960 年版。

［30］郭绍虞:《诗品集解》,人民文学出版社 1963 年版。

［31］唐圭璋:《全宋词》,中华书局 1965 年版。

［32］北京大学古文献研究所:《全宋诗》,北京大学出版社 1991 年版。

［33］薛瑞生:《乐章集校注》,中华书局 1994 年版。

［34］王文浩:《苏轼诗集》,中华书局 1982 年版。

［35］苏轼:《东坡志林》,西安:三秦出版社 2003 年版。

［36］任渊:《黄庭坚诗集注》,中华书局 2003 年版。

［37］张耒:《张耒集》,中华书局 1990 年版。

［38］白敦仁:《陈与义集校笺》,上海古籍出版社 1990 年版。

［39］朱熹:《四书章句集注》,中华书局 1983 年版。

［40］罗烨:《醉翁谈录》,古典文学出版社 1957 年版。

［41］龙榆生:《唐宋名家词选》,上海古籍出版社 1980 年版。

［42］隋树森:《全元散曲》,中华书局 1964 年版。

［43］顾嗣立:《元诗选》,中华书局 1987 年版。

［44］赵孟頫:《松雪斋集》,中国书店,海王邨古籍丛刊本,1991 年版。

［45］罗贯中:《三国演义》,人民文学出版社 2005 年版。

［46］许学夷:《诗源辨体》,人民文学出版社 1987 年版。

［47］吴伟业：《吴梅村全集》，上海古籍出版社 1990 年版。

［48］王夫之：《古诗评选》，文化艺术出版社 1997 年版。

［49］陈祚明：《采菽堂古诗选》，上海古籍出版社 2008 年版。

［50］蒲松龄：《聊斋志异》，中华书局 1962 年版。

［51］沈德潜：《古诗源》，中华书局 1973 年版。

［52］曹雪芹：《红楼梦》，上海古籍出版社 1968 年版。

［53］纪昀：《文渊阁四库全书影印本》，上海古籍出版社 2003 年版。

［54］纪昀：《钦定四库全书总目》，人民文学出版社 1997 年版。

［55］顾廷龙、傅璇琮：《续修四库全书》，上海古籍出版社 2002 年版。

［56］张之洞：《书目答问补正》，上海古籍出版社 2001 年版。

二、今人论著部分

［1］胡适：《白话文学史》，新月书店 1928 年版。

［2］刘大杰：《中国文学发展史》，中华书局 1941 年版。

［3］刘师培：《中国中古文学史》，人民文学出版社 1959 年版。

［4］周汝昌：《曹雪芹别传》，百花文艺出版社 1980 年版。

［5］鲁迅：《鲁迅全集》，人民文学出版社 1981 年版。

［6］庄万寿：《嵇康年谱》，三民书局 1981 年版。

［7］高罗佩：《中国古代房内考》，上海人民出版社 1990 年版。

［8］林语堂：《林语堂散文选集》，百花文艺出版社 1990 年版。

［9］钱志熙：《魏晋诗歌艺术原论》，北京大学出版社 1993 年版。

［10］容肇祖：《魏晋的自然主义》，东方出版社 1996 年版。

［11］罗宗强：《魏晋南北朝文学思想史》，中华书局 1996 年版。

［12］刘跃进：《中古文学文献学》，江苏古籍出版社 1997 年版。

［13］穆克宏：《魏晋南北朝文学史料述略》，中华书局 1997 年版。

［14］刘大杰：《魏晋思想论》，上海古籍出版社 1998 年版。

［15］陈柱：《中国散文史》，商务印书馆 1998 年版。

［16］徐公持：《魏晋文学史》，人民文学出版社 1999 年版。

［17］朱自清：《经典常谈》，上海古籍出版社 1999 年版。

［18］陈寅恪：《金明馆丛稿初编》，三联书店 2001 年版。

［19］郭绍虞：《中国历代文论选》，上海古籍出版社 2001 年版。

［20］汤用彤：《魏晋玄学论稿》，上海古籍出版社 2001 年版。

［21］吴云：《魏晋南北朝文学研究》，北京出版社 2001 年版。

［22］姜剑云：《太康文学研究》，中华书局 2003 年版。

［23］罗宗强：《玄学与魏晋士人心态》，南开大学出版社 2003 年版。

［24］李建中：《玄学与魏晋社会》，河北人民出版社 2003 年版。

［25］穆克宏：《魏晋南北朝文论全编》，江苏教育出版社 2004 年版。

［26］张舜徽：《四库提要叙讲疏》，云南人民出版社 2005 年版。

［27］葛晓音：《八代诗史》，中华书局 2007 年版。

［28］叶嘉莹：《叶嘉莹说阮籍咏怀诗》，中华书局 2007 年版。

［29］王瑶：《中古文学史论》，北京大学出版社 2008 年版。

［30］万绳楠：《魏晋南北朝史讲演录》，贵州人民出版社 2008 年版。

三、参考论文

［1］萧涤非：《读阮籍诗札记》载《学衡》，1927 年 7 月第 70 期。

［2］黄侃：《咏怀诗笺》载《东北丛镌》，1930 年 3 月第 3 期。

［3］星笠：《阮嗣宗咏怀诗笺序》载《文学杂志》，1933 年 9 月第 5 期。

［4］朱偰：《阮籍〈咏怀诗〉之研究》载《东方杂志》，1945 年第 41 卷第 11 号。

［5］沈祖棻：《阮嗣宗咏怀诗初论》载《国文月刊》，1948 年 3 月第 65 期。

［6］高海夫：《略谈阮籍及其咏怀诗》载《人文杂志》，1959 年第 2 期。

［7］霍松林：《论嵇康》载《人文杂志》，1959 年 9 月第 3 期。

［8］郭维森：《嵇康思想及其诗文特色》载《人文杂志》，1963 年第 2 期。

［9］沈玉成：《竹林七贤与二十四友》载《辽宁大学学报》，1990 年第

6 期。

　　［10］刘康德：《竹林七贤之有无与中古文化精神》载《复旦学报》，1991
年第 5 期。

　　［11］周凤章：《竹林七贤称名始于东晋谢安说》载《学术研究》，1991 年
第 6 期。

　　［12］曹立波：《阮嗣宗对〈红楼梦〉的影响举隅》载《红楼梦学刊》，
1998 年第 3 期。

　　［13］王晓毅：《竹林七贤考》载《历史研究》，2001 年第 5 期。

　　［14］韩格平：《竹林七贤名义考辨》载《文学遗产》，2003 年第 2 期。

　　［15］孙光：《竹林七贤与魏晋玄学思潮》载《北方论丛》，2005 年第 4 期。

　　［16］刘世明：《后羿射日考辨》载《河北大学学报》，2015 年第 1 期。

　　［17］刘世明：《〈尚书〉生命意识阐微》载《河北大学学报》，2015 年第 6
期。

　　［18］刘世明：《日本江户时代的〈尚书〉学研究》载《社会科学家》，
2016 年第 4 期。

　　［19］刘世明：《论韩国朝鲜朝时期的〈洪范〉学》载《东疆学刊》，2017
年第 1 期。

　　［20］刘世明：《〈摽有梅〉研究史上的十大主题》载《北方论丛》，2018
年第 2 期。

附　录

本附录中的五篇文章，或是正文改编，或是新说又立，皆已在各大杂志上发表见刊。因同属"竹林七贤"之范围，故附于此，以作文章之补充。

一、论阮籍的畸态人格①

摘　要：阮籍是竹林七贤之一，也是魏晋时期特出的风流名士。尽管他生活于曹氏家族与司马氏集团明争暗斗的政治漩涡之中，但却能做到超然独达、不同流俗。因为他始终"以庄周为模则"，故其既能肆志纵情，又能守柔保真。庄子有"畸人者，畸于人而侔于天"之语，而阮籍恰恰就是这样一位乱世畸人。通过阮籍心中的庄学思想来探究他的畸态人格，不仅有利于我们明白其逍遥浮世的精神世界，更有利于我们全面地解读他的诗文作品。因他有着与常人不同、与自然相谐的畸态人格，有着特立独行、率真绝俗的畸态人生之路，所以，后世文人一直都在钦慕欣赏着他的精神，争相模仿着他的行为，但经典绝不能复制，中国历史只允许有一个阮籍。

关键词：阮籍；畸态人格；庄子；咏怀诗

中国的历史从不缺少乱世，例如春秋战国、魏晋南北朝、五代十国等。因此，乱世也变得平常了起来。生活在乱世中的人们早已习惯了礼崩乐坏，因为

---

① 刘世明：《论阮籍的畸态人格》，载《焦作大学学报》，2015 年第 1 期，第 65 页。

他们可以寻找出一条属于自己的生活道路。魏晋，乱得一塌糊涂的一段历史，竟然滋养着阮籍这样的命世大贤，实在是那个时代的幸运。

魏晋，又是玄学盛行的年代。王弼、何晏、夏侯玄、裴楷、谢安等，都是玄谈的高手。王弼注《老子》《周易》，何晏作《道德论》，钟会著《四本论》，向秀注《庄子》，一时玄风猛起，清淡盛行。如此动荡的年代，如此玄学的风气，对阮籍的人格精神有着怎样的影响呢？试看阮籍的畸态人格，便可窥得一斑。

何谓畸态人格？《庄子·大宗师》有这样的记载："子贡曰：'敢问畸人'，曰：'畸人者，畸于人而侔于天。'"成玄英疏为："畸者，不耦之名也。修行无有，而疏外形体，乖异人伦，不耦于俗。"[1] 可见，这种与常人不同，与自然相合的特立独行、率真绝俗的品质，便是一种畸态人格。这种高蹈超迈的人格精神属于天地，属于庄周，也属于阮籍。司空图在《二十四诗品·高古》篇中说"畸人乘真，手把芙蓉，泛彼浩劫，窅然空踪"；陆游在《幽事》诗中说"野馆多幽事，畸人无俗情"；曹雪芹则借妙玉之口道出"文是庄子的好，故又或称为畸人"这样的心思。而阮籍，品性高洁、行为怪异、任诞不羁，却又与天道相谐，所以，是无愧于"畸人"这一称号的。

阮籍生于汉献帝建安十五年，卒于魏景元四年，他未尝一日仕晋，这是事实。但是对于曹魏政权，阮籍其实也是不在意的。陈伯君先生认为："阮籍的心中是把晋之代魏和魏之代汉看作是历史故事的重演，所以他绝不是站在忠于曹家的立场而痛心于司马氏的篡逆。"[2] "贵贱在天命，穷达自有时。婉娈佞邪子，随利来相欺。孤思损惠施，但为谗夫蚩。鹍鹏鸣云中，载飞靡所期。焉知倾侧士，一旦不可持。"（《咏怀诗·其五十六》）名利、贵贱、穷达都是身外之物，而对于曹氏和司马氏"与其誉尧而非桀，不如两忘而化其道"[3]。阮籍无心朝廷，更无心观看曹马之间的明争暗斗。他不誉魏，也不非晋，在浊世之中选择的是一条属于自己的畸态人生路。其畸态人格表现在他一生的行为之中，表现在他"反复零乱"的诗文之中，也表现在后世文人对他的处处模仿之中。

1. 不可为而为

阮籍《东平赋》曰："乘松舟以载险兮，虽无维而自縶，骋骅骝于狭路兮，顾蹇驴而弗及。资章甫以游越兮，见犀光而先入；被文绣而贾戎兮，识旆裘之必袭。"他用松舟来载险，驱骅骝登狭路，货章甫于诸越，纯正的痴情与执拗的胆识令人佩服。接下来，我们就探讨一下阮籍畸态人格的初级阶段——知其不可为而为之的多情与魄力。

《晋书》记载："兵家女有才色，未嫁而死，籍不识其父兄，径往哭之，尽哀而还。其外坦荡而内淳至，皆此类也。"当时的统治者，对社会、对人民的要求是懂法度、守礼节。若是自己的父母去世，必须守丧哭孝，而别人家的女子去世，和你阮籍有什么相干，你去吊丧，岂不令世人嘲笑？阮籍当然知道这是不合礼法的，但他却偏偏要去，因为与他的心志相合，这就够了。阮籍是至情至性之人，他哭的是美丽与才华的凋落，哭的是青春无故地夭折，哭的是生命如此之脆弱。阮籍觉得本不该如此，或是觉得如此太不合天道。他哭了，干干脆脆，痛痛快快，哭完，哀尽而还。这是至性之人的废礼表现，明知不可为，阮籍偏偏要为之的。除此之外，《晋书》还有这么一段文字：

邻家少妇有美色，当垆沽酒。籍尝诣饮，醉，便卧其侧。籍既不自嫌，其夫察之，亦不疑也。

中国古代礼法对于男女交往约束甚严，被唤作"男女授受不亲"。阮籍可不管这一套，他自有他自己的痴情。既能欣赏美妇，又有美酒相伴，那不是天下最畅快的事情吗？阮籍醉卧其侧，睡时与美女同在，起时有美酒相伴；醉时天下只有两人，醒时已度过一段完美人生。他没有任何恶意，纯是一片痴情。因此，"夫始殊疑之，伺察，终无他意"。天下人不可为、不敢为之事，阮籍却用欣赏的眼光来享受生活。他活得潇潇洒洒，也活得合情合性。

礼法，这是个什么东西？看看阮籍《大人先生传》的这段描述：

或遗大人先生书曰："天下之贵，莫贵于君子。服有常色，貌有常则，言有常度，行有常式。立则磬折，拱若抱鼓，动静有节，趋步商羽，进退周旋，咸有规矩。心若怀冰，战战栗栗，束身修行，日慎一日，择地而行，唯恐遗失，诵周孔之遗训，叹唐虞之道德，唯法是修，唯礼是克，手执圭璧，足履绳墨，行欲为目前检，言欲为无穷则。少称乡闾，长闻邦国，上欲图三公，下不失九州牧，故挟金玉，垂文组，享尊位，取茅土，扬声名于后世，齐功德于往古。

奉事君王，牧养百姓，退营私家，育长妻子，卜吉而宅，虑乃亿祉，远祸近福，永坚固己。"

如此礼法君子、如此愚昧行径，阮籍可不要做。他追求的是"通老""达庄"，是与天地同寿、与万物同移的一种真人境界。如此畸人，被俗人看作是有伤风化，倒是可以被理解的。

除了毁行废礼之外，至情至性也是阮籍痴情的本质表现。当然，最真挚的痴情莫过于亲情了，这一次，是阮籍的母亲去世了。

母终，正与人围棋，对者求止，籍留与决赌。既而饮酒二斗，举声一号，吐血数升。及将葬，食一蒸肫，饮二斗酒，然后临诀，直言穷矣，举声一号，因又吐血数升，毁瘠骨立，殆致灭性。

——《晋书·阮籍传》

母亲去世，阮籍肯定是最沉痛的。可他不哭、不慌，继续围棋，继续吃肉，继续喝酒。他不像礼法君子那样嚎上几天就草草了事，他的痛，是痛在心底最深处的。母丧期间吃肉喝酒是不合礼法，是绝对不可为的呀！阮籍并没有想那么多，母亲已经走了，吃肉喝酒与吃糟糠饮白水又有什么区别？都是无味的，都是无法使母亲复活的，他不在乎。正如罗宗强先生在《玄学与魏晋士人心态》一书中所说："阮籍至丧，盖真情祖露而哀乐至到，无须乎礼之缘饰。"[4]所以他醉而直视，所以他呆若木鸡，但当世人见到他吐血数升、毁瘠骨立、殆致灭性的时候，一切就都明白了。阮籍毁行废礼的背后，是一颗多么孝顺、多么赤诚的心呀！这期间"嵇喜来吊，籍作白眼，喜不怿而退。喜弟康闻之，乃赍酒挟琴造焉，籍大悦，乃见青眼"[5]，有客来吊，自当迎之，这是礼节。不，阮籍可不会这么做。嵇喜，我阮籍看不上你，翻白眼那是客气的。而嵇康赍酒挟琴来到丧礼之上，阮籍却笑了。因为只有美酒、琴声，才能为母亲送行，而不是哭声。阮籍不顾礼法，漠视教化，明知不可为而偏要为之的性子，是一种自然。后人对他只有崇敬和钦佩，而无一句埋怨之辞。礼法，本来就不是为阮籍这样的人设置的。《世说新语·任诞》篇中曾言："阮籍嫂尝还家，籍见与别。或讥之，籍曰：'礼岂为我辈设也。'"礼教不允许叔嫂相处，这是什么规矩？本是一家人，难道这个世间连亲情都不允许了吗？在阮籍看来，这奇怪得很，于是，他就开始无视那些庸人的目光了。这是一种合于自然的美丽，也是一种不合时宜的精彩。

"明知山有虎，偏向虎山行"，这大概就是阮籍的魄力了。说到魄力，阮籍最值得后人欣赏的是鄙视权贵、大发奇论、傲然独得的胆识和勇气。历史上有这样的记载：

> 有司言有子杀母者，籍曰："嘻！杀父乃可，至杀母乎！"坐者怪其失言。帝曰："杀父，天下之极恶，而以为可乎？"籍曰："禽兽知母而不知父，杀父，禽兽之类也。杀母，禽兽之不若。"
>
> ——《晋书·阮籍传》

> 晋文王功德盛大，坐席严敬，拟于王者，唯阮籍在坐，箕踞啸歌，酣放自若。
>
> ——《世说新语·简傲》

《庄子·盗跖》篇有言："民知其母，不知其父，与麋鹿共处，耕而食，织而衣，无有相害之心，此至德之隆也。"阮籍大发奇论，亦是本心所出。人杀父同于禽兽，此人杀母连禽兽也不如。乍听不合法礼，细思却是人之常情。而对于阮籍在司马昭座下箕踞啸歌，这种行为，他也知道世人是不可为之的，能做到"酣放自若"，真是一种胆识和境界呀！阮籍懂得"密云不雨"的道理，因此，自有"礼法之士疾之若仇，而帝每保护之"的好处。庄周有二言，赠予阮籍恰恰合适，一为"浮游不知所求，猖狂不知所往"，一为"独往独来，是谓独有。独有之人，是谓至贵"。阮籍虽知其不可为而为之，但却可以存身，可以保生。由此可见，阮籍所拥有的知其不可为而为之的痴情与胆识是一种养生哲学，但却是发自内心、出自天然。只是这样畸态人格还有些不成熟，所以，阮籍慢慢地有了改变。

2. 材与不材之间

材与不材，这是阮籍畸态人格的第二个表现，同时也见证了阮籍行道与存生的双重收获。"材与不材之间"来自《庄子》，书中记载如下：

> 此果不材之木也，以至于此其大也。嗟乎神人，以此不材！
>
> ——《人间世》

庄子行于山中，见大木，枝叶盛茂。伐木者止其旁而不取也。问其故，曰："无所可用。"庄子曰："此木以不材得终其天年。"夫子出于山，舍于故人之家。故人喜，命竖子杀雁而烹之。竖子请曰："其一能鸣，其一不能鸣，请奚杀？"主人曰："杀不能鸣者。"明日，弟子问于庄子曰："昨日山中之木，以不材得终其天年；今主人之雁，以不材死。先生将何处？"庄子笑曰："周将处夫材与不材之间。"

——《山木》

很明显，这是有用与无用之间的智慧。不材，树木可存生；材，未成即遭砍伐。阮籍知道曹氏与司马氏之间的风雨，他不想卷入，又不能彻底离开。若即若离，时而显志，时而韬晦，于是便形成了阮籍材与不材之间的人格精神。

老子有言曰："人之所畏，不可不畏"，王弼注曰："故人之所畏，吾亦畏焉，未敢恃之以为用也。"[6]这是不材的智慧，是无用的哲学。《周易》亦言"潜龙勿用，阳气潜藏"，阮籍明白藏器守拙与尚口乃穷的益处，所以，他从小就学会了慎言。《晋书》记载："籍尝随叔父至东郡，兖州刺史王昶请与相见，终日不开一言，自以不能测。"《世说新语·德行》篇记载："晋文王称阮嗣宗至慎，每与之言，言皆玄远，未尝臧否人物。"正如《庄子·山木》篇中的那只意怠之鸟一样，"翂翂翐翐，而似无能；引援而飞，迫胁而栖，进不敢为前，退不敢为后；食不敢为后，食不敢先尝，必取其绪，是故其行列不斥，而外人卒不得害，是以免于患。"这是曲则全的理论，这是"希言自然"的哲学，这是"无责于人，人亦无责焉"的智慧。阮籍数次辞官，慎言慎行，"喜怒不形于色"，所以，司马昭称其"天下至慎者，其唯阮嗣宗乎？"阮籍聪明得很，不材可以长久，无用才是大用，所以，他在《咏怀诗·七十》中才说："始得忘我难，焉知嘿自遗。"这一切都是"人之所畏，不可不畏"所产生的效应。其在《咏怀诗·二十五》中也说道："但畏工言子，称我三江旁。"也正是因为有了应该具有的畏惧之心，阮籍才没有像嵇康一样得罪那么多人。"直木先伐，甘井先竭"，阮籍明白得很，所以，他选择成为意怠。

只是单单明白畏惧似乎不足以保身，所以，阮籍便开始了一番"形莫若就，心莫若和"的游世之举。庄子在《人间世》借蘧伯玉之口告诉世人"形莫若

211

就，心莫若和。虽然，之二者有患。就不欲入，和不欲出。形就而入，且为颠为灭，为崩为蹶。心和而出，且为声为名，为妖为孽。彼且为婴儿，亦与之为婴儿；彼且为无町畦，亦与之为无町畦；彼且为无崖，亦与之为无崖。"之后又在《山木》篇中借禹之口说出"形莫若缘，心莫若率，缘则不离，率则不劳"的处世哲学。是呀，螳臂何能挡车辙？阮籍开始变得"材"了起来。《晋书》记载："及文帝辅政，籍尝从容言于帝曰：'籍平生曾游东平，乐其风土。'帝大悦，即拜东平相。籍乘驴到郡，坏府舍屏鄣，使内外相望，法令清简，旬日而还。"难道阮籍对于东平真的是"乐其风土"吗？试看其《东平赋》中的一段描写便可略知一二：

由而绍俗，靡则靡观，非夷罔式，导斯作残。是以其唱和矜势，背理向奸，向气逐利，因畏惟愆。其居处雍翳蔽塞，宛邅弗章，倚以陵墓，带以曲房；是故居之则心昏，言之则志哀，悸罔徙易，靡所寘怀。

这样一个"居之则心昏，言之则志哀"的东平，阮籍会乐其风土吗？很明显，此乃"形莫若就"之举，所以其旬日而还。而最能够体现其"形莫若就，心莫若和"的事例当然是《劝进文》的撰写："会帝让九锡，公卿将劝进，使籍为其辞。籍沉醉忘作，临诣府，使取之，见籍方据案醉眠。使者以告，籍便书案，使写之，无所改窜。辞甚清壮，为时所重。"[7]无奈之下，先"形莫若就"一番，但观其文"临沧州而谢支伯，登箕山以揖许由，岂不盛乎！至公至平，谁与为邻！何必勤勤小让也哉"，不也是心莫若和吗？对于支伯、许由来讲，此等小让也如此累心，真是可笑至极呀！这是阮籍有"材"的"功勋"，因此，嵇康在《与山巨源绝交书》中才会说他"幸赖大将军保持之耳"。然而，"阮籍所为不过禄仕而已，其只是虚与司马氏委蛇而全身保命"[8]，生命才是最宝贵的，"与物委蛇，而同其波，是卫生之经也"[9]。

阮籍在材与不材之间游世，但却能做到"损盈益虚，与时偕行"。例如他可以在广武山发出"时无英雄，使竖子成名"的慨叹，也可以在苏门山吟出响彻岩谷的长啸；他可以甩袖拒绝蒋济的征召，也可以在"乡亲共喻"下就吏；他可以被曹爽召为参军，也可以因疾屏于田里。这就是阮籍，时而"材"，时而"不材"，在材与不材之间，阮籍可以颐养天年。《庄子·知北游》所言："圣人处物不伤物，不伤物者，物亦不能伤也"，这说的难道不是阮籍吗？阮籍的高明之处不仅在于"材与不材"的智慧，更在于其能够在材与不材之间游刃有余地生活。"为善无近名，为恶无近刑。缘督以为经，可以保身，可以全身，可以养亲，可以尽年。"虽说如此，但材与不材之间毕竟"似之而非也，故未免乎累"。阮籍的人生逐渐走向了宁静，于是开始了其"乘道德而浮游"的旅程。

3. 撄宁之境

撄宁，这是阮籍畸态人格的第三层境界。"撄宁"一词出自《庄子·大宗师》，原文为："其为物，无不将也，无不迎也，无不毁也，无不成也。其名为撄宁。撄宁也者，撄而后成者也。"郭嵩焘云："物我生死之见迫于中，而一无所动其心，乃谓之撄宁。置身纷纭蕃变，交争互触之地，而心固宁焉，则几于成矣，故曰'撄而后成。'"[10] 由此可见，撄宁之境，是需要一番磨炼之后才能实现的一种合乎天道、清静自然的状态。先有"撄"，才有"宁"，撄而后宁是阮籍畸态人格的一大展现，试看其《咏怀诗·二十一》："于心怀寸阴，羲阳将欲冥。挥袂抚长剑，仰观浮云征。云间有玄鹤，抗志扬声哀。一飞冲青天，旷世不再鸣。岂与鹑鷃游，连翩戏中庭。"在经过了"怀寸阴""羲阳冥""抚长剑"这样的躁动之后，阮籍终于伴哀声而成道，一飞冲上了青天。

而这种伴哀声而成道的状态，集中反映在"素质游商声"之上。阮籍想要"逍遥浮世，与道俱成"，必须在经历一番磨难，走过一场风雨之后，才能真正与那个浊世决裂。正如其《咏怀诗·其九》所言："步出上东门，北望首阳岑。下有采薇士，上有嘉树林。良辰在何许？凝霜沾衣衿。寒风振山岗，玄云起重阴。鸣雁飞南征。鹍鸡发哀音。素质游商声。凄怆伤我心。"素质，是一种自然的品性，纯洁、高尚、没有一丁点儿瑕疵。庄子曾言："纯素之道，惟神是守，守而勿失，与神为一，一之精通，合于天伦。故素也者，谓其无所与杂也；纯也者，谓其不亏其神也。能体纯素，谓之真人。"阮籍这种没有一丝杂念的品质，必须经历萧瑟秋声的洗礼，才能通明。虽然暂时"凄怆伤我心"，但终会伴哀声而成道的。就如《晋书》中记载他去苏门山访隐士孙登一样："籍尝于苏门山遇孙登，与商略终古及栖神导气之术，登皆不应，籍因长啸而退。至半岭，闻有声若鸾凤之音，响乎岩谷，乃登之啸也。遂归著《大人先生传》……此亦

籍之胸怀本趣也。"由此可知，只有经历过"皆不应"的无奈之后，阮籍才能在
啸声中大彻大悟。撄宁之境，不悲不喜，无成无毁。

《庄子·大宗师》说道："相响以湿，相濡以沫，不若相忘于江湖。"阮籍
在《咏怀诗·其七十六》说得也很明白：

> 秋驾安可学，东野穷路旁。纶深鱼渊潜，矰设鸟高翔。泛泛乘轻舟，演漾
> 靡所望。吹嘘谁以益？江湖相捐忘。都冶难为颜，修容是我常。兹年在松乔，
> 恍惚诚未央。

没有成败，没有毁誉，心已经宁静了，还有什么琐事可以困扰我们这位乱
世畸人呢？于是，阮籍选择了倒地痛饮，再叫上刘伶，那便真是醉生梦死了。
"籍与伶共饮步兵府中，并醉而死"，这是戴逵《竹林七贤论》中的文字。阮籍
忘了一切，自然也忘了自己，他在《咏怀诗·其五十七》之中便说："惊风振四
野，回云荫堂隅。床帷为谁设？几杖为谁扶？虽非明君子，岂闇桑与榆？世有
此聋瞆，芒芒将焉如？翩翩从风飞，悠悠去故居。离麾玉山下，遗弃毁与誉。"
"鱼相忘于江湖，人相忘于道术"，等到可以遗世的时候，阮籍便走进了撄宁之
境的最高境界——采真之游。

何谓采真之游？庄子在《天运》篇说："逍遥，无为也；苟简，易养也；不
贷，无出也。古之谓是采真之游。"采真之游，不为形迹所役，让心灵任意奔
驰。《晋书》已经告诉世人，阮籍"登临山水，经日忘归""率意独驾，不由径
路"。畅游，不单单是身体在寻找自由，心灵也会归于宁静。阮籍《咏怀诗·三
十二》如是说："朝阳不再盛，白日忽西幽。去此若俯仰，如何似九秋，人生若
尘露，天道邈悠悠。齐景升丘山，涕泗纷交流。孔圣临长川，惜逝忽若浮。去
者余不及，来者吾不留。愿登太华山，上与松子游。渔父知世患，乘流泛轻
舟。"这是精神快意的遨游，正如庄子所言"逍遥于天地之间而心意自得""凡
物无成无毁，复通为一"。所以，罗宗强先生才会说："阮籍理想人格，理想人
生境界，来自庄子。"[11]阮籍心中已经没有什么眷恋，他要采天地之真气，遨游
于青山秀水之间，于是辞曹爽，屏于田里。可当一年后曹爽被诛杀之时，时人
却服其远识。阮籍是真的有远识吗？看看《世说新语·识鉴》篇中关于张季鹰
的一段记载：

张季鹰辟齐王东曹掾，在洛，见秋风起，因思吴中菰菜羹、鲈鱼脍，曰："人生贵得适意尔，何能羁宦数千里以要名爵？"遂命驾便归。俄而齐王败，时人皆谓见机。

难道张翰真的是见机吗？不是！"人生贵得适意耳，何能羁宦数千里以要名爵"，阮籍亦如是。其申请辞官，"非虚辞让也，不以事害己也"。这是他们胸怀间的本趣，并非什么远识与见机。采真之游，心已然超脱，不为外物所累。阮诗云："适彼沅湘，托分渔父。优哉游哉，爰居爰处"，这是多么安乐逍遥呀，然而却是撄而后宁的一种自在，是阮籍畸态人格的最终归属。蒲松龄在《聊斋志异》中曾描述过这样一位美丽的女性形象："一日西人子见之，凝注倾倒，女不避而笑""户外嗤笑不已，婢推之以，犹掩其口，笑不可遏""始极力忍笑，又面壁移时方出。才一展拜，翻然遽入，放声大笑"[12]，这位女子天真烂漫，惹人喜爱，其名便为"婴宁"。婴宁总是在笑，因为在蒲松龄的眼中，笑，已然成为生命的最终符号。能通达人情，能洞彻天理，能看透生死，哭着来到世间，何不笑着走进天堂呢？

从知其不可为而为之的痴情与胆识到材与不材之间的智慧，再到最终的撄宁之境，阮籍走完了他的畸态人生路。"畸于人而侔于天""天之君子，人之小人"，我们绝不能以俗人眼光来审度君子的气量，因为"方外之士，不崇礼典"，俗世之人，又岂能知晓？《世说新语·德行》一门中记载：

王平子、胡毋彦国诸人，皆以任放为达，或有裸体者。乐广笑曰："名教中自有乐地，何为乃尔也？"

刘孝标引王隐《晋书》注曰："魏末，阮籍嗜酒荒放，露头散发，裸袒箕踞。其后贵游子弟阮瞻、王澄、谢鲲、胡毋辅之之徒，皆祖述于籍，谓得大道之本。故去巾帻，脱衣服，露丑恶，同禽兽。"[13]真是可笑至极，王澄等人效阮籍是知其达而不知其所以达也，不经过撄而后宁的过程，却脱衣散发、裸袒箕踞，又与禽兽有什么区别呢？比起胡毋辅之等人的野性，企慕阮籍的张季鹰似乎更通明一些：

张季鹰纵任不拘，时人号为"江东步兵"。或谓之曰："卿乃可纵适一时，独不为身后名邪?"答曰:"使我有身后名,不如即时一杯酒!"

————《世说新语·任诞》

其效法步兵任性自适,无求于当世,也可算是一位畸态之人了。只是经典不可能重复,阮籍的畸态人格一直被后人模仿,却从未被超越过。

颜延之称阮籍:"阮公虽论迹,识密鉴亦洞。沉醉似埋照,遇词类托讽。长啸若怀人,越礼自惊众。物故不可论,穷途能无恸"[14];江文通称阮籍:"青鸟海上游,莺斯蒿下飞,沉浮不相宜,羽翼各有归。飘飘可终年,沉漾安是非。朝云乘变化,光耀世所希。津卫衔木石,谁能测幽微"[15];沈约称阮籍:"阮公才器宏广,以秽其德,崎岖人世,仅然后世。"[16]阮籍、嵇康谁更胜一筹,不可随意评点,但对于阮籍的畸态人格,世人却都是钦佩赞叹的。李白说:"阮籍为太守,乘驴上东平。判竹十余日,一朝化风清"[17];苏轼说:"阮生古狂达,遁世默无言。犹余胸中气,长啸独轩轩"[18];元好问说:"纵横诗笔见高情,何物能浇块垒平。老阮不狂谁会得,出门一笑大江横"[19];明代许可徵在《阮嗣宗集叙》中所言更是直接"处亢而潜,知白而黑,非嗣宗吾谁与归?"[20]而曹雪芹所以字梦阮,据周汝昌先生所说:"梦阮之一别号的背后可能暗示着曹雪芹对阮籍的梦想是并非泛泛的。"[21]其实,我们也可以从曹雪芹好友敦诚之诗"步兵白眼向人斜"(《赠曹雪芹》)中可以略知一二。当然,要想更细致地挖掘曹、阮之间的关系,必须从贾宝玉越礼惊俗、钟情少女、痴傻癫狂以及其最终随那一僧一道而去等多角度来思考了。

阮籍的畸态人格,便是他从知其不可为而为之,到材与不材之间游世,再到撄宁至境的一种精神发展状态。既养其身,又保其真,其不愧为学庄用庄之人。阮籍走了,可其畸态人格却在一千多年来影响着一代代人,流在岁月的长河中,刻在世人的心灵上,忘不了,也抹不去。他的畸态人格让后人去痴狂、去钦佩、去模仿,他却在另一个世界看着我们,不嗔,不笑,也不言语。

参考文献:

[1] 郭庆藩:《庄子集释》,中华书局 1961 年版,第 273 页。

[2] 陈伯君:《阮籍集校注》,中华书局 1987 年版,第 9 页。

［3］王先谦：《庄子集解》，中华书局 1987 年版，第 58 页。

［4］罗宗强：《玄学与魏晋士人心态》，南开大学出版社 2003 年版，第 69 页。

［5］房玄龄：《晋书》第五册，中华书局，1974 年版，第 1361 页。

［6］楼宇烈：《老子道德经注校释》，中华书局 2008 年版，第 46 页。

［7］房玄龄：《晋书》第五册，中华书局 1974 年版，第 1361 页。

［8］万绳楠：《魏晋南北朝史讲演录》，贵州人民出版社 2008 年版，第 48 页。

［9］王先谦：《庄子集解》，中华书局 1987 年版，第 200 页。

［10］王先谦：《庄子集解》，中华书局 1987 年版，第 62 页。

［11］罗宗强：《玄学与魏晋士人心态》，南开大学出版社 2003 年版，第 120 页。

［12］蒲松龄：《聊斋志异》，中华书局 1962 年版，第 155 页。

［13］徐震堮：《世说新语校笺》，中华书局 1984 年版，第 14 页。

［14］穆克宏：《魏晋南北朝文论全编》，江苏教育出版社 2004 年版，第 183 页。

［15］逯钦立：《先秦汉魏晋南北朝诗》，中华书局 1988 年版，第 1573 页。

［16］穆克宏：《魏晋南北朝文论全编》，江苏教育出版社 2004 年版，第 222 页。

［17］彭定求：《全唐诗》卷一百七十，中华书局 1960 年版，第 1750 页。

［18］王文诰：《苏轼诗集》卷二，中华书局 1982 年版，第 84 页。

［19］郭绍虞：《中国历代文论选》，上海古籍出版社 2001 年版，第 215 页。

［20］陈伯君：《阮籍集校注》，中华书局 1987 年版，第 413 页。

［21］周汝昌：《曹雪芹别传》，百花文艺出版社 1980 年版，第 11 页。

二、论阮籍之死①
——以《庄子》与《世说新语》为例

摘　要： 阮籍是竹林七贤之一，亦是魏晋风流的代表人物。历来学者大多认为其处于动荡的年代，没有胆量反抗统治阶级而委曲求全地生活于世，但他内心又不愿意与司马氏合作，故因写作一篇《为郑冲劝进王笺》愧悔不已，之后便郁郁而亡。然而，通过《庄子》和《世说新语》二书与阮籍一生言行比照，却发现阮籍并无愧悔之心。其死前心境也并不是只有一种单一的色调，而是多种复杂感情的交织与演进。从失去挚友的孤独到悟道意足的欣慰，最后随母亲与嵇康快乐而去。为了更精确地分析其人格精神的实质，为了更充分地研究其诗文作品的内涵，窥测阮籍之死当是一项非常必要的工作。

关键词： 阮籍之死；庄子；世说新语

　　阮籍，魏末名士，历史上名声显赫的竹林七贤之一。《晋书·阮籍传》说他"博览群籍，尤好《老》《庄》""行己寡欲，以庄周为模则"，可见，庄子、老子思想对其影响甚大。南朝宋刘义庆所作《世说新语》有许多条目都提及阮籍，并集中展现了他风流不羁、高蹈出尘、至情至孝的人格精神。而对于阮籍的死前心态，史书上并没有任何记载。

　　陈伯君先生作《阮籍年表》曾说："景元四年，冬十月，司马昭辞让相国，晋公及九锡，司徒郑冲率群官劝进，乃为郑冲作《劝晋王笺》，冬卒，时年五十四岁。"[1]由此可见，阮籍之死应该很是正常，不似嵇康死得那般凄婉惨烈。正如罗宗强先生所言："阮籍仍然是依违避就，结果嵇康为社会所不容，阮籍却得以善终。"[2]嵇康临刑之前后悔不已，《晋书·嵇康传》记载："昔袁孝尼尝从吾学《广陵散》，吾每靳固之，《广陵散》于今绝矣！"[3]而与嵇康死前叹悔心境相比，阮籍去世前又是怎样的心态呢？透过《庄子》与《世说新语》二书，结合

----

① 刘世明：《论阮籍之死》，载《和田师范专科学校学报》，2015 年第 6 期，第 86 页。

阮籍一生的经历，可以从以下三个方面对其进行分析：

首先，失去挚友的孤独。《世说新语·伤逝》一门对此种心境有着生动的描述：

支道林丧法虔之后，精神陨丧，风味转坠。常谓人曰："昔匠石废斤于郢人，牙生辍弦于钟子，推己外求，良不虚也。冥契既逝，发言莫赏，中心蕴结，余其亡矣！"却后一年，支遂殒。

王子猷、子敬俱病笃，而子敬先亡。子猷问左右："何以都不闻消息？此已丧矣！"语时了不悲。便索舆奔丧，都不哭。子敬素好琴，便径入坐灵床上，取子敬琴弹，弦既不调，掷地云："子敬！子敬！人琴俱亡。"因恸绝良久。月余亦卒。

支道林中心蕴结，王子猷恸绝良久，都是因为他们的好友离开了人世。而阮籍这种心态也特别强烈，因为他亦有一好友刚刚离去，即嵇康。何启民先生作《竹林七贤年表》说嵇康"景元三年，终以罪诛"[4]（比阮籍早去世一年），而韩格平先生在《竹林七贤年表·魏景元四年》中却说："阮籍，冬，卒。嵇康，因吕安事入狱，被害。"[5]（与阮籍同一年去世）试看二人交情如何亲密：

籍能为青白眼，见凡俗之士，以白眼对之。及喜往，籍不哭，见其白眼，喜不怿而退。康闻之，乃赍酒挟琴而造之，遂相与善。

——刘孝标《世说新语注》

山公与嵇、阮一面，契若金兰。山妻韩氏，觉公与二人异于常交，问公，公曰："我当年可以为友者，唯此二生耳。"

——《世说新语·贤媛》

阮籍给嵇喜以白眼，送嵇康以青眼，并与嵇康共宿涛室，同进酒肉，其亲密程度非同一般。荷兰籍汉学家高罗佩在《中国古代房内考》一书中通过考证《世说新语·贤媛》篇中的这则材料，竟然得出阮籍和嵇康是同性恋这种结论。[6] 虽然有些荒唐，却也反映出二人志趣相投、互为知己的事实。后世文人也不断地将阮籍与嵇康二人并提。例如《世说新语·言语》篇中周仆射说"何敢近舍明公，远希嵇、阮"；白居易有诗云"逸兴嵇将阮，文情陈与雷"；刘克庄在《贺新郎》词中也说"懒追陪，竹林嵇阮，兰亭王谢"等。阮籍和嵇康，这两个名字始终被历史粘在了一起，怎么也分不开。阮籍在《咏怀诗·其六十五》中写道："王子十五年，游衍伊洛滨，朱颜茂春华，辩慧怀清真。焉见浮丘公，举手谢时人。轻荡易恍惚，飘飘弃其身。飞飞鸣且翔，挥翼且酸辛"，黄节直接便说此乃"吊嵇康也"[7]。由此可知，阮籍与嵇康是知心朋友，是生死知己，阮籍临死念及他这位挚友的可能性非常大。

知己去世，阮籍刚开始一定是孤独的，正如《庄子·徐无鬼》篇所言：

庄子送葬，过惠子之墓，顾谓从者曰："郢人垩慢其鼻端若蝇翼，使匠人斫之。匠石运斤成风，听而斫之，尽垩而鼻不伤，郢人立不失容。"宋元君闻之，召匠石曰："尝试为寡人为之。"匠石曰："臣则尝能斫之。虽然，臣之质死久矣。自夫子之死也，吾无以为质矣，吾无与言之矣！"

郢人已逝，不再运斤，这便是一人独存的孤寂。法虔去，一年后支道林亡；子敬逝，一月后子猷亡。那么，嵇康去世，阮籍的生命可能也将马上终结。这或许是一种不自觉的自然规律吧！徐公持先生说："阮籍无奈沉醉挥毫，终于写就劝进之文。此被誉为'神笔'之文，实为一纸政治转向之声明。为此阮籍甚为痛苦，而当时挚友嵇康已被司马昭所杀。更增添内心愧悔，数月之后，即郁郁而亡。"[8]阮籍失去嵇康肯定是孤独的，但应当没有愧悔，更不会郁郁而亡，因为他的一生都在追求着庄学，即使是在临死之前，他依然是一个读庄解庄、学庄用庄的贤者。

其次，悟道意足的欣慰。阮籍一生"以庄周为模则"，岂会被生死所累。明代靳於中在《阮嗣宗文集序》中称阮籍为"命世大贤"，并说"其恢达似方朔，其真率似渊明"[9]。因此，阮籍绝不是一些学人眼中的那个弱者，更不会因一篇劝进文而郁郁身亡。君不闻"其口虽言，其心未尝言"之论，君不闻"可言可意，言而愈疏"之语，君不闻"道不可言，言而非也"之说，文章的确是写了，但写了的文章本心就如文章所写吗？非也，那是代笔而已，只是写出郑冲的心思罢了。其为郑冲所逼，又沉醉不作，是何道理？《达庄论》已说得很清楚："今谈而同古，齐说而意疏，是心能守其本，而口发不相须也。"心守其本，口不相须，这才是心口不一的最高境界。蒋师爚说："嗣宗《劝进笺》无一语劝受禅"，此为正解。"方且与世违而心不屑与之俱"，便是陆沉的哲学。若总以一劝进文而诋毁他，那真是太不了解阮籍的心思了。《世说新语·栖逸》篇有这么一段记载：

阮步兵啸，闻数百步。苏门山中，忽有真人，樵伐者咸共传说。阮籍往观，见其人拥膝岩侧，籍登岭就之，箕踞相对。籍商略终古，上陈黄、农玄寂之道，下考三代盛德之美以问之，仡然不应。复叙有为之教、栖神道气之术以观之，彼犹如前，凝瞩不转。籍因对之长啸。良久，乃笑曰："可更作。"籍复啸。意尽，退，还半岭许，闻上然有声，如数部鼓吹，林谷传响，顾看，乃向人啸也。

由是观之，阮籍遇孙登而知道之真存。其在《大人先生传》中言："分是非以为行兮，又何足与比类。霓旌飘兮云旒霭，乐游兮出天外"，他已然达到撄宁之态，于是最终在天外乐游。乐游，一种独立无俦、静享妙趣的采真之游。阮籍未死之时已然悟道，死又有何怨恨。子曰："朝闻道，夕死可矣"，而阮籍一生学庄，怎能不明白《庄子·知北游》篇所说的"人生天地之间，若白驹过之隙，忽然而已"的道理。"虽有寿夭，相去几何？须臾之说也"，阮籍清楚得很，试看《咏怀诗·其二十八》：

若花耀四海，扶桑翳瀛洲。日月经天涂，明暗不相雠。严达自有常，得失又何求。岂效路上童，携手共遨游。阴阳有变化，谁云沉不浮，朱鳖跃飞泉，夜飞过吴洲。俯仰运天地，再抚四海流。系累名利场，鸳驽同一辀。岂若遗耳目，升遐去殷忧。

遗耳目，不视亦不听，独享天道也。唐代李京作《重建阮嗣宗庙碑》曾说："爰有贤公，姓阮讳籍，字号嗣宗，晋代陈留尉氏人也。性惟高尚，道本淳和……流俗不能染其真，越礼无所拘其节。"[10]这是阮籍的本真性情，他在《达庄论》中说："且庄周之书何足道哉！犹未闻夫太始之论，玄古之微言乎！直能不害于物而形以生，物所无所毁而神以清，形神在我而道德成。"从此文能够看出阮籍心中已然无生无死、无有无无、归于道根、同于大通了。既已看透生死，洞破俗世，悟道意足，阮籍死前必然也欣慰地笑了。

最后，奔赴死界的快乐。何为生，何为死？庄子说："以生为丧也，以死为反也。"[11]阮籍一生学习《庄子》，自然不会因生死困扰其心，并且对于走向死的世界，他应该是很快乐的。因为那里有知己的等待，还有生母的呼唤。嵇康刚刚去世，孤独的阮籍有可能出现过追随挚友而去的念头。俗世无所留恋，只有与嵇康同在，才能享受到真正的快乐。《世说新语》载有嵇康"所与神交者唯陈留阮籍""嵇叔夜、阮嗣宗共酣饮于此垆"[12]等事实，故而到死界与嵇康会面或许真是阮籍所特有的一种快乐。而对于母亲的思念，是阮籍一生永远无法摆脱的痛苦。阮籍至孝，从《世说新语·任诞》篇中可见一斑：

> 阮籍当葬母，蒸一肥豚，饮酒二斗，然后临诀，直言："穷矣!"都得一号，因吐血，废顿良久。

没有母亲的儿子是悲惨的，因此，阮籍毁脊骨立、殆至灭性。想想生母的召唤，想想马上就能见到他最亲爱的母亲了，死前的阮籍一定兴奋不已、开心不已。

除此之外，阮籍死前的快乐心态还在于他对神秘死界的企盼。《庄子·大宗师》篇记载：

> 子桑户、孟子反、子琴张，三人相与友，曰："孰能相与于无相与，相与于无相为? 孰能登天游雾，挠挑无极；相忘以生，无所终穷?"三人相视而笑，莫逆于心，遂相与友。莫然有间，而子桑户死，未葬。孔子闻之，使子贡往侍事焉。或编曲，或鼓琴，相和而歌曰："嗟来桑户乎! 嗟来桑户乎! 而已反其真，而我犹为人猗!"

"而已反其真，而我犹为人猗"，这是怎样的感叹? 生是痛苦，死却是快乐。对于阮籍来说，现实是黑暗的、是肮脏的，司马氏高压政策让人难以自由地生活。那么，死后的世界又会是怎样的呢?《庄子·至乐》篇言：

> 夜半，髑髅见梦曰："子之谈者似辩士。视子所言，皆生人之累也，死则无此矣。子欲闻死之说乎?"庄子曰："然。"髑髅曰："死，无君于上，无臣于下；亦无四时之事，从然以天地为春秋，虽南面王乐，不能过也。"

没有君王，没有官吏，没有辛劳，这便是死界的状况。一生以庄周为模则的阮籍，对于另外的一个世界或许真的会有所期待。那里可能是自由的天堂，可能是欢乐的海洋，于是，他憧憬并快乐着。

因此，从《庄子》与《世说新语》来看，阮籍去世之前的心态不是沉郁的愧悔，而是多种情感的复杂交织与演进。从失去挚友的孤独到悟道意足的欣慰，直至奔向死亡的快乐。这些或许才是阮籍临死之前真正的心灵写照吧。

参考文献：

［1］陈伯君：《阮籍集校注》，中华书局 1987 年版，第 437 页。

［2］罗宗强：《玄学与魏晋士人心态》，南开大学出版社 2003 年版，第 136 页。

［3］房玄龄：《晋书》第五册，中华书局 1974 年版，第 1374 页。

［4］何启民：《竹林七贤研究》，学生书局 1978 年版，第 256 页。

［5］韩格平：《竹林七贤诗文全集译注》，吉林文史出版社 1997 年版，第 621 页。

［6］高罗佩：《中国古代房内考》，上海人民出版社 1990 年版，第 132 页。

［7］黄节：《阮步兵咏怀诗注》，中华书局 2008 年版，第 414 页。

［8］徐公持：《魏晋文学史》，人民文学出版社 1999 年版，第 183 页。

［9］陈伯君：《阮籍集校注》，中华书局 1987 年版，第 410 页。

［10］陈伯君：《阮籍集校注》，中华书局 1987 年版，第 427 页。

［11］王先谦：《庄子集解》，中华书局 1987 年版，第 203 页。

［12］徐震堮：《世说新语校笺》，中华书局 1984 年版，第 348 页。

三、论嵇康的亢龙精神①

摘　要：嵇康是魏晋时期的风流人物，历来学者都认为其因得罪钟会而被司马昭杀害。然而，人们却忽视了嵇康自身的一种不合时宜的死亡因素，即他

---

①　刘世明：《论嵇康的亢龙精神》，载《保定学院学报》，2015 年第 4 期，第 97 页。

的亢龙精神。由于是非太明，而陷入"坚白之昧"的迷惑中。遵从庄周之道，便拥有"独有至贵"的品质。而他刚烈的性格，最终导致其临别悔恨、雅志难施。这些，都是嵇康亢龙精神的外在表现。为了更充分地研究其诗文作品的真正内涵，窥测嵇康此种人格魅力当是一项非常必要的工作。

关键词：嵇康；亢龙精神；庄子；周易；晋书

嵇康，字叔夜，谯郡铚县人。《晋书·嵇康传》记载："嵇康，卧龙也，不可起。公无忧天下，顾以康为虑耳。"[1]1373 这是钟会在司马昭面前所进的谗言，然而"卧龙"之誉不虚。颜延之作《五君咏》称嵇康为"鸾翮有时铩，龙性谁能驯"；龚璛《七贤诗》说他"叔夜龙凤姿，清修契神术"；张居正亦在《七贤吟》中言其"中散龙凤姿，雅志薄云汉"。关于嵇康龙性风度最早的描述是来自《世说新语》注中的一段文字：

康长七尺八寸，伟容色，土木形骸，不加饰厉，而龙章凤姿，天质自然。正尔在群形之中，便自知非常之器。

——徐震堮《世说新语校笺》[2]335

龙，是中国古代传说中的神物，《周易》开篇第一卦（乾）便是以龙作为意象来述理的。有潜龙、见龙、飞龙，除此之外，亦有亢龙。《周易·乾》卦中说道："上九：亢龙，有悔。"[3]1朱熹《周易本义》释为："亢者，过于上而不能下之意也。阳极于上，动必有悔。"[4]31嵇康是一条龙，不假。只可惜，他是一条亢龙，于是悔恨在所难免。嵇康为何是一条亢龙，他又具有怎样的人格精神呢？我们试从以下几方面对其进行分析：

1. 坚白之昧

《庄子·齐物论》说："非所明而明之，故以坚白之昧终。"[5]18王先谦解为："非人所必明，而强欲共明之，如'坚石'、'白马'之辩，欲众共明，而终于昧，故以坚白之昧终。"[5]18"坚白"之论是公孙龙的是非之论，他认为一块石头，说他"坚"，是触觉的感知，不可见；说他"白"，是视觉的感知，不可触。即一种坚与白分离而谈的诡辩论，服众人之口，不服众人之心。而嵇康就陷入这样的迷惑之中，难以自拔。他辩锋太锐，处处钳人之口；他是非之念太明，道不同界限划清；他驰骋于是是是、非是非的生活与文章之中，忘记了他心中的老庄之师，也迷失了本应属于他自己的"无何有之乡"。

　　嵇康虽然长好《老》《庄》，但却十分好与人辩论。孙绰《嵇中散传》言其："嵇康作《养生论》，入洛，京师谓之神人。向子期难之，不得屈。"[6]303 所谓"不得屈"，是因为嵇康后来又写有《难养生论》一文，向秀便不与之辩论了。嵇康好辩，有作品为证。张辽叔作《自然好学论》，他便写《难自然好学论》。阮德如写《宅无吉凶摄生论》，他便作《难宅无吉凶摄生论》，后阮德如又为《释难宅无吉凶摄生论》，嵇康便再作《答释难宅无吉凶摄身论》。然而，答难之后，嵇康依旧是一己之见，使人口服而心不服，其意义也并不大。但过分的激辩就意味着过度的张扬，嵇康抬头了，一篇《养生论》被京师谓之神人，那么如此多的论著一出世，这条龙就开始腾飞了，然而这只是亢龙的初露锋芒。

　　嵇康是非太明、刚正不阿，故而喜怒之色一定会显示在其脸面之上。他喜欢吕安，就说："每喜足下家复有此弟"[7]132；他欣赏向秀，便"尝与向秀共锻于大树之下"[1]1373；他崇拜阮籍，竟然在其丧母之时"赍酒挟琴造焉"[1]1361；他敬佩山涛，便留宿于山涛家中彻夜长谈。相反，只要是他不喜欢的人、不乐意做的事，便冷眼相对、嗤笑处之。他看不起钟会，故无视其大作《四本论》。他痛愤吕巽，于是果断绝交，并作《与吕长悌绝交书》一文。即使是其好友山涛，嵇康若是认为二人非为知己的时候，亦写书与之告别。这就是嵇康，率真可爱，纯净天然，心中不藏事，是非界限亦划得很清楚。但是非太明不一定都是好事，当他躲避司马昭之幕府属官于河东之时，当他冷落嘲弄钟会的时候，当他替吕安愤诉吕巽的时候，他的一只脚已经迈向了地狱。是非的界限，将他送到了司马昭的铡刀之下。苏舆云："天下之至纷，莫如物论，是非太明，足以累心。"[5]9嵇康的是非之累必定使他的内心太刚直、太激烈，于是，他难以守神，难以养虚，难以"心斋"，他的"道"偏离了他既定的老庄之道。

　　《庄子·德充符》云："故德有所长，而形有所忘，人不忘其所忘，而忘其所不忘，此谓诚忘。"[5]53《庄子·人间世》云："瞻彼阕者，虚室生白，吉祥止止。夫且不止，是之谓坐驰。"[5]37诚忘，是"形宜忘，德不忘；反是，乃真忘也"[5]53；坐驰，是"精神外惊而不安息，是形坐而心驰也"[5]37。嵇康修道时已然踏入这两个误区，却不知晓。他该忘记争辩、忘记是非、忘记仁义、忘记礼乐、忘记言论、忘记自己、忘记天下，他却没有忘记。他不该忘记德行、忘记虚心、忘记恬淡、忘记寂静、忘记养神、忘记修身，他却忘记了。如此忘记，难以坐忘，因为心性轻浮，身心溃散，所以只能导致坐驰。他依旧在寻觅老庄的乐园，却沉溺于坚与白这样的愚昧之中，这不是形坐心驰又是什么？让我们看一首嵇康守神养性的诗作：

> 俗人不可亲，松乔是可邻。何为秽浊间，动摇增垢尘？慷慨之远游，整驾俟良辰。轻举翔区外，濯翼扶桑津。徘徊戏灵岳，弹琴咏泰真。沧水澡五藏，变化忽若神。姮娥进妙药，毛羽翕光新。一纵发开阳，俯视当路人。哀哉世间人，何足久托身。

> ——嵇康《五言诗三首·其三》[7]80

嵇康一生都想着"俗人不可亲，松乔是可邻"，希望"轻举翔区外，濯翼扶桑津"，所以，他不与俗人相处，所以，他超尘脱俗、特立独行，所以，他傲世慢礼、骄视俗人。《晋书·嵇康传》中记载着一段特别经典的风流韵事：

> 初，康居贫，尝与向秀共锻于大树之下，以自赡给。颍川钟会，贵公子也，精练有才辩，故往造焉。康不为之礼，而锻不辍。良久会去，康谓曰："何所闻而来？何所见而去？"会曰："闻所闻而来，见所见而去。"会以此憾之。

> ——房玄龄《晋书·嵇康传》[1]1373

也正是因为这种傲世的亢龙精神，得罪了钟会这位朝中权贵，嵇康的背后便有了小人的不断诋毁。庄周讲："圣人和之以是非，而休乎天钧。"[5]17嵇康为什么就不能和是非、遗对错、忘言语一下呢？不能！因为他是嵇康，他是一条亢龙，即使失道，即使陷入"坚白之昧"中，他依旧倔强地抬起他的头，"萧萧素素，爽朗清举""正尔在群形之中，便自知非常之器"。

嵇康无法和是非，无法潜心坐忘，却带着"坚白之昧"的性格与世周旋着。公孙龙的坚白之论在嵇康这里得到了新的诠释，因为一个两极分化的思想渗入到一种高尚人格中的时候，它就变成了执着，变成了坚定不移。明明错误的论辩之语，明明逼人的是非之心，在嵇康这里却成了亢龙的一种高傲精神。虽然脱离了他心中道的方向，但它却拥有着人性的美丽。或许，这也是一种缺失的美吧！

2. 独有至贵

虽然，嵇康呈现给我们一种"坚白之昧"的性格，迷于自己心中的大道，但他的本心却一直向往着老庄的无为世界。尽管他辩锋尖锐，是非观念极重，但却从未割弃求道的梦想。道不成，是他亢龙性格和老庄素朴哲思的矛盾，这丝毫没有动摇他求道成仙的愿望。他对道家至乐境界的追寻、他对自然的向往、他对服药成仙的企盼，亦是他独特人格与亢龙精神的重要组成部分，我们绝对不能忽视这一点。

嵇康在《养生论》中借神农语说："上药养命，中药养性者，诚知性命之理，因辅养以通也。"[7]150并在此文中极赞服食药物的益处，认为五谷不足以养生，只有服灵芝、饮醴泉、晞朝阳、绥五弦才可身存，并一再地强调服药不可中断。嵇康不仅仅是在文章上这么写，他也亲身去实践这种以药养命的理论：

> 王烈服食养性，嵇康甚敬信之，随入山，尝得石髓，柔滑如饴，即自服半，余半，取以于康，皆凝而为石。
>
> ——萧统《文选》[6]303

只是王烈可服药成道，嵇康有心却难以成功，服药而化为石。于是，王烈才叹道："叔夜志趣非常而辄不遇，命也！"上天只会允许虚静恬淡之人成仙，具有亢龙精神的嵇康只能是心有余而天不遂了。但他又确确实实是明白养生之道的，其在《养生论》中曾说：

> 是以君子知形恃神以立，神须形以存。悟生理之易失，知一过之害生。故修性以保神，安心以全身。爱憎不栖于情，忧喜不留于意。泊然无感，而体气和平，又呼吸吐纳，服食养身；使形神相亲，表里俱济也。
>
> ——嵇康《养生论》[7]146

形神交相养，安心且修性，无爱无憎、无喜无忧、无是无非、一切齐物、统归虚静，这的确是道家养生之法。嵇康实在是太明白了，但是他做不到，因为他是嵇康，锋芒毕露、性烈才俊的嵇康。于是"上药养命，中药养性"只能是他的思想，是他的精神寄托，延年养寿的事情只能由王烈、孙登这些大人们去做，这是事实。

嵇康又在《释私论》中说："矜尚不存乎心，故能越名教而任自然；情不系于所欲，故能审贵贱而通物情。"[7]234这是中散去矜尚、忘情欲、遗贫富、通物情的观点，亦是一颗摆脱羁绊、纯任自然的心在对着苍茫大地怒喊。于是，嵇康真的开始回归自然、安于宁静了。《晋书·嵇康传》记载："康居贫，尝与向秀共锻于树下，以自赡给。颖川钟会，贵公子也，精练有才辩，故往造焉。康不为之礼，而锻不辍。"[1]1373试想夏日炎炎，一个风姿特秀、天质自然的风流名士抡起铁锤在洛阳城中打铁，是多么快意怡人的一幅画面呀！当然，最能反映嵇康"越名教而任自然"心态的是他对官场的极度厌恶。大将军司马昭礼聘其为幕府属官，嵇康逃于河东躲避征辟。山涛将去选官，举嵇康代为吏部郎，他竟写下《与山巨源绝交》一书，通过"七不堪，二不可"之事来表明自己保真养性、恬静复朴的心迹。除此，嵇康任自然还表现在对自身仪容的毫不修饰上。《晋书·嵇康传》记载："康早孤，有奇才，远迈不群。身长七尺八寸，美词气，有风仪，而土木形骸，不自藻饰，人以为龙章凤姿，天质自然。"[1]1369而在《与山巨源绝交书》一文中，其更是言道："性复疏懒，筋驽肉缓。头面常一月十五日不洗。不大闷痒，不能沐也。"[7]117人们可以称嵇康疏懒，也可以说他不爱干净，但这是自然。人生天地之间，自然而存，自然而为，何必借用外物修饰。正如祢正平裸衣骂曹操时所说："欺君罔上乃谓无礼，吾露父母之形，以显清白之体耳。"[8]200嵇康打铁打累了，跳进水池泡上片刻，见者不是说他"萧萧肃肃，爽朗清举"，就是赞他"肃肃如松下风，高而徐引"，从来都没有一个人厌恶他、鄙弃他。这是自然的境界，不被外物是非而左右，"不自藻饰""天质自然"。

《庄子·在宥》篇中有言曰："浮游不知所求，猖狂不知所往，游者鞅掌，以观无妄。"[5]95这是一种身游与心游的境界，庄子将其描述为"乘云气，骑日月，而游乎四海之外"的一种形象。猖狂不知所往，即任情独往，由性独去，没有目的，没有方向，让心灵驰骋于青山秀水之间。阮籍做过这样的事情——"率意独驾，不由径路，车迹所穷，辄恸哭而反"，嵇康也一样懂得游身与游心的快乐：

康尝采药游山泽，会其得意，忽焉忘反。时有樵苏者遇之，咸谓为神。至汲郡山中见孙登，康遂从之游。

——房玄龄《晋书·嵇康传》[1]1370

嵇中散情志高迈，任心游憩，尝行，西南出，去洛数十里，有亭名华阳，投宿，夜了无人，独在亭中。此亭由来杀人，宿者多凶。至一更中，操琴，先作诸弄，而闻室中称善声。中散抚琴而呼之曰："君何以不来？"此人便答云："身是古人，幽没于此，数千年矣。闻君弹琴，音曲清和，故来听耳。"

——李昉《太平御览·灵异志》[7]373

如此服药养性，如此越名任心，如此猖狂游憩，这时的亢龙又是一种怎样的精神境界呢？庄子说："明乎物物者之非物也，岂独治天下百姓而已哉！出入六合，游乎九州，独往独来，是谓独有。独有之人，是谓至贵。"成玄英解为："人欲出众而己独游，众无此能，是名独有。独有之人，百姓荷戴，以斯为主，可谓至尊自贵也。"[5]97而嵇康独来独往，独自游憩，难道不是独有吗？他临刑之前，竟出现"太学生三千请以为师"的壮观景象，这难道不是至贵吗？故而，独有与至贵亦成为嵇康亢龙精神的一个表现，虽然这仅仅是嵇康梦的起点和终点，而不是梦的过程，但这一独有至贵的精神足以表现出嵇康高蹈出尘、傲世拔俗的人格品质，使得后人不断赞叹，不断模仿。

3. 亢龙有悔

《周易·乾》卦言："上九：亢龙，有悔。"[3]1《文言》释之为"知进而不知退，知存而不知亡，知得而不知丧"[3]9。故处于极高位置的龙，有悔恨。这是亢龙精神的第三个表现，也是他这条亢龙的最终归宿。

他在《与山巨源绝交书》一文中说自己"每非汤、武而薄周、孔，在人间不止此事，会显世教所不容"。故鲁迅先生便认为是这篇文章要了他的性命：

汤武是以武定天下的，周公是辅成王的，孔子是祖述尧舜，而尧舜是禅让天下的。嵇康都说不好，那么，教司马懿篡位的时候，怎么办才好呢？没有办法，在这一点上，嵇康于司马氏的办事上有了直接的影响，因此就非死不可了。

——鲁迅《魏晋风度及文章与药及酒之关系》[9]534

嵇康这种"非汤、武而薄周孔"的烈性不只是用笔说说就罢了，他还将其付诸于生活实践。其不理睬钟会所投《四本论》，对钟会率人前来也不正眼去瞧，终于逼得钟会说出"嵇叔夜，卧龙也。公无忧天下，顾以康为虑耳""欲助毌丘俭，赖山涛不听""言论放荡，非毁典谟，帝王者所不宜容，宜因衅除之，以淳风俗"[1]1373 等诬陷之语，最终帝既听信会，遂并害之。这都是由其秉性刚烈、言语辩锋中的不羁所致，但嵇康临刑不惧，顾视日影，索琴弹之，又似乎具有了一种英雄无畏、笑傲潮头的风度。他是一条亢龙，这也是亢龙本该具有的倔强精神。只是他抚琴之后却叹曰："昔袁孝尼尝从吾学《广陵散》，吾每靳固之，《广陵散》于今绝矣。"[1]1374 此中流露出嵇康的怅恨与悔叹。他不惧死，但他实在不愿意让《广陵散》失传，他恨不得一瞬间便出现成百上千个袁孝尼，然后将此琴曲授予他们。然而没有了时间，也没有了机会，他只能将鲜血洒在东市，遗憾地离开这个世界。广陵散绝的悲哀，是嵇康不合时宜以亢龙之性处世的悲哀，是魏晋时期文人地位集体衰落的悲哀，是中国古代政治无法容人的悲哀。正如曹操杀杨修、司马懿杀何晏、司马师杀夏侯玄一样，嵇康也落得被司马昭斩杀的下场。广陵散绝，表达了他慷慨的激愤、绝望的无奈与无法言说的怅悔。同时，也反映出他的一种品行，一种忧怜苍生、与天同泣的人格精神。当他弹罢琴曲之后，或许真的有些悔恨了。他不畏死，临刑不惧，那他悔恨什么呢？其在《幽愤诗》中说得很清楚：

> 惟此褊心，显明臧否。感悟思愆，怛若创痏。欲寡其过，谤议沸腾。性不伤物，频致怨憎。昔惭柳惠，今愧孙登。内负宿心，外恧良朋。

> ——嵇康《幽愤诗》[7]29

由此我们可以看到嵇康的内心世界，他说自己的心胸狭窄，他说自己明言是非、公开臧否，他说自己刚醒悟了过失，但已频频招人怨憎。他有愧于柳下惠与孙登，羞见自己的好友与佳朋。其实，这首诗有两个字已点明他悔恨的内容了，即"宿心"。他的夙愿是"托好老庄，贱物贵身"，是"志在守朴，养素全真"，是像柳下惠一样"三黜而不去"，是像孙登一样集虚保真。然而，他的亢龙品质不得不送他先走一程，于是，他提笔说道："古人有言：善莫近名，奉时恭默，咎悔不生。"后悔又有何用，嵇康已知时不我与，大事去矣，故言：

"澡身沧浪，岂云能补？"性命都没有了，还怎么去谈养生？还怎么去弹广陵散曲？还怎么去追随老子、庄周逍遥而游？悔恨，已然晚矣。其守朴养素的理想不能实现，故而才说："予独何为，有志不就？惩难思复，心焉内疚。"有志难就，成了这条亢龙一生的悔恨，或许临死之前他都在为自己宿心难现而感到遗憾，其《述志诗二首》便是一个很好的证明：

潜龙育神躯，濯鳞戏兰池。延颈慕大庭，寝足俟皇羲。庆云未垂景，盘桓朝阳陂。悠悠非我匹，畴肯应俗宜。殊类难遍周，鄙议纷流离。轗轲丁悔吝，雅志不得施。耕耨感宁越，马席激张仪。逝将离群侣，杖策追洪崖。焦鹏振六翮，罗者安所羁？浮游太清中，更求新相知。比翼翔云汉，饮露餐琼枝。多念世间人，凤驾咸驱驰。冲静得自然，荣华何足为。

斥鷃檀蒿林，仰笑神凤飞。坎井蝤蛭宅，神龟安所归？恨自用身拙，任意多永思。远实与世殊，义誉非所希。往事既已谬，来者犹可追。何为人事间，自令心不夷？慷慨思古人，梦想见容辉。愿与知己遇，舒愤启其微。岩穴多隐逸，轻举求吾师。晨登箕山巅，日夕不知饥。玄居养营魄，千载长自绥。

——嵇康《述志诗二首》[7]35

尽管他"雅志不得施"，尽管他"恨自用身拙"，但他毕竟是一条亢龙。亢龙有悔是嵇康傲世精神与老庄宿心碰撞后产生的唯一结果，不怨天、不尤人，因为这其实也是一种自然的存在。亢龙消失在辽远的天边，有过坚白之昧的执着、带着独有至贵的人格、怀着宿心难现的悔恨离开了我们，而他的亢龙精神却化作一道绚丽的彩虹，驻留在空中，永不消逝。

参考文献：

[1] 房玄龄：《晋书》卷五，中华书局 1974 年版。

[2] 徐震堮：《世说新语校笺》，中华书局 1984 年版。

[3] 周振甫：《周易译注》，中华书局 1991 年版。

[4] 朱熹：《周易本义》，上海古籍出版社 2002 年版。

[5] 王先谦：《庄子集解》，中华书局 1987 年版。

[6]《萧统·文选》，中华书局 1977 年版。

［7］戴明扬：《嵇康集校注》，人民文学出版社 1962 年版。

［8］罗贯中：《三国演义》，人民文学出版社 2005 年版。

［9］鲁迅：《鲁迅全集》卷三，人民文学出版社 1981 年版。

四、从庄学的角度窥测嵇康之死①

摘　要：嵇康是魏晋时期的风流名士，也是历史上赫赫有名的竹林七贤之一，但他却在不惑之年被司马昭斩杀。对于嵇康之死，历来学者说法不一。有人言其因得罪钟会而死，有人说其是曹氏一党而亡，有人认为其想要助毌丘俭叛乱而遇害……然而，这些原因都是嵇康之死的表面现象，而非本质。嵇康一生仰慕庄学，以求道成仙为其雅志。故而从庄学入手来探究嵇康的精神世界，更能抓住其死亡背后的本质因素。嵇康追随庄周，却因秉性刚烈而无法践行庄学。养内伤外，因失道而不幸夭折，这便是嵇康之死的内在原因。

关键词：庄学；嵇康；死因；失道亡身

嵇康，字叔夜，魏晋时期的风流名士。《晋书·嵇康传》说其"身长七尺八寸，美词气，有风仪，而土木形骸，不自藻饰，人以为龙章凤姿，天质自然"[1]1369。然而天妒英才，魏景元三年，嵇康被司马昭斩于东市刑场。

死因何在？历代学者众说纷纭。有人认为嵇康娶曹林的女儿长乐亭主为妻（一说是曹林的孙女），属曹氏一党，故被司马氏所杀（吕兆禧《吕锡侯笔记》）；[2]5有人认为嵇康欲助毌丘俭叛乱而被司马昭所杀（庄万寿认为嵇康助毌丘俭可能会发动太学生占领洛阳城）；[3]148有人认为嵇康因作《与山巨源绝交书》言语放荡而被杀（鲁迅《魏晋风度及文章与药及酒之关系》）；[4]512有人认为嵇康因吕安入狱受到牵连而被杀（周振甫《嵇康为什么被杀》）；[5]有人认为嵇康得罪钟会，被钟会进谗言而亡（《晋书》载："会以此憾之，及是，言于文帝

---

① 刘世明：《从庄学的角度窥测嵇康之死》，载《燕山大学学报》，2015 年第 2 期，第 48页。

曰：'嵇康，卧龙也，不可起。公无忧天下，顾以康为虑耳。'因谮'康欲助毌丘俭，赖山涛不听。昔齐戮华士，鲁诛少正卯，诚以害时乱教，故圣贤去之。康、安等言论放荡，非毁典谟，帝王者所不宜容。宜因衅除之，以淳风俗'。帝既昵听信会，遂并害之。"）；[6]1373还有人认为嵇康是忠正豪迈瑰杰之士，故司马昭为夺政权必需除之（姜宸英《书嵇叔夜传》言："独叔夜土木形骸，不自藻饰，而人以为龙章凤姿，傲然有不可羁束之气，此司马之所大惧也。王莽先杀鲍宣，而后西汉以亡；曹操先杀孔文举，而后东汉以亡；司马昭先杀嵇叔夜，而后魏亡；此三人者，皆忠正豪迈瑰杰之士也，故必三人去而后天下随之。"）。[7]369然而，这些都是表面现象，或者说仅是其死因的一个个侧面。嵇康之死真正的实质是——失道亡身。

嵇康一生都在求道，他的人生目标便是得道成仙。在《与山巨源绝交书》中，嵇康写道："老子、庄周，吾之师也。"《晋书·嵇康传》言其"学不师受，博览无不该通，长好《老》《庄》"。而嵇康求道的生命追求，也可从其诗文作品中窥得一斑：

> 岩穴多隐逸，轻举求吾师。晨登箕山巅，日夕不知饥。

——《述志诗》

> 授我自然道，旷若发童蒙。采药钟山隅，服食改姿容。

——《游仙诗》

> 夫神仙虽不目见，然记籍所载，前史所传，较而论之，其有必矣。

——《养生论》

然而，嵇康秉性刚直，注定与道无缘，若强迫将烈性与求道对接，必然会迸发出激荡的血液。历来研究者都看到嵇康临刑前的高傲，却忽视了一个属于"道"的悲剧——迷于清渊。《庄子·山木》篇曾记载过一个"螳螂捕蝉，黄雀在后"的故事，其文如下：

> 庄周游乎雕陵之樊，睹一异鹊自南方来者。翼广七尺，目大运寸，感周之颡，而集于栗林。庄周曰："此何鸟哉！翼殷不逝，目大不睹。"蹇裳躩步，执弹而留之。睹一蝉，方得美荫而忘其身。螳螂执翳而搏之，见得而忘形；异鹊从而利之，见利而忘其真。庄周怵然曰："噫！物固相累，二类相召也。"捐弹

而反走，虞人逐而谇之。庄周反入，三日不庭。

此文庄子为自己归结了一个结论："吾守形而忘身，观于浊水而迷于清渊。"即守自己之真，追求虚静素朴之形，而忽视了自己的生命存在，能认清这浑浊的社会，却迷惑于"道"的世界。这说的难道不正是嵇康吗？他早已看清曹马之争带来的乱世，选择洛阳锻铁、归隐自然，却因自己的锋芒毕露伤于"道"旨，故悲切亡身。嵇康亦是"观于浊水而迷于清渊"，只可惜庄子还有机会"三月不庭"，还有时间反思这失道的愚昧，嵇康却只能含悔离去了。学道不明道，养内而伤外，观于浊水而迷于清渊。因此，嵇康的死亡绝不仅仅因为某一篇文章，或某一个事件，或得罪于某一个人，而是这许许多多原因的日积月累、多元交织，造成了嵇康的外患增多，最终由量变发展到质变，故而丧命。而这许许多多原因其实都是表象，它们的实质都可以归结到一点：失道亡身！下面我们就来探讨一下嵇康失道亡身这一特殊的情况。

首先，亡羊一也。《庄子·骈拇》篇中有一个小寓言，其文如下：

臧与谷，二人相与牧羊，而俱亡其羊。问臧奚事，则挟策读书；问谷奚事，则博塞以游。二人者，事业不同，其于亡羊均也。

无论是在读书，还是在赌博，都是把羊丢掉了。其实，这个世界本来有着不同的事业，人都是为了生存而奔波，若是连性命都不要了，那么他的事业也没有存在的意义了。庄子曾列举过一些不同人亡身的类别："自三代以下者，天下莫不以物易其性矣。小人则以身殉利，士则以身殉名，大夫则以身殉家，圣人则以身殉天下。故此数子者，事业不同，名声异号，其于伤性以身为殉，一也。"[8]79 "身体发肤，受之父母，不敢毁伤，孝之始也"，人若不懂得保护自己的身体，为了某种名利去"视死如归"，去"临危不惧"，其实就是残身害命，是有伤于自然之道的。阮籍在《达庄论》中说"天地生于自然，万物生于天地"，那么人呢？人是万物中的一部分，即归于自然之范畴。夏暖冬寒，花开花谢，日出日落，这都是自然。人，从降生至老死，亦是自然的变化、自然的现象，我们不能人为去损害自己或他人的生命，否则，必然会带来悲剧。"骈于拇者，决之则泣；枝于手者，龁之则啼""凫胫虽短，续之则忧；鹤胫虽长，断之则悲"，这就是自然的规律。故庄周言道：

伯夷死名于首阳之下，盗跖死利于东陵之上。二人者，所死不同，其于残生伤性均也。奚必伯夷之是而盗跖之非乎？天下尽殉也。彼其所殉仁义也，则俗谓之君子；其所殉货财也，则俗谓之小人。其殉一也，则有君子焉，有小人焉；若其残生损性，则盗跖亦伯夷已，又恶取君子小人于其间哉！

以上便是臧、谷二人亡羊一也的道理。残生损性，伤于生命，盗跖与伯夷又有什么区别呢？他们都是违背自然规律的人，所以，夭折只能成为悲剧。而对于嵇康，他一生希图追求庄周，养身葆光，一旦遇害，道术瞬间就随之破败了。无论他是因得罪钟会，还是欲助毌丘俭，还是言论放荡，还是帮助吕安，总之，他的的确确是残身害命了，这是违背于自然、有伤于道的，故嵇康难终其养生之大愿。嵇康《六言十首·其四》这样写道："哀哉世俗殉荣，驰骛竭力丧精。得失相纷忧惊，自是勤苦不宁。"[9]313 从这首诗我们能看出他已明白人不可以名丧身，不可因得失而累心的道理，然而他却向吕巽冲动，以义丧命，其于残生害命，一也。（《与吕长悌绝交书》言：此为都故信吾，又无言，何意足下苞藏祸心耶？都之含忍足下，实由吾言。今都获罪，吾为负之。吾之负都，由足下之负吾也。怅然失图，复何言哉！若此，无心复与足下交矣。古之君子绝交不出丑言，从此别矣！临别恨恨。嵇康白。）[10]133

之后便免不了有"予独何为，有志不就""惩难思复，心焉内疚""昔惭柳惠，今愧孙登"这样的悔恨之语。所以，我们可以说嵇康才华横溢，可以说嵇康刚正烈性，可以说嵇康傲世不俗，但嵇康由于种种原因亡身却是伤于自然之道的。无论其以身殉名，以身殉利，以身殉节，以身殉义，其于残身损性，一也。臧与谷，亡羊一也；嵇康之殉名、利、节、义，失性一也。

其次，形不就，心不和。《庄子·人间世》篇有颜阖请教蘧伯玉的一段文字：

颜阖将傅卫灵公大子，而问于蘧伯玉曰："有人于此，其德天杀。与之为无方则危吾国，与之为有方，则危吾身。其知适足以知人之过，而不知其所以过。若然者，吾奈之何？"蘧伯玉曰："善哉问乎！戒之，慎之，正女身也哉！形莫若就，心莫若和。虽然，之二者有患。就不欲入，和不欲出。形就而入，且为颠为灭，为崩为蹶。心和而出，且为声为名，为妖为孽。彼且为婴儿，亦与之为婴儿；彼且为无町畦，亦与之为无町畦；彼且为无崖，亦与之为无崖；达之，入于无疵。"

通过"形莫若就，心莫若和"来全身葆真，此为庄学养生之法。嵇康学习庄学，却难以践行庄学，因此其必定会枯败于魏晋的乱世之中。他拥有着嫉恶如仇、锋芒毕露的刚烈本性，故而对当朝权贵冷眼相视。其所作《圣贤高士传赞》（自混沌至于管宁，凡百一十有九人）便展现了他对这些人高风亮节的崇敬。如《闾丘先生》所言："闾丘先生，齐人也。宣王猎于社山，社山父老十三人，相与劳王；王赐父老不租，父老皆谢；先生独不拜。王曰：'少也？复赐无徭役。'先生复独不拜。王曰：'父老幸劳之，故答以二赐；先生独不拜，何也？'闾丘曰：'闻王之来，望得寿、得富、得贵于大王也。'王曰：'死生有命，非寡人也，仓廪备灾，无以富先生；大官无阙，无以贵先生。'闾丘曰：'非所敢望，愿选良史，平法度，臣得寿矣；赈之以时，臣得富矣；令少敬长，臣得贵矣。'"[11]410闾丘先生独不拜王，不仅表现了其傲骨傲气，而且反映出他对良吏、法度、粮足、尊严所抱有的希望。这是嵇康笔下的主人公，自然寄寓着嵇康正义的追求。只是这个社会现实是"属魏、晋之际，天下多故，名士少有全者"，而嵇康却偏偏与其直面对抗，于是一系列与统治者的格格不入便显示了出来。他在《重作四言诗七首·其三》中写道：

劳谦寡悔，忠信可久安。劳谦寡悔，忠信可久安。天道害盈，好胜者残。强梁致灾，多事招患。欲得安乐，独有无愆。歌以言之，忠信可久安。

作者既然明白"天道害盈，好胜者残"的道理，却又为何以"忠信"之义去抨击吕巽，去冷落钟会，去躲避司马昭，去非汤、武而薄周、孔呢？刚烈正直，是嵇康的天性，是嵇康与强权力量对抗的动力，是嵇康一生所向往的那片净土。他忘记了"形莫若就，心莫若和"的养生哲学，故隐士孙登提醒他"少年才优而识寡，劣于保身，其能免乎？""才多识寡，其能免乎？"孙登是多么了解嵇康，有才气，却无养生之识，锋芒外露、过分刚烈。生此污浊之世，偏要追求是非分明、嫉恶如仇的一潭净水，这样以螳臂挡车辙，他的性命还会长久吗？果不其然，嵇康终被司马昭施刑于东市。这便是形不就、心不和的后果，正如大夫屈原一样，在乱世当中与掌权者一直存在着分歧与不合，结果也只能酿成沉江的悲剧。世人都赞赏嵇康与屈子的高洁人格和大无畏精神，但又为其残身害命感到些许惋惜，这是亢龙品质与强权政治碰撞下的悲剧，或许真的很难避免。

最后，养内伤外。在嵇康的文章中，有一个人的名字频繁出现，那就是单豹。例如其《答难养生论》所云："然人若偏见，各备所患；单豹以营内忘外，张毅以趣外失中。齐以诫济西取败，秦以备戎狄自穷，此皆不兼之祸也。"又如《难宅无吉凶摄生论》："夫专静寡欲，莫若单豹行年七十，而有童孺之色，可谓柔和之用矣。而一旦为虎所食，岂非恃内忽外耶？若谓豹相正当给厨，虽智不免，则寡欲何益？而云养生可得？若单豹以未尽善而致灾，则辅生之道，不止于一和。苟和未足保生，则外物之为患者，吾未知其所齐矣。"再如《答释难宅无吉凶摄生论》："请问卜之成命，使单豹行卜，知将有虎灾，则隐居深宫，严备自卫，若虎犹及之，为卜无所益也。"单豹究竟是何许人也，作者屡屡言其专静养柔，而被虎所食，令其成为作者笔下一个恃内而忽外的悲剧形象。其实，单豹此人依旧来自《庄子》，庄子在《达生》篇曾言：

开之曰："闻之夫子曰善养生者，若牧羊然，视其后者而鞭之。"威公曰："何谓也？"田开之曰："鲁有单豹者，岩居而水饮，不与民共利，行年七十而犹有婴儿之色，不幸遇饿虎，饿虎杀而食之。有张毅者，高门县薄，无不走也，行年四十而有内热之病以死。豹养其内而虎食其外，毅养其外而病攻其内。此二子者，皆不鞭其后者也。"

单豹岩居水饮，不与民共利，很会养生（行年七十而犹有婴儿之色），却为饿虎所食。庄子称其"养其内而虎食其外"，嵇康称其"恃内忽外"，但是，从养内伤外的角度来看，嵇康难道不正是单豹吗？他一次次认为单豹会修性养身却因忽视外部环境而遭殃，难道嵇康自己不也一样吗？《世说新语·品藻》一门中记载了简文帝的一句话："何平叔巧累于理，嵇叔夜俊伤其道。"刘孝标注云："理本真率，巧则乖其致；道唯虚澹，俊则违其宗。所以二子不免也。"[12]283 好一个"俊伤其道"，真同孙登所说"君性烈而才俊，其能免乎"相得益彰。

俊伤其道，这才是嵇康多种死因的本质归结。正如张溥在《嵇中散集题辞》中写的那样："叔夜将刑东市，太学生三千人求为师不许，抱卧龙之姿，缨僭臣之忌，其死也，正以此耳。"[13]92 "抱卧龙之姿，缨僭臣之忌""著养生之论，以傲物受刑"，这样便很直接地道出了嵇康的死因——排俗取祸。"揣而锐之，不可长保""国之利器不可示人"，不懂得养内伤外的道理，嵇康被司马昭所杀应该是一种必然的现象吧！

"坚则毁，锐则挫"，正是因为形不就、心不和，正是因为养内伤外，才会有"亡羊一也"的悲剧。无论嵇康再怎么人格高洁，再怎么刚烈不屈，终究还是以养伤命、残身损性了。这是观于浊水而迷于清渊的悲剧，亦是以亢龙之烈性求道的悲剧，同样也是玄学君子与乱世政治激烈对抗的悲剧。失道而亡身，或许真的是一种自然现象，谁都没有力量去改变。嵇康走了，带着他永远都无法实现的庄学梦想。这，是一种残缺的美丽，也是一种不合时宜的精彩。

参考文献：

[1] 房玄龄：《晋书》第五册，中华书局 1974 年版，第 1369 页。

[2] 吕兆禧：《吕锡侯笔记》，商务印书馆 1936 年版，第 5 页。

[3] 刘跃进：《中古文学文献学》，江苏古籍出版社 1997 年版，第 148 页。

[4] 鲁迅：《鲁迅全集》第三卷，人民文学出版社 1981 年版，第 512 页。

[5] 周振甫：《学林漫录》，中华书局 1981 年版。

[6] 房玄龄：《晋书》第五册，中华书局 1974 年版，第 1373 页。

[7] 戴明扬：《嵇康集校注》，人民文学出版社 1962 年版，第 369 页。

[8] 王先谦：《庄子集解》，中华书局 1987 年版，第 79 页。

[9] 韩格平：《竹林七贤诗文全集译注》，吉林文史出版社 1997 年版，第 313 页。

[10] 戴明扬：《嵇康集校注》，人民文学出版社 1962 年版，第 133 页。

[11] 戴明扬：《嵇康集校注》，人民文学出版社 1962 年版，第 410 页。

[12] 徐震堮：《世说新语校笺》，中华书局 1984 年版，第 283 页。

[13] 张溥：《汉魏六朝百三家集题注》，人民文学出版社 1960 年版，第 92 页。

五、竹林玄学与山涛①

摘　要：竹林玄学是魏晋时期竹林七贤所追求的一种由性游心的道家哲学。历来学者都将目光聚集到阮籍和嵇康二人身上，很少涉及其他五贤。而对于山涛人品更是不屑一顾，大多认为其人格精神与竹林玄学背道而驰或认为其是一心求官的世俗之人，而非贤者。然而，通过《晋书》与《世说新语》对山涛事迹的记载，可以看出山涛的品性及行为却与魏晋玄学暗暗相合。道家老庄哲学所谈及的至德、养生、无累等观念，在山涛身上均有所体现。因此，山涛并非是贪图富贵、只知享乐的小人，而是竹林玄学的真正践行者。

关键词：竹林玄学；山涛；至德；养生；无累

玄学是魏晋时期的老庄之学，王弼、何晏、夏侯玄等都是当时的玄谈高手。《世说新语》记载："何晏为吏部尚书，有位望，时谈客盈坐。王弼未弱冠，往见之。晏闻弼名，因条向者胜理语弼曰：'此理仆以为极，可得复难不？'弼便作难，一坐人便以为屈。于是弼自为客主数番，皆一坐所不及。"[1]106 而魏晋玄学的真正代表却非竹林七贤莫属，七贤常集于竹林之下，肆意酣畅、谈玄论道、尽情游乐，于是，竹林玄学便应运而生了。

之所以称之为竹林玄学，是因为此七人都酷爱老庄，雅好清谈。《晋书》记载阮籍"博览群籍，尤好《庄》《老》"、嵇康"学不师受，博览无不该通，长好《老》《庄》"、向秀"雅好老庄之学"、山涛"性好《庄》《老》"、王戎"超然玄著"、刘伶"盛言无为之化"，而东晋戴逵的《竹林七贤论》对阮咸的记载也是"尚道弃事"。由此可见，对道家思想的钟爱成了七贤的共同之处，而正是他们对玄学的挚爱，成就了中国历史上独具特色的魏晋风流。

老子《第五章》言："虚而不屈，动而愈出。多言数穷，不如守中。"其《第二十八章》又言："常德不离，复归于婴儿。"庄子《天地》篇言："夫明白

---

①　刘世明：《竹林玄学与山涛》，载《商丘师范学院学报》，2015 年第 8 期，第 29 页。

入素，无为复朴，体性抱神，以游世俗之间。"其《德充符》篇又言："知不可奈何而安之若命，唯有德者能之。"由是观之，竹林玄学追求的是一种随性自适、游心于道、不受外界所累的境界。这种境界不是自私狭隘的，而是富于高尚道德、能够存生葆真的。这才是竹林玄学的真正含义，而七贤中每个人都能这样做到吗？不，只有山涛。其余六人只有热爱，只会清谈，而非竹林玄学的真正践行者。

首先，从玄学重德这个角度来看。刘伶"唯酒是务，焉知其余"，阮咸"重服追婢，累骑而返"。此二人与世沉沦、消极厌世，其德不显。而王戎家中筹算、卖李钻核，与至德相距甚远。其次，从道家养生葆真这方面来看，嵇阮亦非竹林玄学的践行之人。嵇康虽著《养生论》《游仙诗》等作品，但却观于浊水而迷于清渊，因排俗取祸，以傲物受刑，又岂会真养其生、善葆其真？张溥在《嵇中散集题辞》中写道："叔夜将刑东市，太学生三千人求为师不许，抱卧龙之姿，缨僭臣之忌，其死也，正以此耳。"[2]92 可见，嵇康只是一个养内伤外、无法践行玄学之道的悲剧罢了。而阮籍一生虽能游于材与不材之间，但却依违避旧，因一篇《为郑冲劝晋王笺》而痛苦离世，着实可叹。徐公持先生也曾说："阮籍无奈沉醉挥毫，终于写就劝进之文。此被誉为'神笔'之文，实为一纸政治转向之声明。为此阮籍甚为痛苦，而当时挚友嵇康已被司马昭所杀。更增添内心愧悔，数月之后，即郁郁而亡。"[3]183 如此说来，嵇阮也在乱世政治的高压之下，迷失了老庄哲学的养生之旨，失道而身亡。最后，从玄学之无累处着眼，向秀亦有着一番痛苦的挣扎。庄子讲："其为物，无不将也，无不迎也，无不毁也，无不成也。其名为撄宁。撄宁也者，撄而后成者也。"郭嵩焘注云："物我生死之见迫于中，而一无所动其心，乃谓之撄宁。置身纷纭蕃变，交争互触之地，而心固宁焉，则几于成矣，故曰'撄而后成。'"[4]62 向秀是学庄解庄之人，曾有《庄子注》问世，《晋书·向秀传》记载："少为山涛所知，雅好老庄之学。庄周著内外数十篇，历世才士虽有观者，莫适论其旨统也，秀乃为之隐解，发明奇趣，振起玄风，读之者超然心悟，莫不自足一时也。"[5]1374 然而，面对司马昭政权的压力，向秀被畏惧之心所累，在目睹嵇康、吕安遭戮之后，无奈之下步入仕途。此六人对竹林玄学都是极度热爱的，但是却无法在现实生活中将其践行。山涛不然，他不仅能游刃有余地践行竹林玄学，而且还能受托抚孤、提携后进，真可谓学老知老、学庄用庄之人。

山涛，字巨源，河内怀人也。《晋书》记载："涛早孤，居贫，少有器量，介然不群。性好《庄》《老》，每隐身自晦。与嵇康、吕安善，后遇阮籍，便为竹林之交，著忘言之契。"其人能隐、能仕，循性而动、待时而飞、刚正不阿、嫉恶如仇，可谓集隐士与清官为一身，而称其为竹林玄学的真正践行者，其原因也在于以下三个方面：

第一，至德。《庄子》内篇有《德充符》一文，是德存于心的意思。山涛对竹林玄学至德的诠释可谓至真至切。首先，清廉俭约。《晋书·山涛传》记载："初，居贫，忍饥寒。及居荣贵，贞慎俭约，虽爵同千乘，而无嫔媵，禄赐俸秩，散之亲故。"贫俭，富亦俭，真乃清正之人也。肯把自己的俸禄散发给他人，大概也只有清正廉洁的山涛能做到了吧。《世说新语·言语》篇有这样的一段记载：

晋武帝每饷山涛恒少，谢太傅以问子弟，车骑答曰："当由欲者不多，而使与者忘少。"[1]76

欲者不多，与者忘少，从侧面反映出山涛不贪不求的清廉本性。据《晋书·山涛传》记载山涛虽官做到了吏部尚书，等他死后却留下一片"旧第屋十间，子孙不相容"的场景，可见其是真正的俭约之人。庄子曰："道无以兴乎世，世无以兴乎道，虽圣人不在山林之中，其德隐矣。"若能韬藏圣德，混同群生，虽居朝市，无异于山林也。

除此之外，山涛之至德还表现在他的抚孤之义与提携后进之上。嵇康曾作《与山巨源绝交书》一文，但却在临死之前对其子嵇绍言道："巨源在，汝不孤也。"而山涛也从未埋怨过绝交之事，毅然接过重任，抚养嵇绍。之后山涛果然不负嵇康所托，屡次举荐嵇绍做官，如《山公启事》中所说"嵇绍贤侔郤缺，宜加旌命，请为秘书郎""绍平简温敏，有文思，又晓音，当成济也。犹宜先作秘书郎"等，后来嵇绍在山涛的帮助下一直做到侍中的位置。但山涛力荐嵇绍并非出于私情，而是因为嵇绍确有才能。山涛一生甄拔隐屈、搜访贤才，都是以公正无私著称的。《晋书·山涛传》说他"奏甄人物，各为题目，时称《山公启事》"，而他选拔人才的标准正是德、才、忠、义、正直这五项。例如"求

备一人则难，宜先德业""有德素，父沉滞""议郎杜默德履亦佳"等，这是
"德"的标准；再如"雍州刺史郭奕，右卫将军王济，皆忠亮有美才""黄门侍
郎和峤最有才""孔颢有才能，果劲不挠"等，这是"才"的标准；又如"羊
祜忠笃宽厚""城阳太守石崇、北中郎中司孙尹皆忠笃有文武""城阳太守石崇
忠笃有文武"等，此为"忠"的标准；再如"羊祜秉德尚义""河东太守焦胜
清贞著信义""右君裴楷通理有才义"等，这是"义"的标准；再如"征南大
将军羊祜为人体仪正直""征兆大将军瓘贞正静一""谅尤质正少华可以敦教"
等，这是选拔人物对"正直"的要求。山涛选才拔异，因材施用，为国家挑选
栋梁之材，真可谓尽心尽力、功德无量也。他从来都不任人唯亲，只要是有才
干、有德行之人，山涛都会选拔，这便是他对竹林玄学至德要求的身体力行。
德充于心，山涛不愧为竹林七贤的长者。

第二，养生。《庄子》内篇亦有《养生主》一文，是谈养生的内涵与方法
的。嵇康性烈而死于非命，并未得养生之道。山涛自是竹林玄学的践行之人，
他雅素恢达、度量弘远，不获咎于人，因而深得养生之旨。山涛不嗜饮酒，至
八斗方醉，《晋书·山涛传》言："帝欲试之，乃以酒八斗饮涛，而密益其酒，
涛极本量而止。"这并不是说他真的再喝必醉，而是山涛明白醉酒误事的道理，
他知酒醉易得罪于人，故在其饮量的范围内止酒，这是慎行的表现，并非真正
的"八斗方醉"。他不谄媚于人，也不获罪于人，《晋书·山涛传》曾言其"晚
与尚书和逌文，又与钟会、裴秀并申款昵。以二人局势争权，涛平心处中，各
得其所，而俱无恨焉"。能做到"平心处中"却"俱无恨焉"，真不知是何人用
何种手段为之。老子言："人之所畏，不可不畏。"[6]46慎行足可保身，亦可养真。

而山涛识度非凡，对政治的预见性也使他在养生的道路上走得十分顺畅。
戴逵《竹林七贤论》有这样一段文字：

> 鬲令袁毅为政贪浊，赂遗朝廷，以营虚誉。遗山涛丝百斤，众人莫不受，
> 涛不欲为异，乃受之，命内阁悬之梁上，而不用也。后毅事露，案验众官。验
> 吏至涛所，涛于梁上下丝，已数年，尘埃黄黑，封泥如初，以付吏。[7]630

积年尘埃，封印如初，这就是山涛对袁毅必犯事的准确预见，从而也保护
了他自身的安全。《晋书·山涛传》说："帝尝讲武于宣武场，涛时有疾，诏乘

步骘从。因与卢钦论用兵之本，以为不宜去州郡武备，其论甚精，于时以涛不学孙、吴而暗与之合。帝称之曰：'天下名言'，而不能用。及永宁之后，屡有变难，寇贼森起，郡国皆以无备不能制，天下遂以大乱，如涛言焉。"这是山涛对战争的预见，也体现出其卓绝的军事天赋，只可惜晋朝统治者不能采用，而终酿大乱。《周易·系辞》曰："安而不忘危，存而不忘亡，治而不忘乱，是以身安而国家可保也。"[8]264这是山涛的深谋远虑，故后来王夷甫才会说出"晻晻为与道合，其深不可测"这样的话语。此乃山公识度，常人岂能做到。王戎目山巨源说："如璞玉浑金，人皆钦其宝，莫知名其器。"顾恺之《书赞》言："涛无所标明，淳深渊默，人莫见其际，而其器亦入道。故见者莫能称谓，而服其伟量。"山涛将非凡识度与慎言慎行完美地结合在了一起，故而产生了深不可测的效果，没有人可以侵犯他，于是，山涛便轻而易举地实现了竹林玄学对于养生葆真的要求。

　　第三，无累。《庄子·缮性》篇言道："当时命而大行乎天下，则反一无迹；不当时命而大穷乎天下，则深根宁极而待。"能进能退、能屈能伸、顺时而动、待时而飞，可以游刃有余地游于浊世而不受其累，是谓无累。此正如《庄子·人间世》篇所说："形莫若就，心莫若和。虽然，之二者有患。就不欲入，和不欲出。形就而入，且为颠为灭，为崩为蹶。心和而出，且为声为名，为妖为孽。彼且为婴儿，亦与之为婴儿；彼且为无町畦，亦与之为无町畦；彼且为无崖，亦与之为无崖；达之，入于无疵。"此乃竹林玄学的至高境界，唯山涛可运用自如。山涛是明事理、达时变之人，他早已认清曹、马之争必有大乱，于是坚决地选择了归隐。归隐，可不是人人都能做到的，而山涛"性好《庄》《老》"，已然具备了归隐的自身条件。世乱，我隐，这是顺时而动的智慧。《周易·系辞》中说："君子藏器于身，待时而动，何不利之有？"山涛能在政治大风暴前藏器守朴、归隐竹林，真是上智之人。之后果然爆发高平陵之变，曹爽被诛，何晏、丁谧、毕轨等人均被司马懿残杀，山涛却与嵇、阮等人闲游于竹林，真非常人也。故《世说新语·赏誉》一门才会说他："此人初不肯以谈自居，然不读老庄，时闻其咏，往往与其旨合。"这是山涛暗于道合的外在表现，他的"道"自在心中久矣。然而当时局稳定下来的时候，司马师逐渐掌握了国家政权，山涛出仕了。他抓住这次机会，一路青云直上，做到吏部尚书的高位，不得不令人佩服他的才干。时没，山涛隐而游也；时来，山涛展翅高飞。这是顺时而动的哲学，亦是智人的哲思。

而等到功成名就之时，山涛则毅然地选择急流勇退。老子言："功遂身退，天之道。"山涛知道春花不长开，富贵不常在，他不想一朝失足落得身名俱灭，他希望像范蠡那样功成之时，全身隐退。既能留下他的丰功伟绩，享受到高官厚禄之福，又能遂了其隐居竹林的心志。《晋书·山涛传》记载："已敕断章表，使者乃卧加章绶。涛曰：'垂没之人，岂可污官府乎！'舆疾归家。"于是在太康三年山涛辞官回家，遂了其归隐于山林的心愿。本此，无论高官显位，还是寄身草莽，山涛永远都是心系竹林的。他不逃避政治，而能游刃有余地与之共处；他不株守竹林，而能长久地心游竹林，这就是山涛所特有的无累境界。

能贞慎俭约、德充于符；能顺时而动、养生葆真；能急流勇退、无累于心，山涛，不愧为竹林玄学的真正践行者。

参考文献：

[1] 徐震堮：《世说新语校笺》，中华书局 1984 年版。

[2] 张溥：《汉魏六朝百三家集题辞注》，人民文学出版社 1960 年版。

[3] 徐公持：《魏晋文学史》，人民文学出版社 1999 年版。

[4] 王先谦：《庄子集解》，中华书局 1987 年版。

[5] 房玄龄：《晋书》，中华书局 1974 年版。

[6] 楼宇烈：《老子道德经注校释》，中华书局 2008 年版。

[7] 韩格平：《竹林七贤诗文全集译注》，吉林文史出版社 1997 年版。

[8] 周振甫：《周易译注》，中华书局 1991 年版。

六、阮籍诗文常用语词表

1. 阮籍诗文中的"素"

素，是白色，是朴素、不华丽的意思。老子曰："见素抱朴，少思寡欲。"庄子曰："同乎无欲，是谓素朴。"可见"素"是一种无欲无为、自然自在的状态，亦是一种天然纯洁、没有沾染一丝尘埃的品性。阮籍常用此字来表明他纯正无为的高洁人格，故列表如下：

篇目	句子
《四言咏怀·其六》	素冰弥泽，白雪依山。
《四言咏怀·其七》	素景垂光，明星有烂。
《四言咏怀·其十》	研精典素，思心淹留。
《四言咏怀·其十一》	仰攀瑶干，俯视素纶。
《四言咏怀·其十三》	焉知松乔，颐神太素。
《咏怀诗·其九》	素质游商声，凄怆伤我心。
《咏怀诗·其二十五》	日月径千里，素风发微霜。
《咏怀诗·其四十》	暾日布炎精，素月垂景辉。
《咏怀诗·其四十七》	青云蔽前庭，素琴凄我心。
《咏怀诗·其六十七》	外厉贞素谈，户内灭芬芳。
《清思赋》	望舒整辔，素风来征。
《辞蒋太尉辟命奏记》	旧素尪瘵，守病委劣。
《老子赞》	飘飘太素，归虚反真。
《通老论》	故君臣垂拱，完太素之朴。
《达庄论》	怅然而无乐，愀然而归白素焉。
《大人先生传》	寒暑勿伤莫不惊，忧患靡由素气宁。

2. 阮籍《咏怀诗》中类似"闲游子"的意象

阮籍少年亦是有抱负、有建功理想、有欲成一番事业的念头，却逢政治黑暗、时局动荡，故后来求道成真，乃悟人生。于是，他的诗中出现了许多闲游子、佞邪子、繁华子、当路子、少年子等意象，其目的是对自己过去为时所累的悔恨，也是对当时奸佞小人的批判与嘲讽。其意象如下表：

篇目	诗句
《咏怀诗·其八》	如何当路子，磬折忘所归！
《咏怀诗·其十》	轻薄闲游子，俯仰乍浮沉。
《咏怀诗·其十二》	昔日繁华子，安陵与龙阳。
《咏怀诗·其二十五》	但畏工言子，称我三江旁。
《咏怀诗·其二十七》	妖冶闲都子，焕耀何芬葩。
《咏怀诗·其五十三》	如何夸毗子，作色怀骄肠。
《咏怀诗·其五十六》	婉娈佞邪子，随利来相欺。
《咏怀诗·其五十九》	岂效缤纷子，良马骋轻舆。
《咏怀诗·其六十》	悼彼桑林子，涕下自交流。
《咏怀诗·其七十五》	路端便娟子，但恐日月倾。
《咏怀诗·其八十二》	宁微少年子，日久难咨嗟。
《咏怀诗·其十一》	三楚多秀士，朝云进荒淫。
《咏怀诗·其十八》	岂知穷达士，一死不再生。
《咏怀诗·其二十》	嗟嗟涂上士，何用自保持？
《咏怀诗·其三十八》	岂若雄杰士，功名从此大。
《咏怀诗·其三十九》	岂为全躯士？效命争战场。
《咏怀诗·其四十三》	岂与乡曲士，携手共言誓。
《咏怀诗·其四十九》	岂有孤行士，垂涕悲故时。
《咏怀诗·其五十六》	焉知倾侧士，一旦不可持。
《咏怀诗·其五十八》	岂与蓬户士，弹琴诵言誓。
《咏怀诗·其七十五》	岂为明哲士，妖蛊诌媚生。
《咏怀诗·其二十八》	岂效路上童，携手共邀游。

3. 阮籍诗歌中的辩证语词

阮籍《咏怀诗》中还有一些辩证语词同时出现，例如穷达、俯仰、损益、修短、终始等，这是他诗歌的一大特点，故列表如下：

篇目	辩证语词	诗句
《咏怀诗·其三》	繁华与憔悴	繁华有憔悴，堂上生荆杞。
《咏怀诗·其四》	春与秋	春秋非有托，富贵焉常保。
《咏怀诗·其四》	朝与夕	朝为媚少年，夕暮成丑老。
《咏怀诗·其五》	来与归	驱马复来归，反顾望三河。
《咏怀诗·其六》	子与母	连畛距阡陌，子母相钩带。
《咏怀诗·其七》	日与月	四时更代谢，日月递参差。
《咏怀诗·其十》	多与微	北里多奇舞，濮上有微音。
《咏怀诗·其十六》	俯与仰	羁旅无俦匹，俯仰怀哀伤。
《咏怀诗·其十八》	穷与达	岂知穷达士，一死不再生。
《咏怀诗·其十八》	死与生	岂知穷达士，一死不再生。
《咏怀诗·其十九》	左与右	被服纤罗衣，左右佩双璜。
《咏怀诗·其二十》	存与亡	岂徒燕婉情，存亡诚有之。
《咏怀诗·其二十二》	存与亡	存亡从变化，日月有浮沉。
《咏怀诗·其二十三》	日与月	沐浴丹渊中，照耀日月光。
《咏怀诗·其二十五》	穷与达	势路有穷达，咨嗟安可长。
《咏怀诗·其二十七》	盛与衰	盛衰在须臾，离别将如何。
《咏怀诗·其二十八》	明与暗	日月经天涂，明暗不相雠。
《咏怀诗·其二十八》	得与失	严达自有常，得失又何求。
《咏怀诗·其二十八》	阴与阳	阴阳有变化，谁云沉不浮。
《咏怀诗·其二十八》	俯与仰	俯仰运天地，再抚四海流。
《咏怀诗·其二十八》	得与失	严达自有常，得失又何求。
《咏怀诗·其二十八》	驽与骏	系累名利场，驽骏同一辀。
《咏怀诗·其三十》	朝与暮	晨朝奄复暮，不见所欢形。

续表

篇目	辩证语词	诗句
《咏怀诗·其三十二》	俯与仰	去此若俯仰，如何似九秋。
《咏怀诗·其三十二》	去与来	去者余不及，来者吾不留。
《咏怀诗·其三十三》	朝与夕	一日复一夕，一夕复一朝。
《咏怀诗·其三十八》	荣与枯	视彼庄周子，荣枯何足赖。
《咏怀诗·其四十一》	朝与夕	生命无期度，朝夕有不虞。
《咏怀诗·其四十二》	阴与阳	阴阳有舛错，日月不常融。
《咏怀诗·其四十四》	终与始	俦物终始殊，修短各异方。
《咏怀诗·其四十四》	修与短	俦物终始殊，修短各异方。
《咏怀诗·其四十五》	乐与哀	乐极消灵神，哀深伤人情。
《咏怀诗·其四十六》	上与下	下集蓬艾间，上游园圃篱。
《咏怀诗·其四十八》	孤与群	焉见孤翔鸟，翩翩无匹群。
《咏怀诗·其四十八》	死与生	死生自然理，消散何缤纷。
《咏怀诗·其五十二》	千与一	千岁犹崇朝，一餐聊自已。
《咏怀诗·其五十二》	得与失	是非得失间，焉足相讥理。
《咏怀诗·其五十二》	是与非	是非得失间，焉足相讥理。
《咏怀诗·其五十三》	生与死	自然有成理，生死道无常。
《咏怀诗·其五十四》	一与千	一餐度万世，千岁再浮沈。
《咏怀诗·其五十六》	贵与贱	贵贱在天命，穷达自有时。
《咏怀诗·其五十七》	毁与誉	离麾玉山下，遗弃毁与誉。
《咏怀诗·其五十九》	朝与夕	朝生衢路旁，夕瘗横术隅。
《咏怀诗·其六十》	渴与饥	渴饮清泉流，饥食并一箪。
《咏怀诗·其六十九》	损与益	损益生怨毒，咄咄复何言。
《咏怀诗·其七十一》	俯与仰	衣裳为谁施？俯仰自收拭。
《咏怀诗·其七十三》	一与千	一去长离绝，千岁复相望。
《咏怀诗·其七十四》	荣与辱	咄嗟荣辱事，去来味道真。
《咏怀诗·其八十》	存与亡	存亡有长短，慷慨将焉知？
《咏怀诗·其八十》	长与短	存亡有长短，慷慨将焉知？

后　记

写给我的母亲。

至今犹记，2019 年 1 月 11 日那天。中午，我与妻子回到家中，母亲与孩子在看电视。我们带着孩子到小屋玩耍，母亲去了厨房，并且还为我们做了一道她最拿手的西红柿炒鸡蛋。其间，我不时地出去和母亲聊天。我说这周获得了大同大学的科研优秀奖，告诉她我马上要出自己的第一本书了，并计划着暑假带着她去一趟北京。不一会儿，母亲累了，也走进了小屋，笑着看我们一家三口追逐嬉戏。然而，下一秒钟，母亲的身躯便沿着墙边重重地栽倒在炕上。我从未想，也不敢想，这竟是一场永别。母亲再也没有醒过来。在医院 ICU 待了十五天，回家又住了五天，就走了，连句遗言也没有留下。

我的母亲——赵菊，出生在山西大同阳高县的一个普通农村家庭。后来，来到了矿山。捡煤、拾炭，最终到井下为工人们分发矿灯。其从来都不舍得吃菜，在我的印象中，只有米饭与馒头，仿佛鱼肉与蔬菜是进贡给帝王吃的，咱平头老百姓只能望而生畏，端着碗一步步后退。即使你给她碗里夹上一条鸡腿，饭后，只要打开冰箱，就又会发现它的存在。之前，母亲看上了一条棉裤，因为需要三百多元，就没舍得买。后来，我哥将它偷偷地买了回去，母亲便习惯性地珍藏在柜子里。我知道母亲是想等大年拿出来穿，只可惜再也没有等到过年。我的妻子说："妈到医院时还是穿的以前那条破棉裤。"没了，没机会再穿了，连放进棺材里，阴阳先生都不允许。这就是命，我信。

一生为孩子们操劳，到自己却永远都是舍不得。舍不得吃穿若是可以说得过去的话，那么自己的生命呢？去年检查，医生说母亲心房颤抖，得做手术，否则可能会形成血栓。但母亲一打听这个房颤手术需要花费两三万元，就又后退了。我多次向母亲说："我们三个孩子共同凑钱，咱先把手术做了。"但她却坚持不花子女一分钱，并说等明年自己攒够钱了再去做。大夫告诉我们："不做手术就得喝药，有一种叫法华林的药物也可以暂时控制血栓的形成。"母亲很高兴，快乐地接受了这一方案。可是没多久，我的小侄子打算入伍。母亲又着急了，她想要给自己的大孙子提供一些盘缠呀。于是，为了省钱，她竟然把药给停了。可怕的血栓堵在了母亲的脑干上，一次昏倒，再也没有醒来。

我是有遗憾的。母亲，是50年代的人。那一代人，对毛主席有着一种特殊的难以言表的崇拜与热爱。用句时髦的话问母亲："你的梦想是什么？"她立刻会对你说："坐飞机，去北京，到天安门广场看看伟大领袖毛主席！"说好了是今年的暑假，您却为什么不遵守诺言？1月11日中午，我说："儿子要出书了，您高兴不高兴？"母亲说："真好，我孩儿的学没白上，书出来了让妈好好地看看。"可是，您却不辞而别。

我的母亲倒头就没有醒。我们到医院看望时，永远都是昏迷的状态。但医院ICU的大夫们却不时地给她注射镇静剂，甚至用绳子将她的双手捆绑了起来。我问护士这是为什么，她们回答说："怕病人醒了把呼吸机的管子拔了呢。"半个月没有用任何治疗的药物，只是维持与护理，等待病人自己苏醒过来。最终，奇迹没有发生，背上却长满了褥疮。

送母亲的时候，我哥说："天塌了。"我们含着泪，将母亲安葬。

千言万语，难消痛楚，心中积郁的只有悔恨与无奈。儿子不孝！现在，唯有等待，等待着本书早日出版。那时，我会将自己拿到的第一本书献给您。我知道，若您地下有知，一定会感到欣慰的。

2019 年 3 月 28 日写于山西大同大学图书馆